U0783844

普通高等学校"十四五"规划旅游管理类精品教材

智慧旅游管理专业系列教材

总主编◎吴忠军

旅游电子商务：理论与实践

Tourism E-commerce: Theory and Practice

主　编◎张　睿

副主编◎赵凌冰　刘艳玲　蒙连超

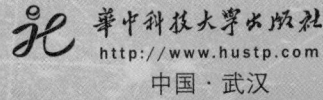

华中科技大学出版社
http://www.hustp.com

中国·武汉

内 容 简 介

　　旅游电子商务实践形式多样且日新月异,而与时俱进的旅游电子商务理论体系还有待进一步探索完善。本书根据旅游电子商务的特点,从旅游业结构角度,介绍旅游电子商务理论体系与实验实训项目。在内容安排上,本书分为六章,首先介绍旅游电子商务总论,之后分别阐述在线旅游服务商OTA以及旅行社、旅游景区、酒店和旅游商品电子商务模式,其中还穿插引用和整理了大量行业最新实践案例,且每章配有实验实训项目,以培养学生理论结合实践的能力。

图书在版编目(CIP)数据

旅游电子商务:理论与实践/张睿主编.—武汉:华中科技大学出版社,2022.2(2024.1重印)
ISBN 978-7-5680-7788-0

Ⅰ.①旅…　Ⅱ.①张…　Ⅲ.①旅游业-电子商务-高等学校-教材　Ⅳ.①F590.6-39

中国版本图书馆 CIP 数据核字(2022)第 028862 号

旅游电子商务:理论与实践
Lüyou Dianzi Shangwu:Lilun yu Shijian

张　睿　主编

策划编辑:王　乾
责任编辑:洪美员
封面设计:原色设计
责任校对:阮　敏
责任监印:周治超

出版发行:华中科技大学出版社(中国·武汉)　　电话:(027)81321913
　　　　　武汉市东湖新技术开发区华工科技园　　邮编:430223
录　　排:华中科技大学惠友文印中心
印　　刷:武汉市籍缘印刷厂
开　　本:787mm×1092mm　1/16
印　　张:16　插页:2
字　　数:379 千字
版　　次:2024 年 1 月第 1 版第 3 次印刷
定　　价:49.80 元

华中出版

本书若有印装质量问题,请向出版社营销中心调换
全国免费服务热线:400-6679-118　竭诚为您服务
版权所有　侵权必究

总序
Introduction

　　2015 年 7 月,国务院印发了《关于积极推进"互联网＋"行动的指导意见》,自此,"互联网＋"战略正式成为我国国家发展战略。在国家"互联网＋"战略指导下,新一代信息技术与传统旅游业的融合成为旅游产业发展新方向,旅游行业的升级转型迫在眉睫。2016 年,国家旅游局(现文化和旅游部)制定实施了《"十三五"全国旅游信息化规划》,部署应用大数据、云计算、物联网、人工智能等新兴信息技术发展旅游产业,其中明确提出了发展智慧旅游教育,培养旅游信息化人才的举措。

　　智慧旅游管理应用新一代信息技术(5G、物联网、大数据、云计算、人工智能、区块链、北斗系统、虚拟现实、增强现实等),结合旅游行业实践,优化旅游行业生产要素,更新旅游业务体系,重构旅游管理的新模式。随着旅游产业的转型升级,旅游政府管理部门、景区、酒店、在线旅游服务商和智慧旅游服务企业都急需智慧旅游管理专业人才。人力资源是旅游产业创新发展的基石,新业态的产生对人才培养提出了新的要求,传统的旅游管理专业人才培养已经不再适应当前的旅游行业需求。鉴于此,桂林理工大学旅游与风景园林学院 2015 年率先开展新一代信息技术与旅游学科的融合创新发展的研究,建设智慧旅游管理专业,招收该专业方向的本科学生。智慧旅游管理专业致力于培养具有扎实的经济学、管理学基础知识,大数据、物联网、云计算、人工智能等新一代信息技术,以及系统的现代旅游管理专业等服务性行业的经营管理理论、实际操作技能和新一代信息技术在旅游行业应用的能力,具有国际视野和沟通技能的创新性、"旅游＋信息科学"的复合型专业人才,使学生具备智慧旅游服务、智慧旅游管理、智慧旅游营销、智慧旅游运营和新技术场景应用的专业能力。经过六年的专业方向建设,学院在智慧旅游管理的课程建设、教学管理、科学研究等方面积累了诸多创新性成果。

　　为加快推进智慧旅游管理专业建设,打造一流精品课程,2019 年 12 月 27 日,首届全国智慧旅游管理专业建设研讨会暨智慧旅游管理专业"十四五"规划教材组稿会在桂林理工大学召开,来自澳大利亚昆士兰大学、悉尼科技大学、成都信息工程大学、海南大学、吉首大学、华侨大学、上饶师范学院、南宁师范大学、桂林旅游学院等院校旅游管理专业的专家等共 80 余人参会。会上,桂林理工大学联合上述高校与华中科技大学出版社签订协议,共同策划出版智慧旅游管理专业系列教材。本系列教材由全国数十家高校旅游管理专业的专家参与编写，由吴忠军教授任智慧旅游管理专业系列教材总主编。

智慧旅游管理专业系列教材书目包括：《智慧旅游概论》《数据挖掘与旅游大数据分析》《旅游电子商务：理论与实践》《新一代网络技术与旅游应用》《智慧酒店管理》《智慧景区管理》《数据库技术与旅游应用》《高级语言编程技术与旅游应用》《智慧旅游与 3S 技术运用》《人工智能与旅游应用》《旅游互联网文案写作》《旅游网站设计》《旅游网络营销与策划》《互联网旅游企业商业模式》《计算机辅助旅游规划设计》等。其中，第一批出版的教材包括：《智慧旅游概论》《数据挖掘与旅游大数据分析》《旅游电子商务：理论与实践》《新一代网络技术与旅游应用》《智慧酒店管理》《智慧景区管理》等。

智慧旅游管理是旅游管理与新一代信息技术结合的产物，将数字化、网络化、智能化全面融入旅游管理本科专业课程教学中，希望该系列教材的出版有助于我国智慧旅游管理专业发展，为国家智慧旅游建设培养更多的专业型、复合型高级专门人才。

吴忠军
2021 年 12 月于桂林

前言
Preface

　　党的十八大以来,习近平总书记在不同场合反复强调,要牢固树立"绿水青山就是金山银山"的理念。在 2017 年联合国世界旅游组织大会上,习近平总书记强调,"旅游是不同国家、不同文化交流互鉴的重要渠道,是发展经济、增加就业的有效手段,也是提高人民生活水平的重要产业"。中国拥有悠久历史、灿烂文化、壮美山川、多样风土人情,中国高度重视发展旅游业,旅游业对中国经济和就业的综合贡献率已超过 10%。在 2018 年全国生态环境保护大会上,习近平总书记指出,"新时代旅游业呈现出多样性、多元性、多变性等特征,今天的旅游业已经达到了一个前所未有的高度"。信息技术革命对社会生活和经济生活的各个方面产生了不同程度的影响,信息技术在旅游业的应用加快了其信息化发展进程,表现为旅游企业的电子商务和业务流程再造,旅游电子商务持续改变着旅游消费者行为及旅游企业的经营管理和服务模式。

　　目前,旅游电子商务实践形式多样且日新月异,而与时俱进的旅游电子商务理论体系还有待进一步探索完善。本书根据旅游电子商务的特点,从旅游业结构视角,介绍旅游电子商务理论体系与实验实训项目,以期为旅游电子商务的理论探索贡献绵薄之力。在内容安排上,本书分为六章。第一章介绍电子商务的概念、特点、发展历程和应用领域,重点介绍了旅游电子商务商业模式,实验实训项目为电子商务网站的网络空间与域名申请;第二章介绍了在线旅游服务商 OTA 的含义、发展过程和运营模式,重点介绍了 OTA 的商业模式及典型案例,实验实训项目为电子商务网站中 IIS 的安装与配置;第三章介绍了旅行社电子商务的概念、特征与内涵、主要业务流程和信息化业务流程的效用,重点介绍了旅行社电子商务的体系框架与实践操作和旅行社网络营销策略的实践应用,实验实训项目为典型电子商务网站的操作流程;第四章介绍了旅游景区电子商务的概念、国内外旅游景区电子商务发展概况及旅游景区电子商务多种营销模式的适用范围和优劣势,重点介绍了智慧景区服务系统的层次、功能和旅游景区网络营销方法,实验实训项目为旅游电子商务网站规划设计与列表使用;第五章介绍了酒店电子商务的概念、特点和发展现状,阐述了酒店电子商务网络营销的概念、功能和特点及酒店电子商务系统的构建,重点指出了酒店电子商务网络营销主营业务模式和推广策略,实验实训项目为旅游电子商务网站登录实现及 CSS 应用;第六章介绍了旅游商品的概念、分类方式和旅游商品电子商务新技术的使用，重点介绍了旅游商品网络营销方法，实验实训项目为电子商务安全。

　　本书可作为应用型高校旅游管理类（含旅游管理、酒店管理、会展经济与管理专业）、工商管理类相关专业的本科生教材，也可供旅游企业管理人员、旅游行政管理人员培训使用。

　　本书主要编写人员包括：桂林理工大学旅游与风景园林学院张睿副教授、吉林工商学院旅游烹饪学院院长赵凌冰教授、桂林理工大学旅游与风景园林学院刘艳玲讲师、长春大学旅游学院蒙连超副教授、桂林理工大学旅游与风景园林学院姚建盛副教授和桂林旅游学院酒店管理学院王祖良副教授。张睿担任主编，赵凌冰、刘艳玲、蒙连超担任副主编。具体分工为：张睿编写第一、三、四、五章并负责全书的统稿工作；赵凌冰编写第二、六章；蒙连超和刘艳玲编写全部实验实训项目内容；姚建盛和在读硕士生姬长旭负责原创案例的编写；王祖良负责全书的整理、校对工作。另外，桂林理工大学旅游与风景园林学院的在读硕士生姬长旭、汪凤丹、孙雨芹、王莎莎、陈子洋和在读本科生王俊文、孙浩淼、凤蝶、柯政同学，以及吉林工商学院旅游烹饪学院的在读本科生席妮同学做了许多的资料收集及整理工作。

　　本书是旅游电子商务教育、实践工作者多年的工作积累，尤其感谢桂林理工大学旅游与风景园林学院领导的支持和同事的帮助，感谢桂林理工大学教材建设基金项目资助出版。本书编写过程中参考了大量国内外学者的著作、论文等成果（详见"参考文献"），借鉴了行业最新案例和网站资料，在此，谨向所有相关作者表示诚挚的谢意！华中科技大学出版社的王乾编辑在本书的大纲拟定、课程定位、教材结构设计、审稿，以及对初稿提出修改建议等方面做了大量工作，正是有了王编辑的不断支持，本书才得以顺利完成。在此，我们对他表示衷心的感谢！

　　由于编者水平有限，书中难免有疏漏和不当之处，恳请广大读者批评指正。

编者
2021 年 10 月

《旅游电子商务:理论与实践》二维码资源

章节	类别	名称	页码
第一章	在线答题	章节自测题	21
	微课视频	实验一　电子商务网站的网络空间与域名申请	27
第二章	在线答题	章节自测题	64
	微课视频	实验二　电子商务网站中 IIS 的安装与配置	66
第三章	在线答题	章节自测题	102
	微课视频	实验三　典型电子商务网站的操作流程	103
第四章	在线答题	章节自测题	147
	微课视频	实验四　旅游电子商务网站规划设计与列表使用	149
第五章	在线答题	章节自测题	185
	微课视频	实验五　旅游电子商务网站登录实现及 CSS 应用	189
第六章	在线答题	章节自测题	226
	微课视频	实验六　电子商务安全	227

目录
Contents

第一章
总论

学习引导

　　电子商务利用网络通信技术开展商务活动,具有广告宣传、咨询洽谈、网上订购、网上支付、服务传递、意见征询、交易管理等各项功能。旅游电子商务通过先进的信息技术手段改进旅游机构内部和对外的联通性,增进知识共享,具有聚合性、有形性和服务性特点。旅游电子商务的业务模式包括:报价模式、寻找最佳价格、合作营销、团体采购、在线拍卖、定制服务和在线旅游同业采购分销交易平台。旅游电子商务运营模式主要有5种:企业对企业(B2B)、企业对消费者(B2C)、消费者对企业(C2B)、个人对消费者(C2C)和线上线下结合(O2O)。旅游电子商务智能化应用包括:智能手机旅游应用程序、智能导览系统和智慧旅游应用系统。

学习目标

　　1. 了解电子商务的发展历程及应用领域。
　　2. 掌握旅游电子商务的概念、特点和业务模式。
　　3. 思考如何应对旅游电子商务发展的机遇与挑战。

思维导图

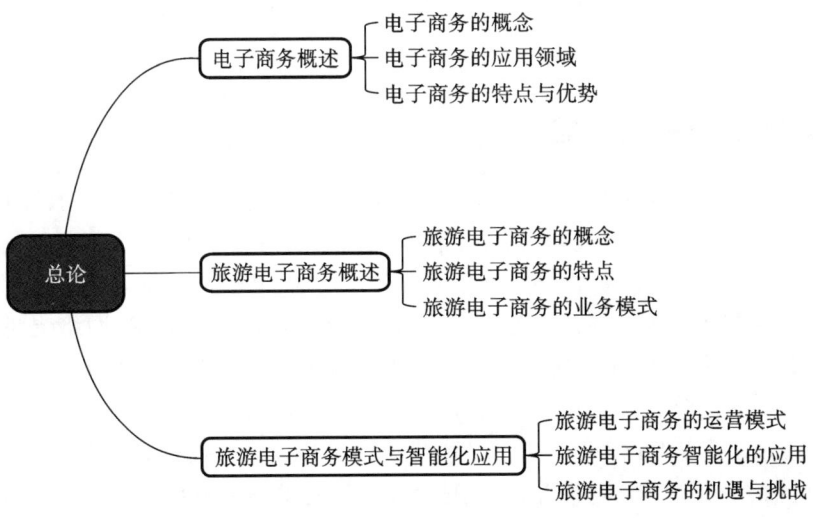

- 总论
  - 电子商务概述
    - 电子商务的概念
    - 电子商务的应用领域
    - 电子商务的特点与优势
  - 旅游电子商务概述
    - 旅游电子商务的概念
    - 旅游电子商务的特点
    - 旅游电子商务的业务模式
  - 旅游电子商务模式与智能化应用
    - 旅游电子商务的运营模式
    - 旅游电子商务智能化的应用
    - 旅游电子商务的机遇与挑战

导入案例

旅游电子商务的兴起

2017年10月19日,习近平在参加党的十九大贵州省代表团审议时强调,要抓住乡村旅游兴起的时机,把资源变资产,实践好"绿水青山就是金山银山"的理念。2020年5月11日,习近平在云冈石窟考察时指出,要让旅游成为人们感悟中华文化、增强文化自信的过程。作为21世纪的三大支柱产业之一,旅游业的发展不仅为国家经济发展做出了重要贡献,更是实施中华民族文化自信教育的重要途径。

随着我国经济的快速发展和人民生活水平的不断提高,人民对精神文化有了更高品质的需求。在国家大力发展旅游的背景下,我国人民对旅游的热衷度不断提高。尤其是近几年来,电商行业做得风生水起,几大电商巨头纷纷加入旅游业,阿里巴巴集团的"飞猪旅行"依托支付宝和淘宝等平台,在大量的流量和资金的支持下,迅速占领广大市场。传统几大在线旅游服务商,如携程旅行网、途牛网等也在不断稳定自己的实力,抢占旅游市场这片"红海"。携程集团2020年全年净营业收入为183亿元,2020年四季度的营业利润率为10%,复苏力度对比全球同行处于领先地位。此外,2020年第四季度,携程集团的净营业收入为50亿元,第四季度毛利率达82%,创造连续11个季度以来的新高。

解析:

旅游电子商务可以有效整合信息资源,提升旅游服务水平,提高消费者旅游体验满意度。那么旅游电子商务的应用领域与业务模式有哪些?旅游电子商务应如何为旅游业服务呢?

第一节　电子商务概述

一、电子商务的概念

电子商务利用网络通信技术开展商务活动,是依靠电子设备和网络技术的商业模式,随着电子商务的高速发展,其内涵不仅包括网络购物与货币支付,还包括物流配送、供应链管理、电子交易市场、网络营销、在线事务处理、电子数据交换(EDI)、存货管理和自动数据收集系统等。在此过程中,使用的信息技术包括互联网、网络支付、移动支付、电子银行、安全技术、电子邮件、数据库、电子目录和移动终端技术等。

电子商务的概念有广义和狭义之分。从狭义上讲,电子商务(Electronic Commerce,EC)是指通过使用互联网等电子工具(这些工具包括计算机硬件、计算机软件系统、移动通信、电话、手机、广播、电视等)在全球范围内进行的商务贸易活动,以及以计算机网

Note

络为基础进行的各种商务活动,包括商品和服务的提供者、广告商、消费者、中介商等有关各方行为的总和。人们一般理解的电子商务是指狭义上的电子商务。从广义上讲,电子商务是指通过使用互联网等电子工具,使公司内部、供应商、客户和合作伙伴之间,利用电子业务共享信息并配合企业内部的电子化生产管理系统,实现企业间业务流程的电子化,以提高企业的生产、库存、流通和资金等各个环节的效率。简而言之,广义的电子商务就是通过电子手段进行商业事务活动。

联合国国际贸易程序简化工作组对电子商务的定义是:采用电子形式开展商务活动,它包括在供应商、客户、政府及其他参与方之间通过电子工具,如 EDI、Web 技术、电子邮件等共享非结构化商务信息,管理和完成在商务活动、管理活动和消费活动中的各种交易。该定义强调电子商务利用计算机技术、网络技术和远程通信技术实现整个商务过程的电子化、数字化和网络化。

经济合作与发展组织(OECD)对电子商务的定义是:电子商务是指系统化地利用电子工具,高效率、低成本地从事以商品交换为中心的各种活动的全过程。电子商务是利用电子化手段从事的商业活动,它基于电子处理和信息技术,如文本、声音和图像等数据传输,主要是遵循 TCP/IP 协议,通讯传输标准遵循 Web 信息交换标准,提供安全保密技术。

综上所述,本书将电子商务定义为:电子商务是以商务活动为主体,以计算机网络为基础,以电子化方式为手段进行的商务事务活动和交易过程。

二、电子商务的应用领域

根据国际数据公司 IDC(http://www.idc.com)的系统研究分析指出,电子商务的应用可以分为两个层次。第一个层次是面向市场的以市场交易为中心的活动,它包括促成交易实现的各种商务活动,如网上展示、网上公关、网上洽谈等,同时还包括实现交易的电子贸易活动,它主要是利用 EDI、互联网,使交易前的信息沟通、交易中的网上支付和交易后的售后服务等都在网上实现电子商务活动,典型企业有淘宝(http:www.taobao.com/)。淘宝是亚洲最大的网上交易平台,主要功能是为用户提供在线零售购物买卖服务以及包括 C2C、团购、分销、拍卖等多种电子商务模式在内的电商平台服务。第二个层次是指如何利用互联网来重组企业内部的经营管理活动,与企业开展的电子商贸活动保持协调一致。最典型的是供应链管理,它从市场需求出发,利用网络将企业的研发、生产、销售等活动串连在一起,实现企业网络化、数字化管理,最大限度地适应网络时代市场需求的变化。

随着国内互联网使用人数的剧增,利用网络购物并以银行卡付款的消费方式已日渐流行,市场份额也在迅速增长,电子商务网站也层出不穷。电子商务可提供网上交易和管理等全过程的服务。因此,它具有广告宣传、咨询洽谈、网上订购、网上支付、服务传递、意见征询、交易管理等各项功能。

(一)广告宣传

电子商务可凭借企业的 Web 服务器和客户的浏览,在网上发布各类商业信息。客户可借助网上检索工具迅速地找到所需商品信息,而商家可利用网页、电子邮件和社交

媒体等渠道在全球范围内做广告宣传。与传统的四大传播媒体(报纸、杂志、电视、广播)广告及近来备受垂青的户外广告相比,网上的广告成本最为低廉而给顾客的信息量却最为丰富。

(二)咨询洽谈

电子商务可借助非实时电子邮件(E-mail)、新闻组(News Group)和实时对话(Chat)来了解市场和商品信息、洽谈交易事务,如有进一步的需求,还可使用网上的白板会议(Whiteboard Conference)来交流即时的图形信息。网上咨询和洽谈能够超越人们面对面洽谈的时空限制,提供多种方便的异地、实时交谈形式。

(三)网上订购

电子商务可实现网上订购。网上订购通常是在产品介绍页面上提供订购提示信息和订购交互格式框,当客户填完订购单后,系统会回复确认信息单来保证订购信息的收悉,订购信息也可采用加密的方式使客户和商家的商业信息不被泄漏。

(四)网上支付

电子商务要成为一个完整的过程,网上支付是重要的环节,客户可采用借记卡、信用卡等电子账户支付。在网上直接采用电子支付手段可省略交易中多余人员的开销。网上支付也需要更为可靠的信息传输安全性控制,以防止欺骗、窃听、冒用等非法行为的发生。

(五)服务传递

对于已付款的客户,应将其订购的货物尽快送达目的地。其中,有些货物在本地,有些货物在异地,物流信息可通过网络进行调配和发布。另外,最适合在网上直接传递的货物是信息产品,如软件、电子读物、信息服务、充值业务等,网络能直接从电子仓库中将货物发送到用户端。

(六)意见征询

电子商务可方便地采用网页上的"选择""填空"等格式文件来收集用户对销售服务的反馈意见,这样能使企业的市场运营形成一个封闭的回路。客户的反馈意见不仅能提高售后服务的水平,更能使企业获得改进产品、发现市场的商业机会。

(七)交易管理

电子商务整个交易管理涉及人、财、物等多个方面,包括企业和企业、企业和客户以及企业内部等各方面的协调和管理。因此,交易管理是涉及商务活动全过程的管理。电子商务的发展,将提供一个安全良好的交易管理网络环境以及多种多样的应用服务系统,以保障电子商务获得更广泛的应用。

知识活页

电子商务已经深入人们生活的方方面面①

2021年2月,中国互联网络信息中心(CNNIC)发布的第47次《中国互联网络发展状况统计报告》指出,自2013年起,我国已连续8年成为全球最大的网络零售市场。2020年,我国网上零售额达11.76万亿元,较2019年增长10.9%。其中,实物商品网上零售额9.76万亿元,占社会消费品零售总额的24.9%。截至2020年12月,我国网络购物用户规模达7.82亿,较2020年3月增长7215万,占网民整体的79.1%。

随着以国内大循环为主体和国内、国际双循环的发展格局加快形成,网络零售不断培育消费市场新动能,通过助力消费"质""量"双升级,推动消费"双循环"。在国内消费循环方面,网络零售激活城乡消费循环;在国际、国内双循环方面,跨境电商发挥着稳定的外贸作用。此外,网络直播成为"线上引流+实体消费"的数字经济新模式,实现蓬勃发展。直播电商成为广受用户喜爱的购物方式,据统计,有66.2%的电商用户购买过直播商品。

三、电子商务的特点与优势

电子商务利用网络技术将传统商务活动中物流、资金流和信息流进行整合,使其直接与分布各地的客户、员工、供应商和经销商连接,创造更具竞争力的经营优势。电子商务使企业具备灵活的交易手段和快速的交货方式,帮助企业优化其内部管理流程,以更快捷的方式将产品和服务推向市场,提高社会生产力。与传统商务相比,电子商务具有以下四大特点。

(一)业务全球化

网络可以使交易各方通过互动方式直接在网上完成交易和与交易有关的全部活动,它使商品和信息的交换过程不再受时间和空间的制约。企业可以利用互联网将商务活动的范围扩展到全球;相应地,消费者的购物选择也是全球性的。

(二)服务个性化

在电子商务环境中,客户不再受地域限制,产品的个性化特征的呈现更容易实现。服务质量在某种意义上成为商务活动的关键,在网络中,企业可以依据网页向客户提供各类信息,展示产品视觉形象,介绍产品的性能、用途,可以根据客户的要求和订单开展产品设计和生产,并直接出售给客户,甚至还可以让客户直接参与产品设计与定制。

---

① 中国网信网.第47次《中国互联网络发展状况统计报告》[EB/OL].(2021-02-03)[2021-05-03].http://www.cac.gov.cn/2021-02/03/c_1613923423079314.htm.

（三）业务集成化

电子商务的集成性，首先表现为企业事务处理的整体性、统一性，它能重新规范事务处理的工作流程，将人工操作和电子信息处理集成为一个不可分割的整体。网络的应用使得企业能自动处理商务过程，不再像以往那样强调企业的内部分工。企业将客户服务过程移至互联网，使客户能以更简捷的方式获取服务。

（四）电子商务的均等性

电子商务的应用，对大、中、小企业都产生了机遇与挑战，带来的机会是均等的。电子商务的应用对中小型企业来说尤其有利，因为它们可以接触到世界范围的广大客户。

第二节　旅游电子商务概述

一、旅游电子商务的概念

旅游业是世界三大朝阳产业之一，是 21 世纪的主导性产业，无论在国内或国外都受到了广泛的重视。我国旅游业的发展经历了经济驱动（2000—2005 年）、市场驱动（2006—2011 年）两个阶段后，目前已处于创新驱动阶段（2012 年至今）。旅游业是与知识经济和信息经济高度融合的产业，随着信息技术迅速发展，旅游业和信息技术的结合带动了旅游电子商务的发展。

一般认为，互联网的产生促成了旅游电子商务的产生。事实上，在 20 世纪六七十年代，航空公司和旅游饭店集团基于增值网络和电子数据交换技术构建的计算机预订系统可视为旅游电子商务的雏形。近些年，高速增长的旅游市场和日益增长的网络消费人群给旅游电子商务促进旅游业的发展带来了新的契机；同时，由于旅游业信息密集型和信息依托型的产业特性，也使旅游电子商务的发展具有必要性和可行性。

旅游电子商务的概念始于 20 世纪 90 年代，最初是瑞佛·卡兰克塔提出的，由约翰·海格尔进一步发展。普遍认为，旅游电子商务是指以网络为主体，以旅游信息库、电子银行为基础，利用先进的电子手段运作旅游业及其分销系统的商务体系，它集合了消费者心理学、消费者行为学、商户心理学、计算机网络等多门学科，展现和提升了网络和旅游的价值，具有营运成本低、用户范围广、无时空限制以及能同用户进行实时和直接交流等特点，为用户提供更加个性化、智能化的旅游产品与服务。

目前，旅游学界对旅游电子商务的概念已做出较为详尽的阐述，本书采用世界旅游组织对旅游电子商务的定义，即旅游电子商务是指通过利用先进的信息技术手段改进旅游机构内部和对外的联通性，包括改进旅游企业之间、旅游企业与供应商之间、旅游企业与旅游者之间的交流与交易，以及改进企业内部流程，以增进知识共享。

二、旅游电子商务的特点

(一)聚合性

旅游产品是一个多个部分组成的纷繁复杂的结构实体。旅游电子商务把众多的旅游供应商、旅游中介、旅游者联系在一起。景区、旅行社、旅游饭店及旅游相关行业,如租车业、购物休闲产业,都可借助同一网站资源招徕更多的客户。在线旅游服务商已成为旅游业的多面手,它们将原来市场分散的利润点集中起来,提高了资源利用效率,扩大了服务范围。

(二)有形性

旅游产品具有无形性的特点。传统的旅游消费模式中,旅游者在体验和购买旅游产品之前无法亲自了解和感受,只能从他人的经历或旅行社的宣传介绍中寻求相关信息。随着信息技术的发展,网络旅游提供了大量的旅游信息和虚拟旅游产品,网络多媒体、VR、AR 等技术的应用给旅游产品提供了"身临其境"的展示机会。这种全新的旅游体验,使用户"足不出户,畅游天下"的梦想成真,并且培养和壮大了潜在的旅游消费群体。因此,旅游电子商务使无形的旅游产品变得"有形"起来。

(三)服务性

旅游业是典型的服务性行业,旅游电子商务也以服务为本。据 CNNIC 报告,用户选择 Internet 接入服务商(ISP)最主要的因素,排在第一位的是连线速度(占 43%),排在第二位是服务质量(占 24%);用户认为一个成功的网站必须具备的第一要素是信息量大、更新及时、有吸引人的服务(占 63.35%)。因此,在线旅游服务平台应是在线交易的平台,具有较高的访问量且能够产生大量的交易,能提供不同特色、多角度、多侧面、多种类、高质量的服务来吸引各种不同类型的消费者,如国内的携程旅行网(Ctrip)、途牛网(Tuniu)、驴妈妈网(Lvmama)等,国外的猫途鹰(Tripadvisor)、雅虎旅游(Yahoo! Travel)、缤客网(Booking)、亿客行(Expedite)等,这些平台以提供酒店和航班预订、短期出租、餐馆、旅游信息、旅游指南、旅游评论和旅游意见、互动旅游论坛等被广大消费者广泛使用。

三、旅游电子商务的业务模式

商业模式是为了在市场中获得利润而规划好的一系列活动,是企业运营的宗旨和核心。电子商务业务模式是以利用和发挥互联网特性为目标的业务模式,其主要特点在于它允许建立新的商业模式,即允许企业为获取收入和持续经营而开展新的业务方式。根据业务模式不同,旅游电子商务模式可以分为以下几种。

(一)报价模式

报价模式是由买家设定自己愿意为某种产品或服务支付相应价格的一种销售模

式。Priceline 是美国一家基于 C2B 商业模式的在线旅游服务商，属于典型的网络经纪公司，它为买卖双方提供一个信息交易平台，盈利方式是提取交易佣金。Priceline 首创了 C2B 报价模式，即消费者在网上标出愿意支付的机票、酒店价格，然后 Priceline 在电脑数据库中搜索愿意接受该报价的航空公司或酒店供应商，并将该信息反馈给消费者。

(二)寻找最佳价格

寻找最佳价格的模式，一般是由消费者或潜在顾客首先说明自己的需求，然后由企业搜索该产品或服务的最低价格反馈给消费者或潜在顾客。折扣旅游网站(Haywire.com)就采用了该模式，Haywire.com 将要求在数据库里做匹配，找到最低价格，并告知消费者或潜在顾客。为了给消费者或潜在顾客提供旅游目的地的省钱旅游建议，Haywire.com 推出"Trip Starter"旅游策划工具，客户输入自己的出发城市和旅游目的地，Trip Starter 会显示关于客户希望出行的路线过去一年的机票价格走势，以及所选目的地三星级或四星级酒店的每晚平均房价，以让客户获得折扣旅游方面的专业知识，合理规划旅游出行时间，并以最优旅行成本获得最大价值。

(三)合作营销

合作营销是指营销参与者与公司达成协议，推荐消费者或潜在顾客到该公司的网站购买产品或服务。购买完成后，营销参与者可抽取购买金额的 3%～15% 作为佣金。旅游目的地营销组织可以采用这一商业模式在异地推销旅游产品或服务。

(四)团体采购

团体采购方式并不是一种新的商业模式，以往存在于旅行社行业中，如旅行社一次性向酒店、景区等旅游产品供应商大量购买客房、门票等以获得折扣，再向个人或小型旅行社零售出售。使用团体采购这种方式，可以使中小企业甚至个人都能够获得相应折扣。团体采购经由第三方召集个人或中小型企业集合订单，批量购买，以争取最佳价格。

(五)在线拍卖

在线拍卖为游客提供了拍卖自己的旅游纪念品的场所。游客只要准备好要交易的旅游纪念品，将要拍卖或出售的旅游纪念品放到网上，然后依靠市场创建者提供的目录、搜索引擎及交易清算功能，相应的旅游纪念品就可以很方便、快速地展示出来并被其他买主找到，最后支付完成、结束交易。亿贝(eBay.com)就是全球最大的在线拍卖网站。

(六)定制服务

定制服务可根据消费者或潜在顾客的需求在短时间内为消费者或潜在顾客定制旅游产品和服务计划，旅行社以及其他旅游产品服务提供商可提供该类服务。

(七)在线旅游同业采购分销交易平台

旅游产品和服务提供商、批发商可在在线旅游同业采购分销交易平台提供旅游产

品和服务,零售商可在这类平台上与其交流、交易和付款,如欣欣旅游网、八爪鱼、百事通、旅通网、旅游圈等。

第三节　旅游电子商务模式与智能化应用

一、旅游电子商务的运营模式

根据交易主体不同,电子商务可分为以下不同模式:①代理商、商家和消费者(Agent、Business、Consumer,ABC);②企业对企业(Business to Business,B2B);③企业对消费者(Business to Consumer,B2C);④个人对消费者(Consumer to Consumer,C2C);⑤企业对政府(Business to Government,B2G);⑥线上线下相结合(Online to Offline,O2O);⑦消费者对企业(Consumer to Business,C2B);⑧企业对家庭(Business to Family)。随着旅游电子商务的发展,旅游电子商务的主要运营模式为 B2B、B2C、C2B、C2C 和 O2O 这 5 种模式。

(一)B2B 模式

B2B(Business to Business)模式,即旅游企业对旅游企业的电子商务模式。旅游业是一个由众多子行业构成并需要各子行业协调配合的综合性产业,食、宿、行、游、购、娱各类旅游企业之间存在复杂的代理、交易、合作关系。B2B 旅游电子商务中所有参与者都是旅游企业或机构,它们在开放的网络中对每笔交易寻找最佳的合作伙伴。一些专业旅游网站的同业交易平台提供各类旅游企业之间查询、报价、询价直至交易的虚拟市场空间,具体业务包括:旅游产品、酒店耗材或服务采购业务;客源地组团社与目的地接待社之间的业务协调;客源地组团社与航空公司、目的地汽车租赁公司、酒店之间的协调等。

B2B 交易包括跨组织信息系统交易,如企业商务旅行管理系统(Travel Management System,TMS),它是安装在企业客户端、具有网络功能的应用软件系统,通过网络与旅行电子商务系统相连。在客户端,企业差旅负责人可将企业特殊的出差政策、出差时间和目的地、结算方式等输入商务旅行管理系统,系统将这些要求传送到旅行社。旅行社通过电脑自动匹配或人工操作为企业客户设计出优选的出差行程方案,为企业预订所需的机票及酒店。通过商务旅行管理系统与旅行社建立长期业务关系的企业客户能享受到旅行社提供的便利服务和众多优惠,节省差旅成本。同时,商务旅行管理系统还提供统计报表功能,从而有效地控制成本,加强管理。

航空公司的计算机预订系统(Computerized Reservation System,CRS),指的是一个连接航空公司与机票代理商(如航空售票处、旅行社、酒店等)的机票分销系统。使用计算机预订系统进行服务时,机票代理商的服务器与航空公司的服务器是在线实时链接在一起的,当机票的优惠和折扣信息有变化时会实时地反映到代理商的数据库中。机票代理商每售出一张机票,航空公司数据库中的机票存量就会发生相应的变化。

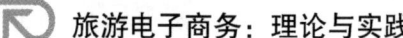

B2B 电子商务提高了旅游企业间的信息共享和对接运作效率,提高了整个旅游业的运作效率。

知识活页

B2B 交易形式[①]

在旅游电子商务中,B2B 交易形式主要包括以下几种情况。

(1)旅游企业之间的产品代理,如旅行社代订机票与饭店客房,旅游代理商代售旅游批发商组织的旅游线路产品。

(2)组团社之间相互拼团,也就是当两家或多家组团旅行社经营同一条旅游线路,并且出团时间相近,而每家旅行社只拉到为数较少的客人,这时,旅行社征得游客同意后可将客源合并,交给其中一家旅行社操作,以降低规模运作的成本。

(3)旅游地接社批量订购当地旅游饭店客房、景区门票。

(4)客源地组团社与目的地地接社之间的委托、支付等业务。

(二)B2C 模式

B2C(Business to Customer)模式,即旅游企业对消费者的电子商务模式。B2C 旅游电子商务是企业与旅游者或潜在旅游者之间的旅游电子商务,利用计算机网络使旅游者或潜在旅游者直接参与交易活动,这种形式等同于电子化的零售。B2C 交易中涉及的参与主体主要包括以下几类:旅游者或潜在旅游者、在线旅游服务商、收款银行和CA 认证机构等。虽然 B2C 有多种不同的盈利模式,但是大多数企业主要采取其中的一种或几种模式的组合,具体如下。

1. 广告盈利模式

广告盈利模式,即旅游网站向其用户提供信息、服务、产品以及刊登广告的场所,并向广告客户收取费用。

2. 订阅盈利模式

订阅盈利模式,即旅游网站定期,有规律地为用户提供相关产品信息和服务,并向用户收取访问其所提供内容的费用。

3. 交易费用盈利模式

交易费用盈利模式,即企业从客户交易额中收取佣金的模式。

4. 销售盈利模式

销售盈利模式,即企业通过向消费者销售产品、信息或服务获得利润。

5. 会员制盈利模式

会员制盈利模式,即旅游网站向会员推荐业务,收取会费,或者从成交的销售中提

取一定百分比的收入。

(三)C2B模式

C2B(Customer to Business)模式,即消费者对旅游企业的电子商务模式。旅游C2B模式的核心是通过聚合数量庞大的用户形成一个强大的采购集团,以此来改变旅游B2C电子商务模式中用户一对一出价的弱势地位,使之享受到以大批发商的价格购买单件旅游产品的优惠。由于旅游业的特殊性,使得旅游C2B可以迅速地成长起来,旅游C2B将在酒店预订、机票预订以及个性化的旅游服务中起到巨大的作用。目前,国内的携程旅行网、去哪儿网都在不同程度上对C2B进行了尝试。

旅游C2B电子商务主要有反向拍卖、网上成团两种形式。

1. 反向拍卖

反向拍卖是竞价拍卖的反向过程,即由旅游者提供一个价格范围,求购某一旅游服务产品,由旅游企业出价,出价可以是公开的或是隐蔽的,旅游者将选择认为质价合适的旅游产品成交。由于单个旅游者预订量一般较小,因此反向拍卖这种形式对于旅游企业来说吸引力不是很大。最先产生并流行该项业务的是美国,反向拍卖这种形式在我国旅游电子商务实践中尚未普及,随着旅游消费者需求的改变以及个性化的定制旅游业务的发展,这一形式未来的需求空间广阔。

2. 网上成团

网上成团的过程为:旅游者先在网上发布自己的旅游线路,通过网络信息平台吸引其他相同兴趣的旅游者的关注,再由牵头的旅游者将愿意按同一条线路出行的大量旅游者汇聚到一起,这时,他们再邀请旅行社安排行程,或直接预订酒店和机票等旅游产品。由于网上成团对同一产品的消费数量较为可观,所以旅游者拥有与旅游企业议价的底气,并很有可能得到一定的优惠。

旅游C2B利用信息技术的信息沟通面广和成本低廉的特点,特别是网上成团的运作模式,使传统条件下难以兼得的个性旅游需求与规模化组团有了很好的结合点。旅游C2B模式是一种需求方主导的交易模式,它体现了旅游者在市场交易中的主体地位,有助于旅游企业更加准确和及时地了解客户的需求,促进旅游业向产品丰富和个性满足的方向发展。

(四)C2C模式

C2C(Customer to Customer)模式,即个人对消费者的电子商务模式。过程为:个体卖家通过互联网平台向其他旅游消费者(买家)出售自身现有的旅游产品或服务;旅游者通过网上查询、选择旅游目的地个体卖家提供的产品和服务信息,并直接与卖家联系,中间不经过旅行代理商,交易在网上进行并在网上支付费用。

C2C电子商务平台给买卖双方提供了一个线上发布和获取信息的平台。C2C电子商务平台除了向买卖双方提供信息交流的渠道外,还需要满足买卖双方资金和产品的交换需求。因此,C2C电子商务平台需要为买卖双方提供相应的支付平台和物流系统。而且除了提供相应的工具外,C2C电子商务平台还需要在买卖双方出现交易纠纷时提供客户服务,同时还要为买卖双方的交易行为在互联网上做信用记录等。因此,电

子商务平台在 C2C 营销模式中占有重要地位，是其发展的基础条件，淘宝是典型的 C2C 电子商务平台。

旅游网上 C2C 交易市场的规模相对较小，主要集中于旅游商品网上交易、家庭旅馆网上销售房间，以及个体导游、司机、旅游规划师等在网上招揽游客、组团出游。

案例介绍

指南猫 App——个性化旅行服务提供者[①]

指南猫是一款快速连接旅游消费者的定制旅游 App，目标是为用户提供最具个性化、最贴合的旅行体验，通过完善各个环节的旅行体验，解决旅游消费者"自由行"做攻略难的问题，让旅游消费者的"自由行"变得更加轻松可靠。指南猫 App 的预订界面如图 1-1 所示。

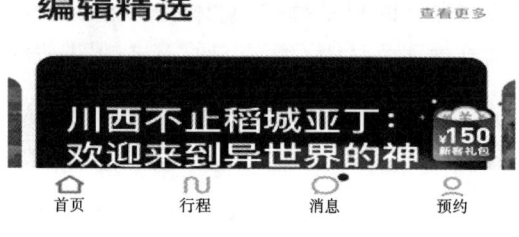

图 1-1　指南猫 App 的预订界面

1. 核心功能

招南猫的核心功能是一键定制、伴游功能，其次围绕着定制旅行全流程去完善各项功能体验区，以提供完整的定制旅游过程的相关功能区，具体如表 1-1 所示。

① 黄荣强.C2C 模式下的定制旅游攻略 App 设计研究[D].广州：广东工业大学，2019.

表 1-1 指南猫的核心功能

功 能	需 求 场 景	说 明
一键定制	用户的核心需求,寻求定制旅途时会使用到	进入界面直接分流用户,选择定制/感兴趣的目的地等;向游客提供有偿定制服务
伴游功能	户外独自旅游,或者旅途过于危险,需要专业人士陪同	提供同行、约伴功能,提高出行成功率;通过旅行社交网络的建立,提升产品的用户黏性
问路卡	遇到电子地图无法给出详细路线时,可通过双语问路卡及时了解路线	点击"问路卡",问路卡会自动全屏显示
行程预约	不仅行前的定制让用户省心省力,而且在智能向导行程中通过行程预约系统提前提醒用户做好出行准备	形成过程中提醒下一阶段的旅行安排
离线下载	针对国外的手机网络连接可能出现的问题,离线下载在意外情况下仍可继续使用智能向导	离线下载可以查看旅游线路,导航功能不能离线使用
即时通讯	下单后定制师会通过在线聊天工具或者电话确认用户需求,在行程中提供指导	自带的聊天工具可和定制师确认需求,之后,定制师通常会选择转移到微信进行联系

2. 界面交互设计

指南猫 App 界面首页左上角显眼的位置有一个关于指南猫的 H5 介绍页面,因为 C2C 模式的定制旅行还相对小众,很多用户并不了解定制旅行,教育和学习成本高是客户端市场的普遍问题,因此需要良好的交互引导。主功能:一键定制和邀请定制。一键定制功能简单清晰,以风景图片作为订单背景,同时将定制师的等级进行展示,此时,用户认知成本低,但是价格和按钮一并展示也会给用户带来心理压力,导致最后流失率高。邀请定制功能可以对平台上熟悉的定制师进行邀请,通过顶部搜索定制师或目的地关键词锁定定制师,也可以通过与指南猫智能客服沟通了解旅程订单信息,如图 1-2 所示。

3. 整体用户体验

对于指南猫 App,整体用户体验感较好,简单直观。但是,太过直接的呈现方式会强化 App 本身的工具属性,同时内容资讯量不足,用户很难做过多的停留。一键定制将用户和定制师的身份对立起来,用户很难去感知、认同定制师,而是会把背后的定制师当作平台雇佣的员工,信任感难以建立,因此,可以考虑进行改善,如修改为社区渠道。同时,在实际体验中,发现定制沟通过程过于冗长,沟通效率低下,需要进一步优化和完善。

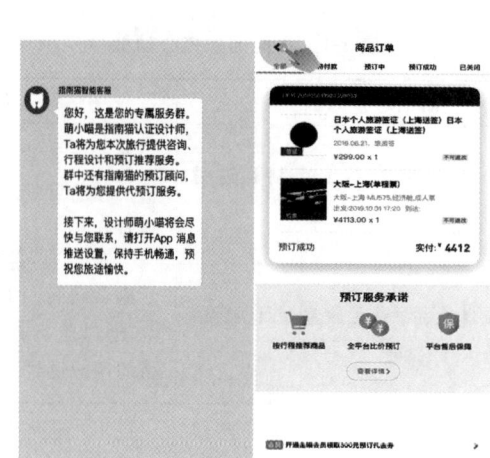

图 1-2　指南猫的功能界面

解析：

国内 C2C 模式在定制旅游 App 方面的应用已经有较多的案例，如无二之旅、指南猫、丸子地球。除了这些纯 C2C 定制服务 App，现有的携程、艺龙、马蜂窝、穷游、驴妈妈等这类以 B2C 为主的旅游服务商也开始涉足线上个人定制服务领域。驴妈妈通过平台提供服务，对接游客和个体定制师，将双方的资源进行匹配，完成满意的定制服务。个性化旅游定制更注重对游客需求的把握，指南猫 App 将个体旅游定制师和用户连接起来，通过平台提供的交流沟通渠道，定制师可向游客提供个性化的旅游定制服务。

(五)O2O 模式

O2O(Online to Offline)模式，是指旅游企业借助互联网进行旅游产品的推介、传播旅游目的地形象，使消费者可以进行线上收集信息、下单、购后评价以及线下进行体验和消费的线上线下相结合的运营模式。

O2O 是线上电子商务和线下传统商务结合的一种商务模式。旅游服务作为一种特殊的产品，可以在线上购买但无法以实体商品的形式邮寄给消费者。O2O 模式下，消费者可以确保线上线下资源的优化配置，以获得更加满意的顾客体验。

O2O 丰富了线上和线下的服务范围。旅游不仅仅局限于标准化程度比较高的线上预订酒店、机票和火车票这一简单的预订模式，移动互联网技术的快速发展推进了旅游电子商务的新发展，旅游目的地的美食、文化、娱乐等活动不断加入进来，服务的范围和领域逐渐深入。线上和线下服务在多元的服务场景中碰撞产生新的旅游服务。

传统在线旅行可提供移动定位服务、移动支付、移动信息服务和信息互动服务移动，现代在线旅行还可提供语音搜索、位置服务和个性化推送，如图 1-3 所示。O2O 集合了线上和线下的企业，在深度挖掘旅游者需求上有了进一步的提升。例如，高德地图不仅可以提供线路导航，还可以推送餐厅、酒店、景区等信息；马蜂窝就是通过用户的数据挖掘出用户的需求和意图，它根据用户出发前在马蜂窝搜索的关键词、阅读的旅游攻

略等信息,利用大数据汇集这些信息,解析出用户的购买需求,然后推出各种旅游产品信息和后端 OTA 进行对接。

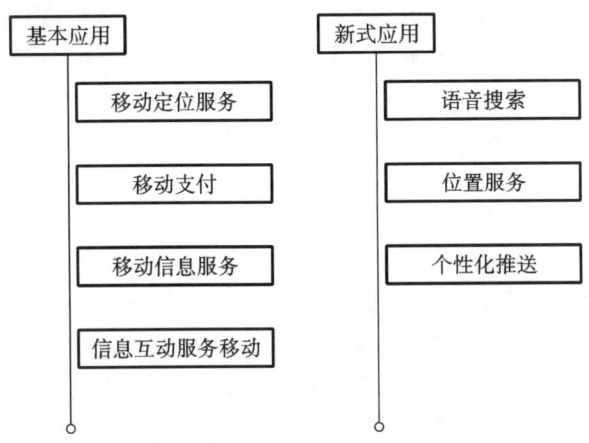

图 1-3　在线旅行的基本应用和新式应用

二、旅游电子商务智能化的应用

随着科技的进步,电子商务新的技术热点层出不穷。如以 RFID、二维码、图像识别技术等为代表的用户和商品标识识别技术,以数据挖掘、消费者行为分析的信息处理技术,以移动定位、LBS 为代表的用户位置信息识别技术,以移动支付安全技术、空中圈存技术、电子钱包技术、非接触技术等为代表的移动支付技术,以云计算、大数据为代表的数据资源共享技术等,这些技术的发展无疑为旅游电子商务智能化的发展奠定了坚实的基础。因此,近年来旅游电子商务不仅局限于利用互联网开展电子化商务活动与交易活动,还有越来越多的智能高新产品与服务出现在旅游业。

(一)智能手机旅游应用程序

《2019 全球移动互联网用户大数据行为报告》(简称《报告》)指出,网络已经成为人们日常生活中不可或缺的一部分。《报告》显示,全球已经有 45.4 亿用户接入了互联网,占据全球总人口的近 60%。智能手机的普及掀起了智能手机的第三方应用程序——App。App 又称为"手机客户端"或"移动应用",可分为游戏类、社交类、娱乐类、文用生活类和通信类等。智能手机旅游应用程序,是指面向旅游者提供旅游相关服务的智能手机第三方应用程序或其中的小程序,如旅游 App、微信小程序。

旅游 App、微信小程序在旅游业的应用主要有以下三个方面:提供旅游资讯服务,如自动发送旅游欢迎信息、手机报等;信息检索服务,如通过旅游 App 查询景区、住宿、美食购物等资讯;信息咨询服务,如拨打服务电话向当地人工服务平台咨询旅游信息预订服务,拨打预订电话预订机票和酒店。

目前,旅游应用程序大多为旅游 App、微信小程序等形式,将已有在线旅游网站的主要业务功能从电脑移到了智能手机上,除具备手机在旅游业最早的应用功能外,还可以实现随时随地的手机在线支付、记录与分享旅行信息、计划行程、机票预订与选座等功能。

（二）智能导览系统

物联网、无线定位技术、云计算技术等新技术的兴起为旅游目的地导览系统的发展提供了良好的契机。导览系统在旅游业的应用开始是基于移动 GIS、电子地图、语音识别、计算机视觉技术，功能趋于人性化和智能化；而智能导览转向兼顾游客需求、景区管理和景区维护，依托云计算、大数据技术以及智能终端设备，实现跨景区实时互动的功能。

景区手机导览系统能够让游客通过一部手机即可获取一对一的智慧导游服务，满足游客景区信息搜索需求，帮助景区实现全景展示、语音讲解、路线规划、信息传递等一体化导览服务，从而提升景区服务质量，改善游客游览体验。

1. 自定义全景地图——特色细节清晰可见

使用智能导览系统，景区可不再局限于单一呈现方式，能够自助上传个性化的地图画面，生动展现风情特色，让游客在手机上就能直观感受景区风貌，如图 1-4 所示。

图 1-4　桂林市"一院两馆"景区智能导览图

图片来源：广州翼然科技公司设计的智能导览系统

2. 多语种语音讲解——让信息一触即达

自定义音频解说，可满足游客个性化需求，无须人工导游，游客扫码即可享受一对一的智慧导游服务。

3. 智能推荐玩法路线——提升游客体验

根据游客需要，景区可智能推荐最佳游览路线，制定个性化游玩路线，避免游客重复走路或遗漏重要景点，提升游客旅游体验。

4. 精准实时定位——景点服务快速查找

支持实时定位，无须切换界面，游客也能全面了解景区内全部景点，景区可自主标记公共服务设施，便于游客在景区内快速获取所需服务。

Note

(三)智慧旅游应用系统

旅游电子商务智能化发展势不可挡,自2008年国际商业机器(中国)有限公司(IBM)首先提出"智慧地球"的概念后,"智慧城市"和"智慧旅游"由此衍生。智慧旅游,也叫"智能旅游",是基于新一代信息技术,为满足游客个性化需求,提供高品质、高满意度服务,从而实现旅游资源及社会资源的共享与有效利用的系统化、集约化的管理变革。智慧旅游应用系统是指包括信息通信技术在内的智能技术在旅游业中的应用,是一项以提升旅游服务、改善旅游体验、创新旅游管理、优化旅游资源利用为目标,增强旅游企业竞争力、提高智慧旅游行业管理水平、扩大行业规模的现代化工程。

知识活页

智能 PDA 配置[1]

随着物联网技术的发展及人们越来越高的服务质量追求,电子门票售/检票管理系统在景区的应用逐渐普及,各大景区运营商也纷纷借助物联网技术来提升服务质量,以吸引更多的游客。日前,作为游乐园产业的巨头——迪士尼乐园,也紧跟时代发展步伐,与深圳成为信息技术有限公司(简称"深圳成为")达成了战略合作,部署深圳成为C71智能手持终端(Personal Digital Assistant,PDA),如图1-5所示,用于景区智能化售/检票与管理。

图 1-5 C71 智能手持终端

1.传统门票面临的挑战

(1)迪士尼乐园景区游客众多,特别是节假日高峰期,传统的检票方式检票速度慢、入园通行时间较长,常常导致景区门外游客滞留时间长。

(2)传统门票防伪性能较差,容易被仿造、复制而产生倒票等乱象,且辨识困难,给景区造成一定的经济损失,管理较为困难。

---

① 法国迪士尼票务管理[EB/OL]. http:www.chainway.cn/Cases/Info/114.

(3)传统票务系统无法有效控制入园人流量,不利于景区的安全管理,影响游客游玩质量。

(4)传统票务系统无法对票务信息进行有效记录,不利于管理者对游客数据进行细化分析以及后续的优化管理。

2.智能手持终端设备的应用简介

针对景区传统票务系统存在的检票精度不高与速度较慢等问题,深圳成为制定了一套高效智能检票解决方案——为景区配置高防伪二维码门票。即检票时,检票人员运用C71智能手持终端扫描门票二维码,通过无线信息传输,在PDA上快速验证门票,显著提升检票精度与速度。移动手持终端的使用不受地域限制,任何地方都可以实行智能化检票,高效便捷,可根据需求轻松部署。

3.智能手持终端设备的应用成效

(1)使用二维码门票,使迪士尼乐园的入园管理更为规范,提升了景区服务品质与游客体验。

(2)通过无线信息传送、在线验证门票,已验证的门票无法再次被验证,可防止假票、倒票现象的发生。设备可随时增补,有效地提高了游客通行的效率。

(3)使用二维码门票,可随时监控游客数量,为后台管理提供有效的数据支撑。

三、旅游电子商务的发展机遇与面临的挑战

(一)旅游电子商务的发展机遇

我国旅游业正处于蓬勃发展阶段,出游人群规模不断扩张,年内多次出游人群比重不断提升,越来越多的人选择通过旅游来放松自己、领略祖国境内的大好河山和丰厚的文化底蕴,这进一步推动了我国旅游业规模的加速扩张。

旅游业发展电子商务具有得天独厚的优势,相对于其他行业的电子商务来说,旅游业产品具有更强的可分享性和可参与性,它不像普通产品需要经过研发、生产、销售和配送等复杂业务流程,只需电商平台将旅游线路、美食、住宿和游记分享等信息进行整合,通过图文、视频、语音等传送给目标人群。同时,发展电子商务也有助于商家的产品、品牌的宣传和推广。

随着越来越多的游客在互联网上预订旅游产品,这进一步加速了我国旅游业与互联网信息技术的紧密结合。目前,旅游电子商务已经成为我国旅游企业营销和内部管理信息系统的主要模式。

中国在线旅行预订用户规模持续扩大

2021年2月,中国互联网络信息中心(CNNIC)发布的第47次《中国互联网络发展状况统计报告》[①]显示:截至2020年12月,我国的网民总体规模已占全球网民的1/5左右。"十三五"期间,我国网民规模从6.88亿增长至9.89亿,5年增长了43.7%,互联网普及率达到70.4%。截至2020年12月,我国手机网民规模约为9.86亿元,较2020年3月新增手机网民8885万元,网民中使用手机上网的比例为99.7%。2015—2020年中国手机网民规模及占网民比例如图1-6所示。

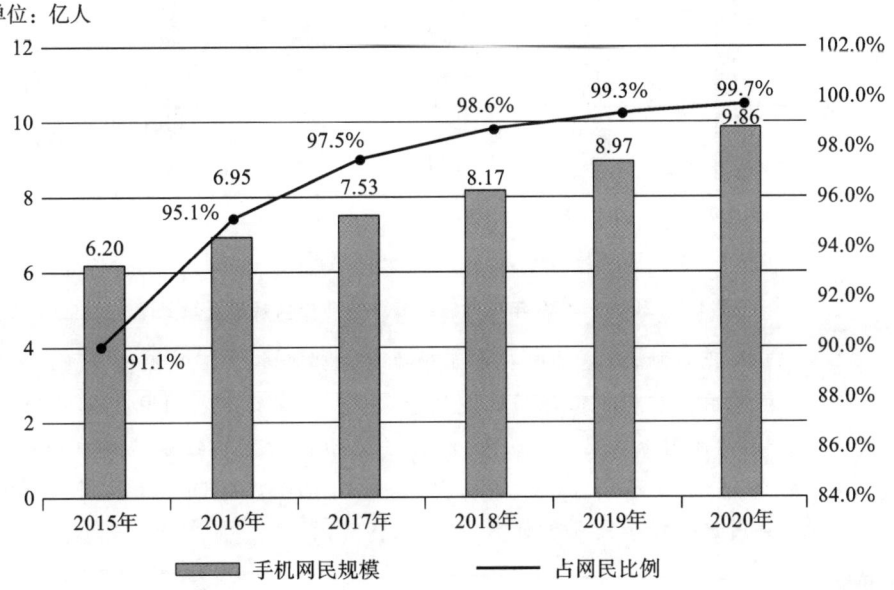

单位:亿人

图 1-6　2015—2020 年中国手机网民规模及占网民比例

据网经社电子商务研究中心发布的《2020年度中国在线旅游市场数据报告》[②]显示:受新冠肺炎疫情影响,2020年在线旅游市场交易规模出现负增长,约为6386亿元,同比下降36.52%。此外,2016—2019年市场交易规模(增速)分别为5779亿元(40.02%)、7426亿元(28.49%)、8750亿元(17.82%)、10059亿元(14.96%)。在线旅游行业交易规模及其增长率如图1-7所示。

①　中国网信网.第47次《中国互联网络发展状况统计报告》[EB/OL].(2021-02-03)[2021-05-03].http://www.cac.gov.cn/2021-02/03/c_1613923423079314.htm.

②　网经社.2020年度中国在线旅游市场数据报告(PPT).(2021-05-12)[2021-05-20].http://www.100ec.cn/detail-6592091.html.

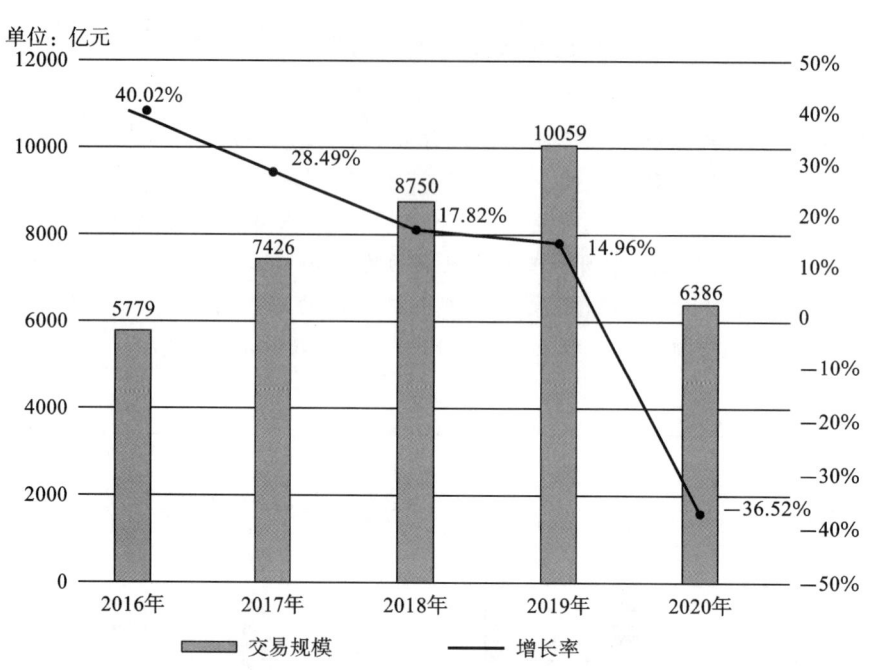

图 1-7　2016—2020 年中国在线旅游行业交易规模及增长率

与此同时,后疫情时代或加速在线旅游服务商下沉探索速度,我国在线旅游用户规模依旧保持稳定增长,2020 年在线旅游用户规模约为 4.32 亿人,同比增长 4.6%。此外,2016—2019 年中国在线旅游用户规模分别为 3.26 亿人、3.76 亿人、3.92 亿人、4.13 亿人。2016—2020 年中国在线旅游用户规模如图 1-8 所示。

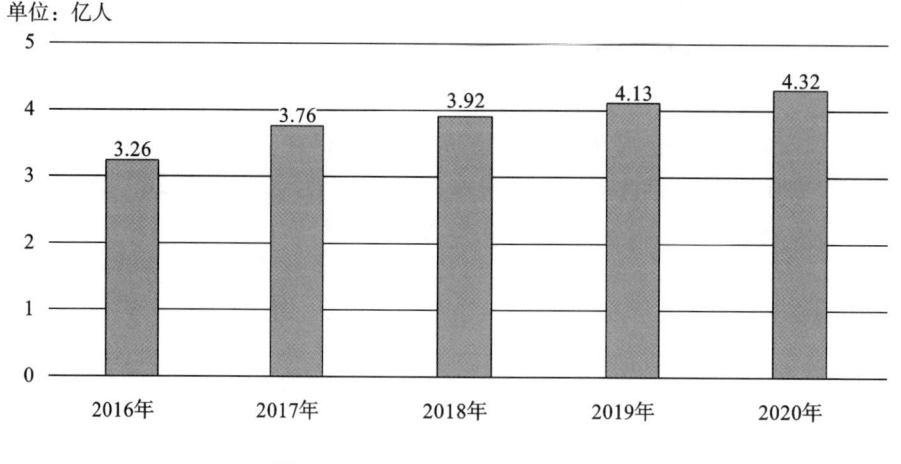

图 1-8　2016—2020 年中国在线旅游用户规模

（二）旅游电子商务面临的挑战

虽然我国旅游电子商务有很大的发展优势，未来发展潜力巨大，但在发展的过程中仍然存在很多问题，如旅游市场集中度过高、旅游产品同质化严重、产业结构不完善、行业竞争激烈、在线旅游服务商的服务体系不健全等。其中，国内旅游电商的"价格战"厮杀惨烈，许多在线旅游企业纷纷出现资金亏损的情况，疯狂的补贴使企业运营成本越来越高，最终扭转局面不成而陆续倒闭。因此，电子商务如何提供个性化、高附加值的产品和服务，进而提高经济效益成为我国旅游企业首先要思考的问题。

本章小结

　　旅游电子商务通过先进的信息技术手段改进旅游机构内部和对外的连通性，并不断改进企业内部流程，促进旅游资源共享。旅游电子商务有效实现旅游资源的有效整合，开展线上旅游产品营销、旅游产品预订服务、售后跟踪服务等商业活动，促进了旅游企业内部业务的高效运转，改善了旅游企业之间、旅游企业与供应商之间、旅游企业与旅游者之间的交流与交易。

　　旅游电子商务具有聚合性、有形性和服务性三个特点。根据业务模式不同，旅游电子商务可分为：报价模式、寻找最佳价格、合作营销、团体采购、在线拍卖、定制服务和在线旅游同业采购分销交易平台。根据交易主体不同，旅游电子商务的主要运营模式可分为：企业对企业（B2B）、企业对消费者（B2C）、消费者对企业（C2B）、个人对消费者（C2C）和线上线下相结合（O2O）这几种模式。旅游电子商务智能化的应用包括智能手机旅游应用程序、智能导览系统和智慧旅游应用系统。

讨论与思考

在线答题

1. 什么是旅游电子商务？它的特点是什么？
2. 对比说明智能手机旅游应用程序、智能导览系统和智慧旅游应用系统的异同点。
3. 举例说明 B2B、B2C、C2B、C2C、O2O 这 5 种旅游电子商务模式的实践应用。
4. 旅游电子商务的业务模式有哪些？举例说明。
5. 如何应对旅游电子商务未来发展面临的挑战？

案例
分析

我国在线旅游行业市场规模逐年增长　头部企业形成三足鼎立格局①

在线旅游是指旅游消费者依托互联网,从旅游服务提供商处预订并支付旅游产品或服务的过程。其细分市场包括在线机票、在线住宿和在线度假。以下从在线旅游产业链、在线旅游商业模式、在线旅游行业市场规模和在线旅游行业龙头企业竞争格局4个方面进行分析。

1. 在线旅游产业链

按照在线旅游主要业务类型划分,在线旅游细分市场可分为在线机票、在线住宿、在线度假三大类,如图1-9所示。

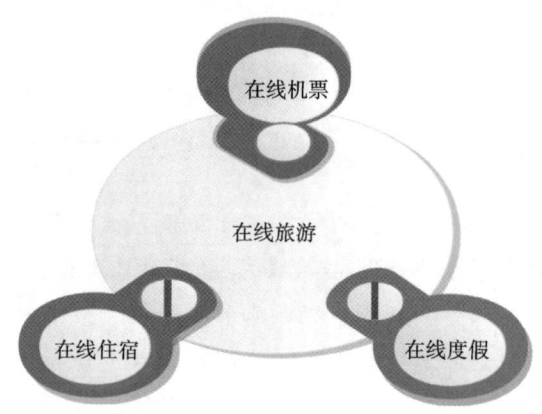

图1-9　在线旅游细分市场

在线旅游产业链是一条由上游供应商、中游批发商代理商、网络媒介和终端用户组成的链条。上游供应商是旅游产品的提供者,如航空公司、酒店、旅行社和景区等。在线旅行预订平台在整个行业中处于中游位置,负责产品的组合和分销,是传统旅游代理商在线市场服务的补充,同时也是将产品服务和客户连接起来的关键环节。在线旅游平台通过代理、商家批发等模式从上游供应商中获得旅游服务及产品,如机票、酒店、火车票、景区门票等,一方面通过旗下网站直接将产品分销给线上用户,另一方面通过搜索引擎、社交媒体等下游营销渠道吸引更多线上用户。在线旅游产业链如图1-10所示,在线旅游产业链三大环节主要特征如表1-2所示。

---

① 观研报告网.我国在线旅游行业市场规模逐年增长 头部企业竞争形成三足鼎立格局[EB/OL].(2020-10-26)[2021-05-21].http://free.chinabaogao.com/gonggongfuwu/202010/102A1924H020.html.

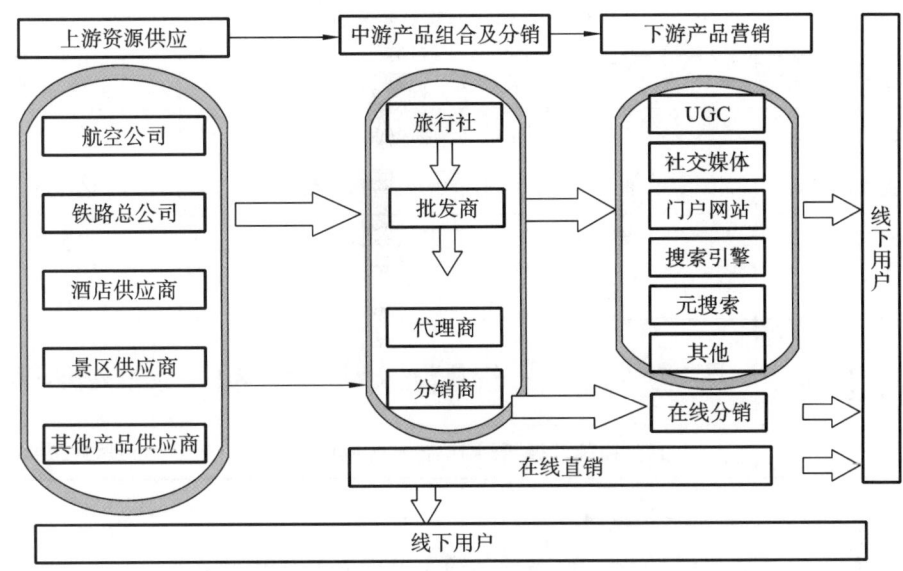

图 1-10 在线旅游产业链

表 1-2 在线旅游产业链三大环节主要特征

对比项目	上游供应商	中游在线预订平台	下游网络平台
主要产品	机票、酒店、火车票、景区门票等	机票、酒店、火车票等的预订服务	各种形式的广告及内容分享
行业集中度	航空、铁路等大型交通行业集中度较高,酒店行业次之,景区门票、活动等相对最分散	整体较分散,有龙头企业	整体较分散,有龙头企业
利润驱动因素	便利、实用的产品和服务	平台资源和广告营销效果	用户流量和转化率
核心优势	丰富的资源	资源整合、信息比较的相对中立性和便利性	广大用户端资源

2. 在线旅游商业模式

在线旅游服务商的商业模式包括代理商模式、批发商模式、广告模式和 OTM 模式、Meta-search 搜索比价模式、社交媒体模式等,如表 1-3 所示。代理商模式是指按照一定的比例抽取佣金,代表公司有携程、美团等;批发商模式是指批发采购后再加价销售,赚取差价,代表公司有亿客行等;广告模式是指通过内容展示、广告植入赚取收入,代表公司有猫途鹰等;OTM 模式是指通过精准营销和定制服务,收取服务费、广告费和佣金,代表公司有飞猪等;Meta-search 搜索比价模式是指通过搜索引擎竞价、广告、酒店预订电话费赚取收入,代表公司有去哪儿网等;社交媒体是指通过品牌广告、效果广告、佣金赚取收入,代表公司有马蜂窝、穷游网等。

表 1-3　在线旅游服务商的商业模式

商业模式	含义及收入来源	代表企业
代理商模式	按照一定的比例抽取佣金	携程、美团
批发商模式	批发采购后再加价销售，赚取差价	亿客行
广告模式	通过内容展示、广告植入赚取收入	猫途鹰
OTM 模式	通过精准营销和定制服务，收取服务费、广告费和佣金	飞猪
Meta-Search 搜索比价模式	通过搜索引擎竞价、广告、酒店预订电话费赚取收入	去哪儿网
社交媒体模式	通过品牌广告、效果广告、佣金赚取收入	马蜂窝、穷游网

3.在线旅游行业市场规模

近年来，旅游业的快速发展、移动端的普及和社交媒体的推广，都为在线旅游行业提供了巨大的发展动力。

从市场规模来看，2015—2019 年，我国在线旅游行业市场规模增速均快于旅游行业，且在旅游行业中的占比不断提升。数据显示，2019 年我国在线旅游行业市场规模为 17700 亿元，同比增速为 19.6%，在旅游行业中的占比达到 30.9%。2015—2019 年我国旅游行业、在线旅游行业市场规模及增速如图 1-11 所示，2015—2019 年我国在线旅游行业市场规模在旅游行业中的占比情况如图 1-12 所示。

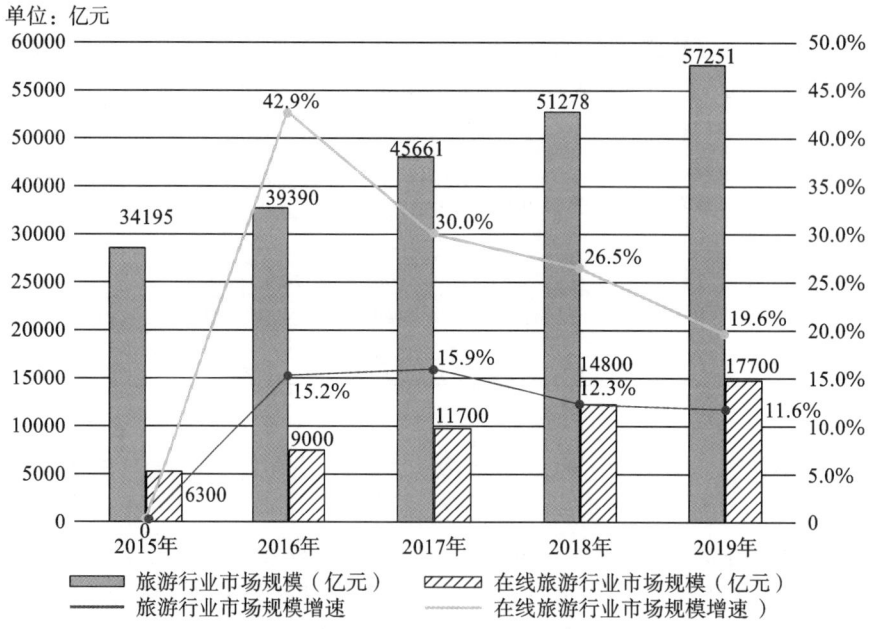

图 1-11　2015—2019 年我国旅游行业、在线旅游行业市场规模及增速

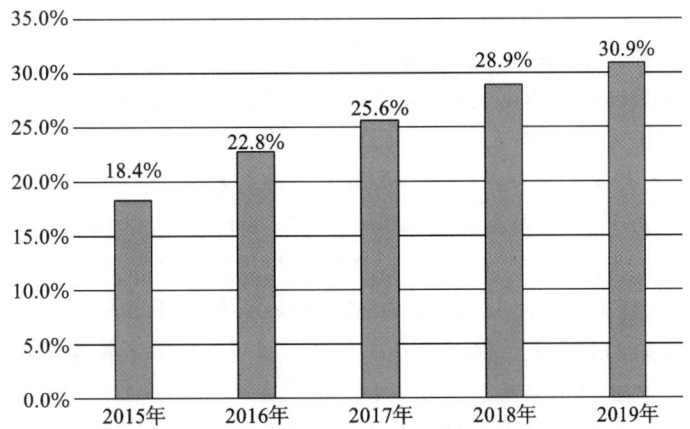

图 1-12　2015—2019 年我国在线旅游行业市场规模在旅游行业中的占比情况

4.在线旅游行业龙头企业竞争格局

目前,美团、飞猪、携程在我国在线旅游服务商行业中的龙头地位稳固,市场形成了"三足鼎立"的格局。三家企业的业务模式、市场定位和主打产品均具有差异性。美团、携程、飞猪的业务模式对比如表 1-4 所示。

表 1-4　美团、携程、飞猪的业务模式对比

对比项目		携　程	美　团	飞　猪
业务模式		OTA+平台	OTA+平台	OTM+平台
目标市场		中高端商旅用户	低线长尾市场	消费能力强的年轻用户
业务侧重		全品类	酒店住宿	出境游
主要目的地		境内+境外	境内	境内+境外
产品体系	住宿	国内外酒店、民宿	国内外酒店、民宿	国内外酒店、民宿
	交通	国内外机票、火车票、汽车票、船票、租车	国内外机票、国内火车票、汽车票	国内外机票、火车票、租车、国内汽车票
	旅游	自由行、跟团游、定制游、周边游、邮轮游、亲子游学、高端"鸿鹄奢游"及景区门票等	景区门票、周边游景区套票	跟团游、自由行、定制游、邮轮游、景区门票等

相比携程和飞猪,美团的优势在于:通过高频的本地生活服务消费为酒旅业务导流;差异化竞争,收割低线城市市场;地推团队资源整合能力强大,快速占领商户资源。但其在中高端市场与携程有较大差距,且酒旅业务主要以酒店预订和景区门票

销售为主,产品体系不如携程和飞猪丰富。

携程的优势在于:在一、二线商旅用户中占绝对主导,业务规模大、品类覆盖全、对上游供应商的议价能力也更强,且通过一系列资本收购,海外业务市场的份额也在逐步扩大。相比美团,携程高端业务的客单价与盈利能力更强。但携程缺乏高频业务导流,在低线城市渗透和地推能力上与美团存在差距。

飞猪优势在于:背靠阿里生态,充分享受阿里的流量红利和技术支持,平台模式下商家直接运营店铺,跳过加价环节,信息更加透明。飞猪为商户提供底层生态支持,赋予商家将阿里平台上巨大流量转化为私域流量的可能,使商家更具主动权和积极性。但飞猪的OTM平台模式对产品的掌控力小,且商户将平台流量转为私域流量后会降低对平台的依赖度。

美团、携程、飞猪的优劣势对比如表 1-5 所示。

表 1-5   美团、携程、飞猪的优劣势对比

公司名称	优　　势	劣　　势
美团	低线市场占有率高	中高端市场份额较小
	高频业务为低频酒旅业务引流	供应链与产品矩阵不及携程、飞猪丰富
	地推团队整合资源能力强大	各块业务都面临已经存在的强大的竞争对手
携程	业务规模庞大,议价能力强	缺乏与高频业务的交叉互动,获客成本高
	供应链资源充足,产品体系丰富	地推团队规模效应低
	中高端商旅市场占据绝对主导地位	低线市场的覆盖不足
	海外市场份额不断扩大	海外市场管理成本较高
飞猪	背靠阿里生态,技术和流量赋能	目标客群规模相对较小,下沉市场渗透率低
	出境游发展迅速,"飞猪购"提升竞争力	平台模式下商户自主经营,容易将平台流量私域化,降低对平台的依赖度
	平台型厂商商家更具积极性,信息更透明	对产品缺乏掌控力

思考题:

1.举例说明旅游产品如何通过在线旅游产业链销售给线下用户。

2.举例说明携程、亿客行、猫途鹰、飞猪、京东的在线旅游商业模式。

3.对比分析美团、携程、飞猪的业务模式与优劣势,试探讨三个旅游企业未来应采取什么样的营销策略,以在竞争中获胜。

实验一　电子商务网站的网络空间与域名申请

微课视频

一、实验目标

了解网络空间与域名的相关概念。
熟悉域名的申请过程。

二、实验内容

网络空间与域名申请。

三、知识准备

(一)网络空间

1. 相关定义

20世纪80年代初,作家威廉·吉布森创造了"网络空间"这个术语,即"赛博空间"(Cyberspace),用它来描述包含大量可带来财富和权力信息的虚拟计算机网络。

网络空间需要计算机基础设施和通信线路来实现。计算机存储的信息才是其真正的意义所在,并且以此作为网络空间价值的衡量标准。

随着国内旅游电子商务的持续升温,尤其是作为国民经济发展主力军的中小企业,逐渐意识到了网络营销的重要性。而建设网站则是开展网络营销的第一步,选择适合企业网站的虚拟主机,会让网站保持良好的运行状态,不会因为空间访问速度过慢、网站风格不符潮流等问题而失去潜在客户。

网站空间也称为"虚拟主机空间"。从经济角度考虑,通常中小企业建设网站不会自行构建服务器,而是选择以虚拟主机空间的方式存储网站内容。无论是对于中小企业还是个人用户来说,拥有自己的网站已经变得简单易行。投资很少就可以使用户通过向网站托管服务商租用虚拟主机来建立网站。

虚拟主机是使用特殊的软硬件技术,把一台真实的物理电脑主机分割成多个逻辑存储单元,每个单元都没有物理实体,但是每一个逻辑存储单元都能像真实的物理主机一样在网络上工作,具有单独的域名、IP地址(或共享的IP地址)及完整的Internet服务器功能。

虚拟主机的关键技术在于,即使在同一台硬件、同一个操作系统上运行多个用户不同的服务器程式,都能互不干扰,且各个用户都拥有自己的一部分系统资源(IP地址、文档存储空间、内存、CPU时间等)。虚拟主机之间完全独立,在外界看来,每一台虚拟主机和一台单独的主机的表现完全相同,所以这种被虚拟化的逻辑主机被形象地称为"虚拟主机"。

虚拟主机技术的出现，是对 Internet 技术的重大贡献，是广大 Internet 用户的福音。由于多台虚拟主机共享一台真实主机的资源，每个用户承受的硬件费用、网络维护费用、通信线路的费用均大幅度降低，Internet 真正成为人人用得起的网络。

在 Internet 上的计算机可以被划分为两大类：客户机和服务器。

客户机是访问别人信息的机器。电脑连接 Internet 后，电脑就被临时分配了一个 IP 地址，利用这个临时身份证，就可以在 Internet 的海洋里获取信息，网络断开后，电脑就脱离了 Internet，IP 地址也被收回。

服务器则是提供信息让别人访问的机器，通常又称为"主机"。主机拥有自己永久的 IP 地址。为了让客户机任何时候都可访问主机，主机必须时刻都连接在 Internet 上。为了能更好地运行服务器程序，Internet 的主机一般要求配置大容量的内存和海量外存及高性能 CPU。服务器主机通过安装运行各种服务器软件来实现客户的请求。

2. 重要特点

网络空间的重要特点是信息以数字的形式存在，计算机能对这些信息进行处理，如存储、搜索、索引等。

（二）域名

1. 定义

域名（Domain Name），是由一串用点分隔的名字组成的 Internet 上某一台计算机或计算机组的名称，用于在数据传输时标识计算机的电子方位（有时也指地理位置）。域名通俗来说就是网站在 Internet 上的名称。一个企业的网站要想在 Internet 上出现，必须拥有一个注册域名。就技术而言，域名不过是一种 IP 地址的助记符号。但是，对于从事商业活动的企业来说，域名也是企业形象的一部分，是企业在网络上的电子身份证以及在网络世界中进行商业贸易活动的基础，宣传企业的产品及服务、树立企业的形象都离不开域名。

网域名称系统（Domain Name System，DNS），简称"域名系统"，是将域名和 IP 地址相互映射的一个分布式数据库，是 Internet 的一项核心服务，它能够使人更方便地访问互联网，而不用去记住能够被机器直接读取的 IP 地址数字串。例如，www. wikipedia. org 是一个域名，和 IP 地址 208. 80. 152. 2 相对应。DNS 就像是一个自动的电话号码簿，人们可以直接"拨打"wikipedia 来代替电话号码（IP 地址）。人们直接调用网站的域名以后，DNS 就会将便于人们使用的域名（如 www. wikipedia. org）转化成便于机器识别的 IP 地址（如 208. 80. 152. 2）。

2. 命名规则

（1）只提供英文字母（a～z，不区分大小写）、数字（0～9）以及"-"（英文中的连词号，即中横线），不能使用空格及特殊字符（如！、$、&、?）。

（2）"-"不能用作开头和结尾。

（3）长度不能超过 63 个字符。

（4）简单、易记、逻辑性强（与企业商标、产品名称吻合；根据网站的性质、用途选择）。

（5）为同一个域名注册多个不同后缀（可用来确保企业品牌的唯一性，同时也可以使互联网用户更容易找到企业的网站）。

（6）域名购买年限选择 2 年以上（降低域名丢失的风险，同时避免未来因域名价格上涨给企业带来的经济损失，多年购买还可享受优惠）。

3. 域名申请

电子商务、网上销售、网络广告已成为商界关注的热点。但是，要想在网上建立服务器发布信息，则必须首先申请域名，只有拥有企业的域名，才能让使用者更加方便地访问到企业。所以，申请域名是互联网为企业提供相关服务的基础。

为保证每个网站的域名或访问地址是独一无二的，企业在申请域名时需要向统一管理域名的机构或组织注册或备案。也就是说，为了保证网络安全和有序性，网站建立后要为企业绑定一个全球独一无二的域名或访问地址，必须先向全球统一管理域名的机构或组织去注册或者进行备案。域名需遵循先申请先注册原则。

TLD 的全称是 Top Level Domain，意为"顶级域名"，它是 Internet 域名的最后部分，也就是任何域名的最后一个点后面的字母组成部分。

通用顶级域于 1985 年创立，当时共有 6 个通用顶级域，主要供美国使用：

（1）.com——供商业机构使用；

（2）.edu——供教育机构使用；

（3）.gov——供美国政府及其下属机构使用；

（4）.net——供网络服务供应商使用；

（5）.org——供不属于其他通用顶级域类别的组织使用；

（6）.mil——供美国军事机构使用。

4. 申请域名的步骤

（1）准备申请资料。

申请注册".com"域名，不需要提供身份证、营业执照等资料，但是如果申请注册".cn"域名，用户则需要提供相关的身份证以及企业营业执照等资料。

申请域名注册应当提交的文件和证件包括：域名注册申请表，本单位介绍信，承办人身份证复印件，本单位依法登记文件的复印件。域名注册申请表至少应当包含以下内容：单位名称（包括中文名称、英文和汉语拼音全称及缩写），单位所在地点，单位负责人，域名管理联系人和技术联系人，承办人，通信地址，联系电话，电子邮件地址，主、辅域名服务器的机器名和所在地点，网络地址，机型和操作系统，拟申请的注册域名、理由和途径，以及其他事项。申请人的名称要与印章、有关证明文件一致。申请时间以收到第一次注册申请的日期为准。

（2）寻找域名注册网站。

由于".com"和".cn"域名等不同后缀均属于不同注册管理机构所管理，如要注册不同后缀域名则需要从注册管理机构寻找经过其授权的顶级域名注册服务机构。如".com"域名的管理机构为 ICANN（互联网名称与数字地址分配机构），".cn"域名的管理机构为 CNNIC（中国互联网络信息中心）。目前，国内比较著名的域名代理机构有中国万维网（www.net.cn）和中国频道（www.China-Channel.com）等，它们都可以接受国内和国际域名注册申请。若注册商已经通过 ICANN、CNNIC 双重认证，则无须再到其他注册服务机构申请域名。

（3）查询域名。

如在域名注册查询网站注册用户名成功后想要查询该域名，可先选择要注册的域名，再点击注册。Internet 域名是唯一的，并且遵循"先申请先注册，不受理域名预留"的原则。在进行域名注册时，应首先在 Internet 上查找是否有与企业要注册的域名相同的域名。查重域名的网址为：

①http://rs.internic.net/cgi-bin/whois?——查询国际域名；

②http://www.cnnic.net.cn/cgi-bin/domainqc——查询国内域名。

（4）正式申请。

查到想要注册的域名，在确认域名为可申请的状态后，可提交注册，并缴纳年费。

（5）申请成功。

正式申请成功后，即可开始进入 DNS 解析管理、设置解析记录等操作。

四、实验步骤

（一）免费虚拟主机的申请

（1）打开浏览器，在地址栏中输入 https://www.sanfengyun.com/freeVhost/，按回车键后进入如图 1-13 所示界面。

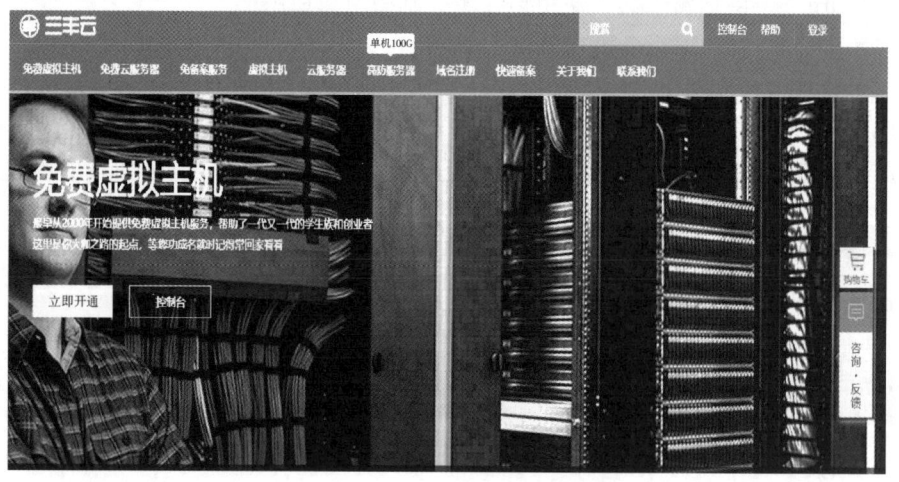

图 1-13　三丰云免费虚拟主机申请

（2）首先注册三丰云账号，完成后进入如图 1-14 所示界面，再点击红框区"免费虚拟主机"。

（3）进入如图 1-15 所示的虚拟主机界面，列出了获得的免费虚拟主机的相关信息。

（4）点击"管理面板"，进入虚拟主机的管理界面，如图 1-16 所示。点击"设置密码"，对申请到的 FTP 账号进行密码设置。后面就可以用设置好的账号密码登录测试网页。

Note

图 1-14　三丰云账号控制台页面

免费虚拟主机

图 1-15　虚拟主机信息界面

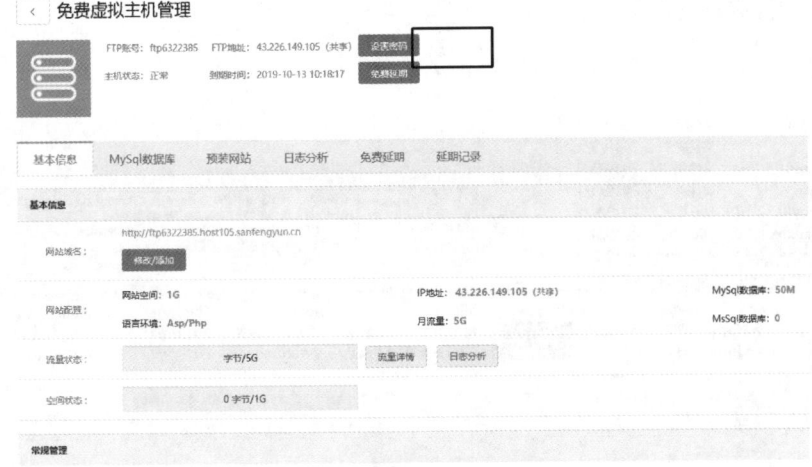

图 1-16　虚拟主机管理界面

图片来源：三丰云网站

(二)使用 FTP 上传网站文件

(1)启动 FTP 上传文件工具 CuteFTP 9.3,在如图 1-17 所示中的"Host:"栏输入主机地址、FTP 的账号及密码,然后点击后面的连接按钮 🖉 。

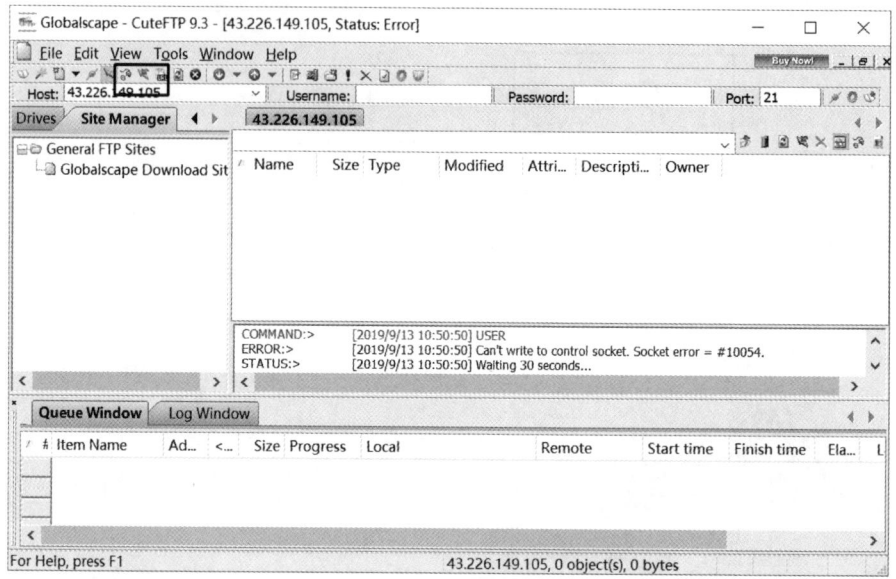

图 1-17　登录界面

(2)选择待上传文件,直接拖入远程 FTP 目录相应文件中,等待进度为 100%,上传完毕,如图 1-18 所示。

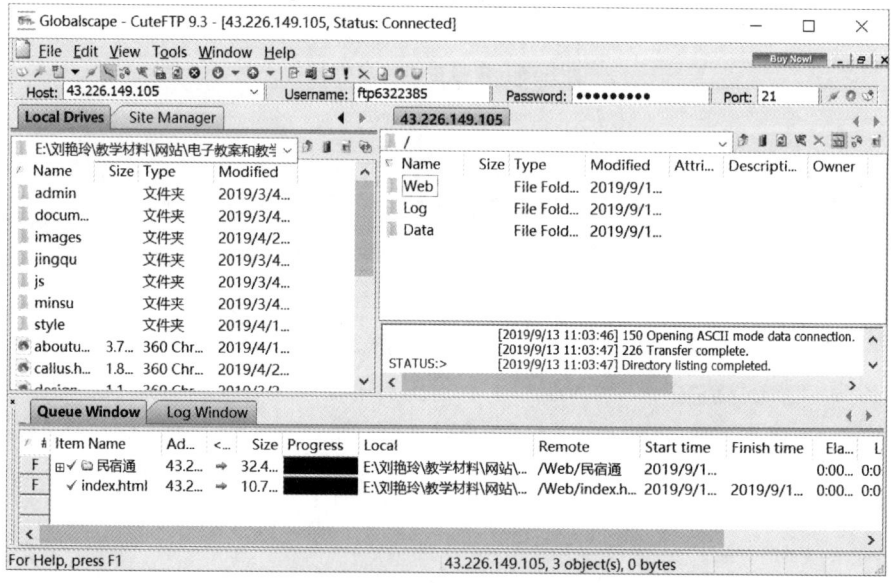

图 1-18　CuteFTP 9.3 文件上传

（3）网站文件上传完成后，进入免费"虚拟主机管理"界面，可以看到主机空间信息的变化，如图1-19所示。

图 1-19　上传文件后的虚拟主机信息

（4）网站浏览，在浏览器的地址栏中输入相关网址，如图1-20所示。

图 1-20　网站页面

第二章
在线旅游服务商 OTA

学习引导

　　在线旅游服务商(Online Travel Agency,OTA)是当前旅游产业链的中游渠道环节,互联网的普及推动了在线旅游的发展,在线旅游市场空间广阔。经过多年的发展,OTA 已形成复杂的产业链。OTA 上游对接丰富的旅游资源——为消费者提供旅游产品及服务,下游面对广大的消费群体——为旅游资源方导入客流。旅游资源的丰富度以及消费者需求的多样性决定了 OTA 行业具有业务范围广、市场规模大、商业模式日新月异的特点。OTA 发展根植于旅游电子商务的发展,在智慧旅游到来之际,OTA 将依托于大数据、移动网络、云技术的进步和普及,商业模式不断升级迭代,成为旅游业不断创新的一个窗口。

学习目标

1.掌握在线旅游服务商的概念及基本含义。
2.了解在线旅游服务商的发展概况、发展特点和发展方向。
3.掌握在线旅游服务商的基本业务、经营模式和盈利模式。
4.思考我国在线旅游服务商未来发展的提升策略。

思维导图

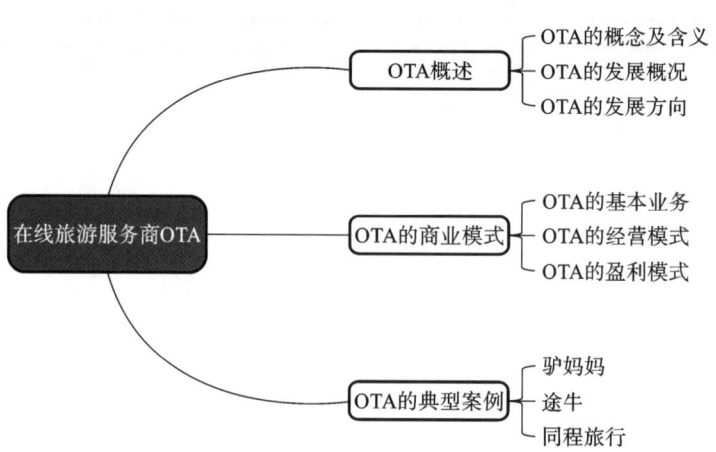

携程为何力推"星球号"①②

2021 年 3 月 29 日,携程旅行网(简称"携程")召开新闻发布会,携程集团联合创始人兼董事局主席梁建章发布了"旅游营销枢纽"战略。梁建章指出,"携程未来一段时间整个公司运作的重点将是旅游营销枢纽'星球号'"。携程利用"星球号"搭建社区交易平台,景区、酒店等商家不仅可以发布官方图文、短视频、话题互动和挑战活动,还可以利用携程直播平台开直播让用户快速"种草"(吸引顾客、激发顾客消费欲望),引导用户在携程下单交易,如图 2-1 所示。"星球号"的内容会高度匹配商品,如机票和住宿等吃、住、行、游、购、娱相关产品,都能通过"星球号"的推广内容直接购买到。"星球号"旨在把流量、内容、商品进行高效的匹配与管理,如图 2-2 所示。

图 2-1　携程 App 官方直播间

图 2-2　长隆景区官方"星球号"

当前,互联网市场已经进入流量瓶颈期,公域流量已近饱和,流量获取成本高昂。携程逐步完善内容消费场景搭建,规模化提升内容生态引流,通过精准投放与高频互

---

① 叶心冉.携程内容转型试验[N].经济观察报,2021-04-19(021).
② 余颖.携程为何力推"星球号"[N].经济日报,2021-01-13(012).

动加强用户黏性,进而产生更多的交易行为,并通过社交分享传播辐射圈影响消费者决策,扩充旅游流量池,以形成内化增长。

　　解析:

　　在拥有海量用户和专业商家的垂直类平台上,用户不仅可以集中获取某个领域的专业化信息,也可以提升获取消费信息的效率。"星球号"作为垂直类直播平台,不仅帮助携程开辟了专业直播模式,还使其商业变现渠道更加多元化。同时,携程的"旅游营销枢纽"战略是交易平台内容化发展模式,在旅游交易型平台的基础上向前迈进一步,拓展内容入口效益,构建"内容—决策—交易"旅游行为闭环,向"一站式旅游服务平台"发展。信息技术的高速发展促进了营销方式的日新月异,那么,未来OTA企业应如何进一步与新型营销方式融合发展?

第一节　OTA 概述

一、OTA 的概念及含义

(一)OTA 的概念

　　在线旅游服务商(Online Travel Agency,OTA)是旅游电子商务行业的专业术语源自传统旅游业经营的思维。由于早期面向旅游者的旅游组织主要是旅行社,随着网络技术的快速发展和广泛普及,旅游业也出现了电子商务模式,主要方式是通过网络平台更广泛地传递旅游产品信息、升级传统旅行社的销售模式,通过互动式交流方便消费者咨询和预订。

　　发展至今,OTA 的服务范围及功能已广泛扩展。OTA 是指以网络信息技术为载体,从事招揽、组织、接待旅游者等活动,通过网络为旅游者提供预订旅游产品或相关旅游服务的企业法人,即在线旅游服务商可以通过网络进行产品营销或产品销售。国内常见的 OTA 平台有携程、途牛、同程等。

(二)OTA 的含义

　　Online Travel Agency(OTA),从译法角度看,除了"在线旅游服务商"外,还有其他多种译法,如在线旅游代理商、在线旅游运营商、网络代理商、在线旅游服务提供商、在线旅游中介服务商、在线旅行社等。OTA 处于旅游产业链的中游环节,目标是为下游消费者提供优质产品及服务。

　　从时间轴的发展看,OTA 早期发展呈现出比较传统的在线旅游形态,采用"采销＋运营"模式,从酒店和航空公司获取佣金收入,如携程、亿客行、Priceline 等。它们通过丰富的旅游产品、标准化的呼叫中心、完善的会员制度和定制化的服务体系,构筑起行业壁垒,成就了高速发展的黄金十年。但近年来 OTA 行业发展趋势突变,尤其是去哪

儿网异军突起,促使 OTA 改变传统的采销模式,开始开放平台给航空公司和第三方供应商销售,从而赚取交易手续费。从现阶段发展情况来看,传统意义上的 OTA 已不复存在。在 OTA 不同发展阶段,从不同视域,人们对 OTA 的理解和界定都有不同,但对其的认知依然有以下三点共性。

第一,OTA 是旅游中介服务商,即人们通常意义上理解的旅行社,国外称为"Travel Agency",主要是通过招揽、组织旅游消费者,获取相应的中介费用、交易手续费或旅游供应商的佣金。

第二,OTA 应用现代网络技术提供在线旅游产品实时(7 天×24 小时)服务,如在线咨询、在线预订、在线支付、在线评论、在线投诉、在线会员管理等。

第三,OTA 在线旅游是一种概念,在线旅游提供给消费者的服务是其本质。在线旅游服务的核心价值是提供旅游相关信息、提供在线旅游预订服务。

知识活页

OTA 与传统旅行社经营优劣势对比①

1.传统旅行社

1)传统旅行社经营优势

(1)品牌形象经典且影响力大。传统旅行社有着悠久的发展历史,中国的第一家旅行社——中国旅行社,成立于 1927 年。中国旅行社总社是中国最大的旅行社之一,创写了中国旅游业的多项第一:首家接待外国游客、首家接待台湾同胞、首家经营中国公民出境游。目前,中国旅行社旗下拥有遍及世界范围的 100 多家旅行社,品牌影响力大,辐射范围广。"CTS 中旅"商标荣获中国"驰名商标"称号,深受消费者的喜爱与信赖。

(2)资源优势。一些老牌的传统旅行社资源丰富,具体体现为与各大航空公司、酒店、景区等建立长期而又稳定的合作,经常可以拿到远低于市场价格的特价机票、特价酒店、特价景区门票等,以绝对的价格竞争优势在市场份额中占据很大比重。例如,春秋旅游,即上海春秋国际旅行社(集团)有限公司依托强大的资源优势,行业地位较为稳固。春秋旅游凭借丰富的航空资源,又经过 30 多年的市场发展,目前已成为国内连锁经营、最具规模的旅游批发商和包机批发商。

2)传统旅行社经营劣势

(1)旅行社之间的恶性竞争导致市场环境混乱,收益大幅下降。由于散客游逐渐成为流行趋势,团队旅游人数大幅减少,使得旅行社利润减少很多。为了吸引更多客源,增加旅行社营业收入,不同旅行社之间掀起了"价格战"。各种低价团、"零团费"横空袭来,旅行社之间的恶性竞争导致旅游市场环境混乱,收益大幅下降,甚至很多旅行社出现亏本现象。

---

① 郑楠,张紫荆."互联网＋旅游"模式下传统旅行社与 OTA 差异分析[EB/OL].(2018-08-18)[2021-06-02]. https://www.fx361.com/page/2018/0818/4077113.shtml.

（2）缺乏创新意识。很多传统旅行社在经营过程中都存在缺乏创新意识这一特点，多年一成不变的旅游线路、老套的导游讲解词等，缺乏新意与吸引力。此外，随着信息化时代的到来，传统旅行社的发展跟不上时代发展潮流，做不到与时俱进，没有充分将互联网发展带来的资源优势融入企业发展背景中，没有进行相应有效的改革与转型。

2.在线旅游服务商 OTA

1）OTA 经营优势

（1）经营成本低。OTA 不同于传统旅行社，它可以进行无实体店铺经营，因而节省了房屋购置费用或房屋租赁费用及实体店铺日常经营所需耗费的成本，如实体店铺的装修费用、水电费用、办公用品费用等。它可以利用无实体店铺经营的低成本优势在旅游供给和旅游需求方面开展中介服务。

（2）打破信息的不对称性。OTA 利用互联网信息全面、传播速度快等特点，充分将各项旅游资源进行整合，并为游客提供景区介绍、特价机票、特价酒店等信息。使游客在足不出户的情况下，就可以通过图片、音频、视频、VR 全景图等方式全面了解不同旅游目的地的产品和服务。同时，OTA 可以通过对不同酒店、不同航空公司进行价格对比的方式，让游客对价格有一个更加直观而全面的了解，为游客提供更多的选择。此外，OTA 还可以利用互联网大数据将年龄结构、消费水平与消费喜好等不同的游客的旅游需求进行收集与整合，建立数据库，并进行详细分析，然后从多个角度出发，对游客进行分类，从而为游客提供个性化服务等。例如，为游客制定专属旅游线路、为游客提供旅游攻略等。

2）OTA 经营劣势

（1）旅游专业程度不高。很多 OTA 企业都是由与互联网相关的其他行业转型创立的，其经营者是非旅游专业从业人员，对旅游业了解程度不够深入，对当前的旅游市场环境分析不够透彻。虽然他们能够利用互联网优势将大量的旅游信息进行整合，但打造的旅游产品种类相对较少且缺乏特色。

（2）人工成本费用高。OTA 在经营过程中，人工成本耗费很大。其人工成本主要指人工客服这一职位的工作人员。例如，据统计，携程员工构成体系中有 70% 的员工岗位是人工客服类，人工客服所占比例高、数量庞大，需要支付高额的人工费用，这大大增加了企业经营成本。而传统旅行社在这方面与之相比有更多的优势。大多数的传统旅行社日常经营一家门店只需 2~3 名员工即可为游客办理各项业务，有效节省了人工成本，降低了经营费用。

TOURISM

二、OTA 的发展概况

（一）中国 OTA 的发展阶段

中国在线旅游业由弱到强，由不完善到逐渐完善，综合实力越发强大。从 20 世纪 90 年代的孕育萌芽到 2003 年携程的成功上市，再到如今 OTA 多元化的市场格局，多年来在线旅游业通过不断整合线下流量，结束了传统旅游只依靠传单、传统广告、实体店的宣传形式，形成了以产品细分、平台内容、资源整合为盈利模式的完整行业网络。OTA 通过互联网、移动互联网及电话呼叫中心等方式为消费者提供旅游相关信息产品和服务，其中包括火车票、机票预订，在线住宿预订、在线度假预订和其他旅游产品和服务。

目前，对中国 OTA 发展阶段的划分，业界主要有以下几种观点。

（1）易观智库（一家大数据分析公司）依据 AMC（Agents，Manufactures and Consumers，代理商、生产厂家和消费者）模型对我国 OTA 发展阶段进行分析，认为其分为：探索期（1997—2003 年）、市场启动期（2004—2006 年）、高速发展期（2007—2017 年）、应用成熟期（2018 年至今）。

（2）集奥聚合（一家互联网大数据服务商）将在线旅游市场发展历程分为：探索期（1997—2001 年）、调整期（2002—2003 年）、恢复期（2004—2006 年）、快速成长期（2007—2020 年）、成熟期（2021 年以后）。

（3）劲旅网转载的文章中认为在线旅游市场的发展分为 4 个时期，以携程旅行、艺龙旅行成立为标志的萌芽期（1999—2002 年）、启动期（2003—2008 年）、爆发期（2009—2017 年）以及 2018 年之后的成熟期。

当前关于中国 OTA 发展阶段的划分，业界认可度较高的是将其划分为 4 个阶段：萌芽期、起步期、发展期和持续完善期。

第一阶段，萌芽期（1996—1998 年）：这一时期，中国互联网经历了兴起和萧条的转变，线上旅游业刚刚起步。1997 年，全球互联网投资高潮兴起，借助资本的力量，互联网开始向传统行业进行渗透，催生了中国第一批旅游网站，如华夏旅游网、携程旅行网、易通网、中青旅在线等。

第二阶段，起步期（1999—2002 年）：这一时期，整个旅游业的发展仍是以传统旅行社为主。OTA 开始尝试新的运营模式，通过收购传统的分销商来拓展市场覆盖范围。新兴的在线旅游服务商开始与传统旅游分销商相结合，共同发展业务从而为行业的发展带来崭新的生机。

第三阶段，发展期（2003—2008 年）：2003 年开始，OTA 企业多措并举。首先是明确市场定位，进行中国特色的网络服务。线上旅游经营模式以提供资讯转向以提供网络预订服务为主，对促销手段进行调整，预订模式开始兴起，服务理念也产生了巨大的变化。其次是融资和上市，中国 OTA 企业开始吸纳资金，进行融资和上市。以 2003 年携程旅行成功上市美国 NASDAQ 为标志，中国 OTA 企业开始进行融资，扩大业务发展。2005 年，中国 OTA 企业呈现多元化、差异化发展态势。2003 年 12 月携程旅行成功上市美国纳斯达克，2004 年 10 月艺龙旅行成功上市美国纳斯达克。最后是业务

细化。新兴的 OTA 涌现，如途牛旅游网、驴妈妈旅游网、悠哉旅游网等，它们细分自身的目标市场，拥有垂直的市场份额。这个阶段是在线旅游的快速发展期，在线旅游市场与线下传统旅行社的结合更加紧密，旅游业"线上＋线下"垂直销售渠道模式初步成型。

第四阶段，持续完善期（2009 年至今）：持续完善期，OTA 进一步细化，并呈现出社交化、移动化特点。各种旅游垂直网站开始兴起，垂直搜索加剧了机票业务的竞争程度。这一阶段，在线旅游用户需求扩大，从预订到交流，OTA 呈现社交化趋势。点评网站有利于酒店及度假业务的线上发展。移动端市场成为 OTA 的重要争夺对象，移动App 纷纷涌现。总体上，这一时期，OTA 的专业化分工加速，使得整个行业的竞争更加立体化，提供的服务更加细致化，旅游者的选择更加便利化。

知识活页 〉〉

全球 OTA 发展历程①

OTA 是当前旅游产业链的中游环节，上游为旅游产品和服务的提供者，下游为旅游消费者。从国际演变来看，OTA 的发展可以分为以下三个阶段。

1. 萌芽期（1950—1995 年）

1）在线旅游渠道和平台的技术基础发源于现代航空业

1952 年，Ferranti Canada 为环加拿大航空公司开发了世界上首个计算机预订系统，命名为"ReserVec"。此后，美国航空公司借鉴"ReserVec"的成功，于 1964 年与国际商业机器公司（IBM）合作投资开发推出"Sabre"计算机预订系统。在此基础上，其他航空公司也纷纷开发自己的计算机预订平台，从 20 世纪 60 年代开始，Deltamatic、DATAS、Apollo、PARS、Amadeus 等系统纷纷诞生并开始投入使用，这些计算机预订系统的重点服务对象是旅行社。1985 年，在旅游业及信息技术发展下，直接面向消费者的计算机预订系统"eAAsy Sabre"问世，消费者可以跨过旅行社，直接通过该系统进行机票、酒店和车票的在线预订。

2）酒店在早期阶段采取批发商模式开展在线销售

1991 年，Hotel Reservations Network 公司成立并提供电话预订酒店服务，消费者可以通过电话进行酒店预订。该公司首先采用收取佣金的方式，由于大多数酒店不愿意支付佣金，公司随后发明了批发商模式。在该模式下，公司以净利价格支付给酒店，而以毛利价格出售给消费者。消费者预付款，Hotel Reservations Network 公司赚取毛利和净利价格之间的差价。

① 中信建投证券研究发展部. OTA 系列之一：产业空间广阔，模式百花齐放[EB/OL]. (2019-05-21)[2021-06-03]. https://www.sohu.com/a/321591747_120046640.

3）众多在线旅游网站的诞生为 OTA 的萌芽奠定了基础

1994 年,世界上第一个酒店综合名单网站 Travelweb. com 建立,不久之后,该网站推出了直接预订服务。一年后,Viator(卫道)香港富尼科技有限公司(Viator.com)成立专门的旅行科技部门——Viator System,扩大通过互联网提供旅行目的地的预订服务业务。同时,世界主流旅游出版社 Lonely Planet 积极利用互联网发展线上业务,该业务的成功激励了其他旅游出版社纷纷从事线上业务。

OTA 萌芽期的发展历程如图 2-3 所示。

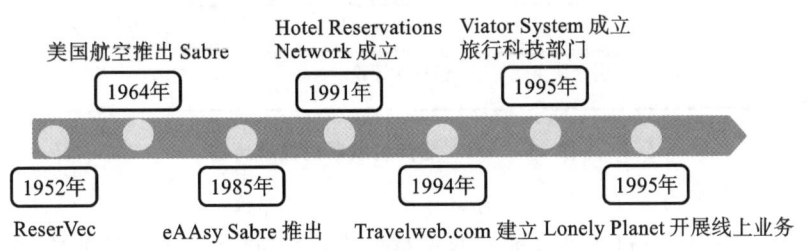

图 2-3　OTA 萌芽期的发展历程

2.起步发展期(1996—2001 年)

这一阶段,全球范围内大量 OTA 纷纷成立。1996 年,微软创办 Expedia(亿客行),提供机票、酒店和租车等的在线预订服务。Expedia 的成立使众多模仿者纷纷进入 OTA 市场,在全球范围内掀起了 OTA 的创业与投资潮流。1997 年,Priceline 创立,并于 1998 年以"Name Your Own Price"(用户出价)的模式向全球用户提供酒店、机票、租车、旅游打包产品等在线预订服务。此后,Ctrip(携程旅行)、Tripadvisor(猫途鹰)、Orbitz(亿欧)等著名的 OTA 网站也相继在 1999—2001 年建立。OTA 起步发展期的发展历程如图 2-4 所示。

3.整合集成期(2002 年至今)

1)OTA 巨头借助资本力量以并购形式扩张

OTA 业务高度同质化使得并购扩张成为重要的提升市场占有率的方式,国际上主流的 OTA 通过一次次并购扩大自身业务边界、完善产业链,成就龙头地位。Priceline 在 2005 和 2007 年收购 Booking. com 和 Agoda 是其海外扩张的主要动作,尤其是 Booking. com 成为其长期增长的动力。此后又收购了 KAYAK、Rentalcars. com 和 OpenTable,向不同业务领域扩张。Expedia 也通过收购 Travelocity、Orbitz 等众多公司快速扩张。国内的携程旅行网与去哪儿网于 2015 年合并,合并后机票酒店业务市场占有率超过 50%,旅游度假业务市场占有率达到 25%。

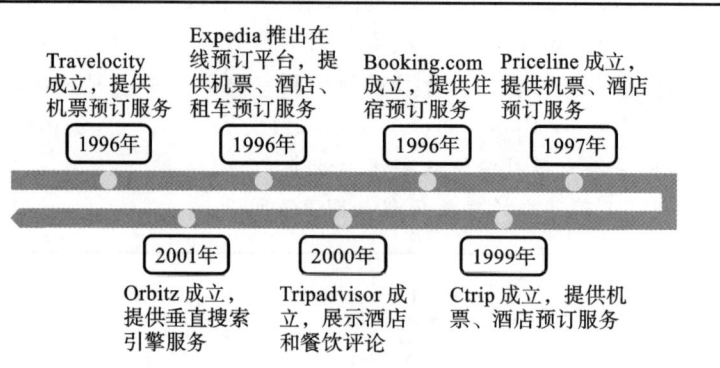

图 2-4　OTA 起步发展期的发展历程

2)目前 OTA 市场的总体格局为三足鼎立

线上 OTA 马太效应和规模优势明显,通过公司间的并购,已经形成少数龙头把握市场的竞争格局。目前,国外的 Priceline、Expedia 以及国内的携程旅行占主导地位。2017 年,在全球排名前十的 OTA 中,Priceline 实现收入 126.8 亿美元,占比 39.9%;Expedia 实现收入 100.6 亿美元,占比 31.6%;Ctrip 实现收入 41.0 亿美元,占比 12.9%。全球排名前十的 OTA 收入如图 2-5 所示,其收入占比如图 2-6 所示。

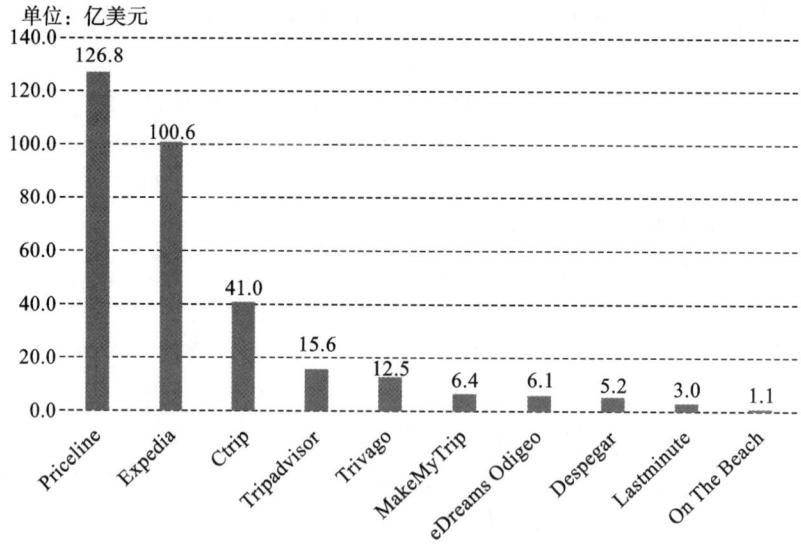

图 2-5　2017 年全球排名前十的 OTA 收入

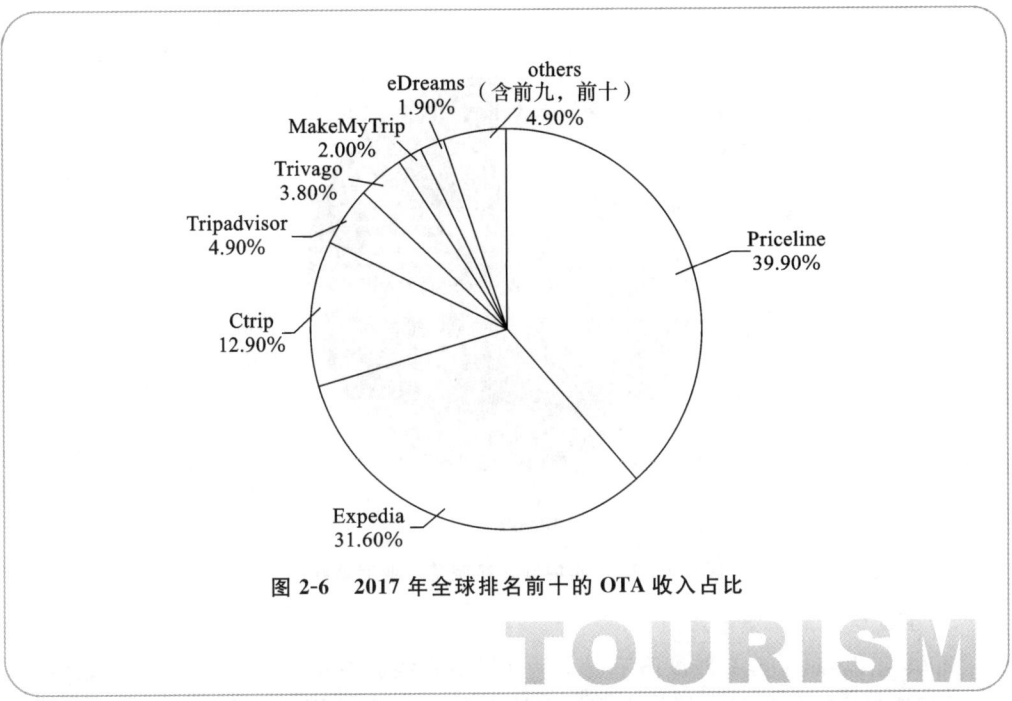

图 2-6　**2017 年全球排名前十的 OTA 收入占比**

(二)OTA 的发展特点

1. 国内 OTA 平台增长放缓

随着互联网对旅游业持续渗透,线下和线上旅游企业融合逐步加深,在线旅游持续增长。但随着市场空间的缩减,OTA 行业情形不容乐观。上市公司增速放缓,新冠肺炎疫情暴发前美团旅游业务 2018 年第 4 季度和 2019 年第 4 季度同比增速连续放缓,酒店间夜量增速由 2018 年第 4 季度的 38.5% 下降到 2019 年的 29.8%,首次跌破 30%增速。携程尽管整体单季同比营收增长从 2018 年的 15% 增长到 2019 年的 22%,但如果不考虑携程的全球化发展战略的增长新引擎,我们同样能看到国内业务趋于平缓。

2. OTA 市场集中度不断提升

2015 年,中国 OTA 加快了并购整合的步伐,全年在线旅游市场融资 50 余起,融资规模达到 340 亿元。2015 年,携程以 4 亿美元出资收购艺龙;同年 10 月,携程与去哪儿网合并;2016 年,同程与万达旅游合并,携程收购了百事通和天巡;2017 年,同程、艺龙宣布合并,发展至 2020 年形成了携程一家独大的局面。我国最早进入在线旅游业的是携程旅行网,于 1999 年成立,至今已有 20 年余年。携程旅行也凭借先发优势,不断地在在线旅游市场中布局,业务覆盖酒店预订、机票预订、旅游度假、商旅管理等领域。2015 年通过换股的方式收购去哪儿网,加上背后有百度股东的流量入口和资源优势,在线旅游领域变为龙头企业。根据最新数据显示,2020 年携程旅行市占率达 40.7%,去哪儿旅行市占率为 17.5%,合计携程市占率达 58.2%。飞猪、美团旅行、途牛、马蜂窝、同程艺龙等依据自身优势在不同领域抢占市场,如图 2-7 所示。迅速扩大的市场规模以及不断集中的企业品牌,标志着不断成熟的 OTA 通过行业整合走向规模效益。

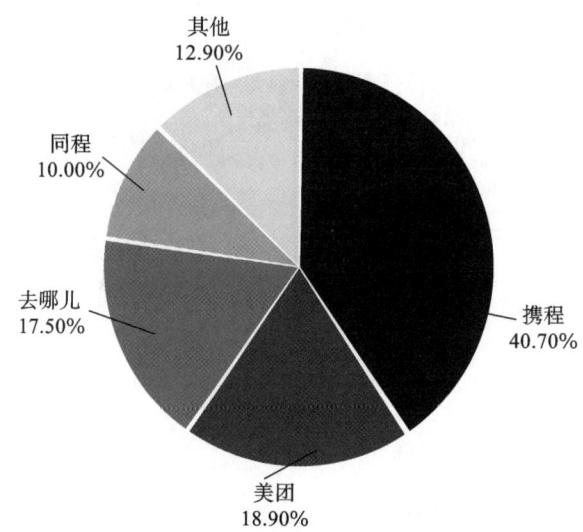

图 2-7 2020 年中国在线旅游行业竞争格局

3.在线度假市场竞争激烈

2009 年以来，中国在线度假市场交易规模占在线旅游市场交易规模的比重持续上升，且其增长率持续超过在线旅游市场交易规模增长率，原因主要有以下两点。

一是在中国的消费升级、个人可支配收入不断增长和旅游需求不断扩大等利好因素促使下，度假旅游市场发展迅速，度假交易规模在很长一段时间以来以高于整个在线旅游行业的增长率保持增长。

二是伴随着移动互联网渗透率的进一步提升以及居民旅游意愿的不断加强，中国在线度假市场发展态势良好。随着在线旅游市场的进一步扩张，度假产品以其高毛利率及多样性吸引了 OTA 的关注，行业内竞争激烈。

艾瑞数据[①]显示，2018 年中国在线旅游度假市场中，途牛份额仍占据第一的位置（达 31.9%），携程位列第二（占比 25.0%），驴妈妈位列第三（市场份额为 15.4%），同程位列第四（占比 10.4%），其他占 17.3%，如图 2-8 所示。未来，随着市场的进一步成熟，市场集中度将会持续提升，领导企业的市场份额将会继续增大。

4.营销渠道多样化

新冠肺炎疫情对旅游业产生了巨大的冲击，旅游人数和旅游收入大幅下降，但是也催生出直播间带货、朋友圈分享砍价等一系列新型营销方式。例如，同程、艺龙与中国优秀的职业高尔夫新秀选手隋响达成长期合作，打造"体育＋旅游"跨界营销的新模式；携程 2020 年进行的 118 场直播中，累计卖出了 300 万间酒店住房，2021 年推出"星球号"。OTA 在良好地打造门户网站、线下门店及 App 的同时，也加强了对微信、微博、抖音、直播等营销方式的关注度，招募业务能力强的流量 IP，及时有效地推广旅游产品。

---

① 上海艾瑞市场咨询有限公司.艾瑞咨询系列研究报告:中国在线旅游度假行业研究报告[R].上海:上海艾瑞市场咨询有限公司,2019:32.

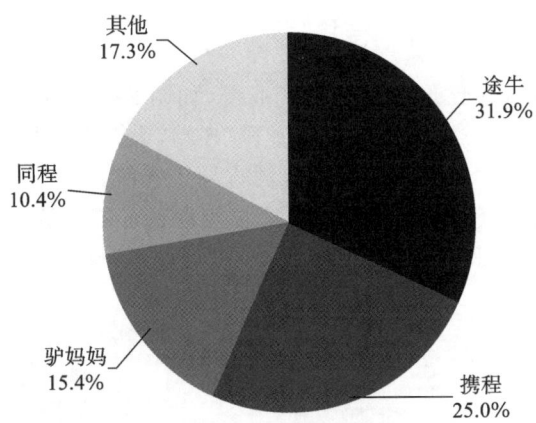

图 2-8　2018 年中国在线旅游度假市场份额（按交易额划分，全自营）

三、OTA 的发展趋势

竞争与合作永远是 OTA 业态发展的主旋律，行业不断会有创新者颠覆行业格局，新业态、新技术与新机会点的整合有可能在未来颠覆整个行业。

（一）下沉市场潜力巨大

我国在线旅游行业已经进入快速发展期，一、二线城市在线旅游渗透率逐渐步入稳态，其用户增长也逐渐趋缓，而三线及以下城市处于渗透率提升、用户增长的高成长阶段，用户规模占比由 2017 年的 35.9％上升至 2019 年的 46.1％，如图 2-9 所示。

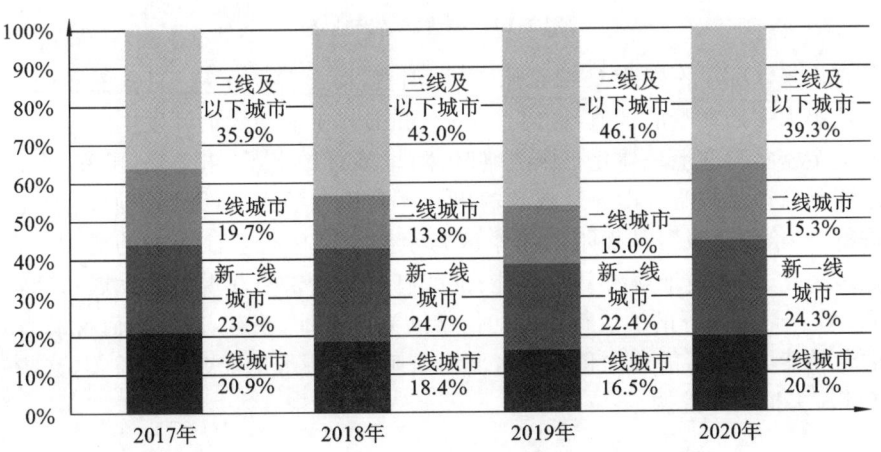

图 2-9　2017—2020 年在线旅游用户城市分布情况

2020 年三线及以下城市需求下滑主要是受新冠肺炎疫情影响，但是低线城市需求崛起趋势不变。随着经济转好和下沉市场群体的观念转变，国内在线旅游市场将下沉，三线及以下城市潜力巨大，同时，在线旅游市场将向年轻化、下沉式、本地化和多样化方向发展。因此，三线及以下城市或将成为 OTA 未来业务增长的主要区域，发展潜力巨大。

（二）为 B 端的赋能价值有待挖掘

经过多年发展，OTA 已形成复杂的产业链，如图 2-10 所示。OTA 在线旅游产业链中处于中游地位，上游对接丰富的旅游资源（B 端，为消费者提供旅游产品及服务），下游面对广大的消费群体（C 端，为旅游资源方导入客流），OTA 是一个连接 B 端和 C 端的产业。供给侧旅游资源的丰富度以及需求侧消费者需求的多样性决定了 OTA 行业的业务范围、市场规模和商业模式。

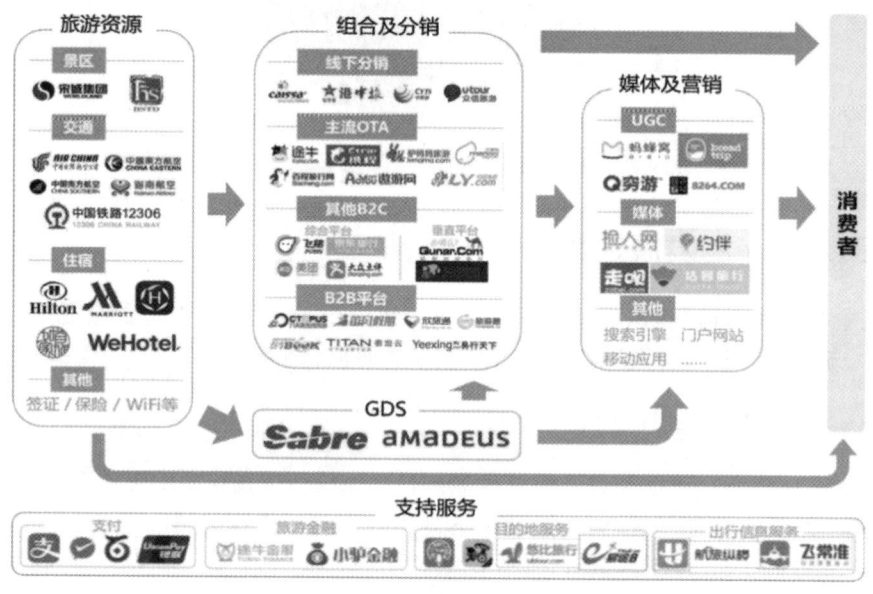

图 2-10　在线旅游产业链

一直以来，OTA 不断为 C 端赋能，引导消费，而 B 端除了从 OTA 获得流量外，几乎没有获得太多产业端的价值，这使得 OTA 在 B 端拥有更大的开发空间。在 OTA 企业采取资金密集型向上一体化扩张战略时，阿里旅行提出了"未来景区"和"未来酒店"等一系列创新产品战略。即通过技术输出和平台服务的方式，帮助上游旅游资源方和酒店进行"供给侧升级"，从而不断给景区乃至整个酒店行业注入新的活力。在 OTA 里谁能最大化、最迅速地解决 B 端效能，谁就有可能在未来获得新的发展引擎，特别是在 OTA 收入最高来源的酒店行业。如何帮助酒店选址、获客，以及如何帮助酒店提供线上的营销能力、提高信息化和管理水平和如何灵活调价带来更高收益等，这些领域都有待 OTA 去探索和挖掘。

（三）跨界竞争常态化

随着在线旅游的持续发展，OTA 不断更新商业模式，在线旅游价值链的宽度和广度随之延伸，边界越来越模糊，层级逐渐弱化，各企业主体在产品、市场等方面开始出现交叉、冲突等问题，竞争日益激烈化、复杂化。同时，随着旅游需求不断多元化和个性化，OTA 面临的跨界竞争将越来越激烈，并逐步常态化，这就要求 OTA 在面对如此激烈的竞争时，努力提升自身对目的地资源的整合能力以及加强旅游产品研发和组合方式的创新力度，并注重在线旅游一体化和本土化的发展。

案例
介绍

"旅游＋国风游戏 IP"的跨界融合 [①]

《天涯明月刀》作为腾讯旗下国风 RPG（指角色扮演游戏）的现象级游戏产品，给游戏玩家营造了一个亦真亦幻的游戏世界。近日，同程旅行和腾讯游戏跨界融合，推出"芙月天涯"天涯明月刀大湘西文旅线路。

作为旅游业跨界破圈尝试的龙头企业，同程旅行把跨界旅游和多主题融合旅游作为旅游业不断自我突破提升，给公众提供更加优质旅游体验的突破口，而作为国风游戏 IP 的当红游戏，腾讯游戏旗下的《天涯明月刀》非常契合同程旅行的"旅游＋国风游戏 IP"开发方向，所以推出"芙月天涯"天涯明月刀大湘西文旅线路是水到渠成的事情。

"芙月天涯"天涯明月刀大湘西文旅线路通过联动芙蓉镇、张家界、凤凰古城这三个湖南黄金景区，将游戏中的主题元素进行深度渗透和包装，为游客带来惊喜不断的旅游体验。尤其是对于拥有《天涯明月刀》游玩经历的玩家来说，可以说是一次"还原之旅""寻梦之旅"。这是全国首个国风游戏 IP 联动的实体旅游产品，它在小程序中加入了"云城三景""湘西三镇""国风三亭"的游戏任务打卡，玩家每到一个地方，都可以完成相应的游戏任务，并且领取多个游戏礼包，把"天涯明月"真正搬到线下，搬到玩家身边。

同程旅业副总裁郎智杰表示，同程旅行旗下拥有完整旅游产业链条，并且对于旅游市场的需求反馈十分敏锐。未来，同程旅行将与腾讯探索更多旅游与游戏融合发展模式，为玩家不断提供优质旅游产品体验，深度挖掘湖南省优质旅游资源和网红项目，打造更多融合跨界破圈产品。

对于"90后""00后"的旅行者来说，他们的生活更加丰富，思维更加敏锐开放。旅游已经不单单是吃、住、行、游、购、娱的单线程体验，而旅游与游戏结合，为旅游业的未来发展提升带来了无限遐想，与地方旅游资源的结合也更能激发玩家旅行者前来游玩的念头。未来，同程旅行将把天涯明月刀大湘西文旅线路打造为专业样板，尝试更多的体育、地产、研学、影视、康养等跨界融合产品，为每个旅行者提供超出预期的旅游体验。

解析：

近年，大型 OTA 纷纷开始了跨界的尝试。携程旅行拓土美食界开辟"携程美食林"，同程旅行想将中国电信作为线下服务点，以及势必将"旅游＋互联网"金融服务进行到底的途牛旅游。OTA 们已然不再满足于旅游本业。旅游产品的毛利率相对较低，领军 OTA 深耕多年，已经有了比较稳定的用户基础和用户量，在这个基础上扩充品类，增加交叉销售的可能，进而增加综合的创收能力。

---

① 网易. 同程旅游跨界融合，打造首条"旅游＋国风 IP"主题线路玩法升级［EB/OL］.（2021-08-16）［2021-08-20］. https://www.163.com/dy/article/GHHQ97DG0552BF4J.html.

（四）流量渠道日益多元化和精细化

传统的以资源生产商和旅行社渠道商为中心的模式，正在转变为以游客为中心的模式，从渠道为王变成产品为王，服务至上。OTA旅游的交易入口也不断地发生变化，如旅游产品—流量为王—价格战抢客—品牌争夺—内容和价值观吸引。《2021年中国在线旅游市场年度洞察》显示：在线旅游市场目标人群在电商购物、短视频娱乐等方面具有高关注度，其关联性较高的行业中"内容为王"的理念已经深入人心。在现在及不久的将来内容和价值观一定可以更高效地连接用户，成为吸引关注和激发付费的入口，并且价值观带来的吸引最为持久。在线旅游服务商应着眼于内容制作，激发人们的兴趣与共鸣，在人们的时间极度碎片化的情况下，快、准、狠地抓取消费者的眼球，让精选旅游内容触达更多的用户。

第二节　OTA 的商业模式

一、OTA 的基本业务

（一）在线机票预订

在线机票预订是指在线服务商向用户提供各大航空公司机票预订服务和交易方式，用户可以通过网站、手机客户端等预订各航空公司的预售机票。用户使用机票预订服务，可根据自己的需求准确快速地预订想要乘坐的航班：在机票预订之前，用户可实时输入航班查询需求信息；系统会根据用户的航班查询条件显示航班信息，查询完成后，用户就可以对满意的航班进行机票预订。在线机票预订是 OTA 发展最为成熟的板块，如图 2-11 所示。

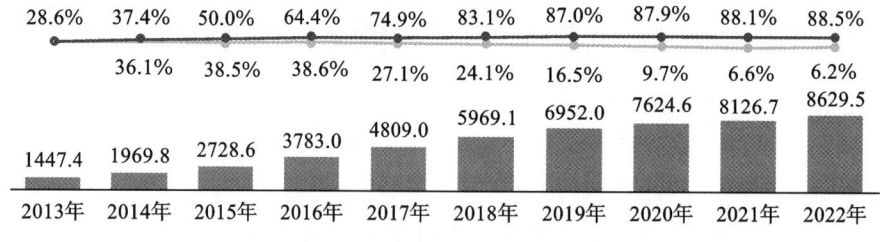

图 2-11　2013—2022 年中国在线机票市场交易规模

据艾瑞监控数据统计显示，2017 年，中国在线机票市场交易规模达 4809.0 亿元，较 2016 年增长 27.1%，市场增速放缓。随着航空公司开始着手落实国资委"直销业务提升至 50%"任务后，其在线售票体系日趋健全，直销力度显著地增长，呈现明显的"提直降代"的态势。由此导致 OTA 本就不多的佣金空间持续下滑，再加之线上流量红利

逐渐地减少甚至消失,可以推测,未来,OTA 在线机票预订板块的市场规模不会有太多的增长。据艾瑞监控数据统计预测,中国在线机票市场交易规模在 2022 年可达到 8629.5 亿元,较 2021 年只增长 6.2%。相较于航空公司,OTA 平台能够一站式提供更多的航空公司和航班的选择以及接送机、酒店等配套搭配服务。在线机票预订业务成为 OTA 成熟发展的后期阶段的业务,仍为不可或缺的战略业务,更多的是承担着流量入口职责。

(二)在线住宿预订

在线住宿预订指用户可以通过互联网、手机客户端等多种方式获得酒店和民宿预订服务。即通过酒店预订服务查询、预订满意的酒店类型;在线获得所在商业街区、周围建筑物、品牌、星级、价位、地址、房型、床型、房内配置、酒店公用设施、停车场、宽带、早餐、开业时间、最近装修时间和用户评价等各类酒店相关信息并进行预订。

OTA 在线预订业务中,酒店预订板块相对较为成熟。如携程,目前已与 130 余万家酒店签订了合作协议,遍布全球 220 多个国家和地区的 5900 个城市,消费者可以通过网络预订这些酒店,携程公司则从中抽取佣金。中国在线住宿市场交易规模从 2013 年的 568.0 亿元高速增长至 2017 年的 1819.4 亿元。随着酒店等住宿业态在线销售渠道的拓展以及基于商务、旅游出行人群的扩大而带来的住宿预订的合理增长,据艾瑞监控数据统计预测,中国在线住宿市场交易规模在 2022 年可达到 2906.0 亿元,如图 2-12 所示。

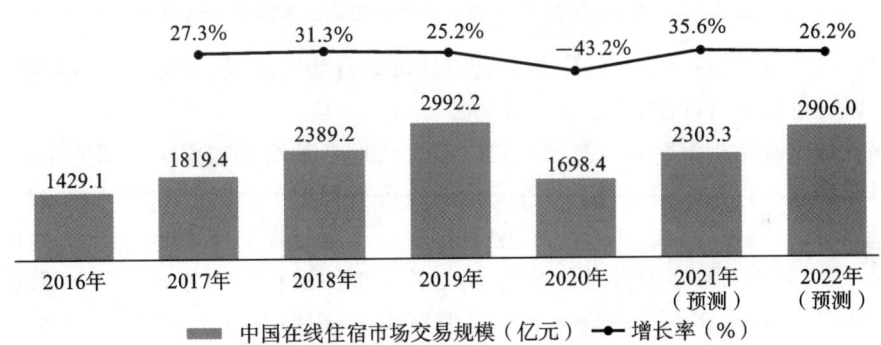

图 2-12 2016—2022 年中国在线住宿市场交易规模及增长率

酒店集团的主要销售渠道分为直销渠道和分销渠道,而 OTA 渠道在互联网发展迅速的几年中是最主要的分销渠道之一,各酒店门店要付出大额成本以覆盖分销费用。因此,有资本的酒店集团着手建设会员体系,开拓直销渠道,将分销费用转而用在直销渠道建设上,为酒店集团的长期可持续发展提供优质用户基础,这使 OTA 在住宿业预订领域的竞争更加激烈。

性价比依旧是用户预订酒店时最为关注的因素,据统计,在所有的在线酒店预订类型中,经济型酒店最受欢迎。然而,在共享经济的背景下,消费结构逐渐升级,中产阶级也开始崛起,消费者对出游品质的要求也逐步提高,对住宿方面的需求也呈现多样化、个性化倾向,因而未来中高端酒店及民宿等产品将越来越受到消费者的欢迎。

(三)在线旅游度假产品预订

在线旅游度假产品预订是指 OTA 通过互联网、手机客户端、电话呼叫中心等方式为消费者提供旅游度假组合产品、单品门票及其他旅游出行相关产品和服务的业务。其按照旅游方式可分为在线跟团游和在线自助游两种形式。据艾瑞监控数据统计显示,中国在线旅游度假产品所创的交易额从 2011 年开始便显著地提升,在线旅游市场交易总额中,度假旅游的比重相对最小,却是增幅最为明显、最为迅速的板块。作为打包产品,度假旅游可以带给用户多元化的旅游体验。与同质化明显的机票、酒店相比,其产品得到了一定程度的创新。因此,在线旅游市场中在线旅游度假产品成为比较新颖、潜力较大的一个板块。2016—2021 年中国在线度假市场交易规模如图 2-13 所示。

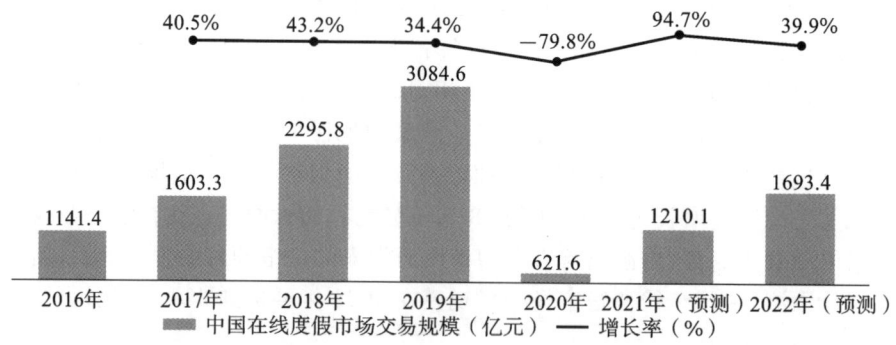

图 2-13　2016—2022 年中国在线度假市场交易规模及增长率

根据出行方式的不同,在线旅游度假产品可划分为三大类:一是在线跟团游;二是在线半跟团游和半自助游;三是在线自助游。

在线跟团游是指游客通过在线方式向旅行社报名签约参加固定团期的旅行团(散客拼团或独立成团),并参与到旅行社安排的旅游行程中的全部过程的一种旅游方式。在线跟团游中,游客的"食、住、行、游、购、娱"全部由旅行社安排,并且全程有领队及导游陪同,跟团游期间游客不得擅自脱团,旅行社对跟团游行程中游客的安全问题负责。据艾瑞数据显示,2018 年中国在线旅游度假市场中,跟团游占比 46.2%,比重较 2017年略有提升,其原因是下沉市场游客群体崛起,跟团的方式已能够满足其现阶段的旅游服务需求。可以预见,在未来一段时期,这种态势会持续发展。2018 年中国在线度假跟团游市场中,途牛位列市场第一,占市场份额 40.8%,携程和驴妈妈分别占据第二和第三的位置,市场份额分别为 20.5%和 13.8%,如图 2-14 所示。

在线半跟团游和半自助游是指游客通过在线方式向旅行社报名签约参加固定团期的旅行团,并参与旅行社安排的旅游行程中的部分过程,其他时间和行程均由游客自主安排的一种旅游方式。考虑到在线半跟团和半自助游的形态与在线跟团游有较大区别,一般核算中统一为在线自助游。

在线自助游是指除去在线跟团游以外形态的一种在线旅游度假方式,考虑到在线旅游市场发展阶段较为早期,一般核算中统一将在线跟团游和半自助游划分到在线自助游中。艾瑞数据显示,在 2018 年中国在线度假自助游市场中,携程市场份额第一,为28.8%;途牛第二,为 24.4%;驴妈妈第三,为 16.7%,如图 2-15 所示。

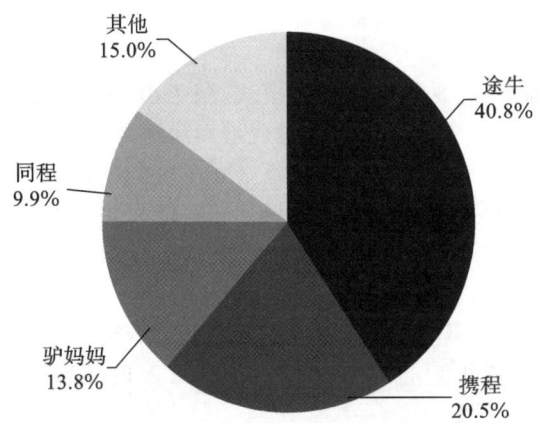

图 2-14 2018 年中国在线度假跟团游市场 OTA 份额

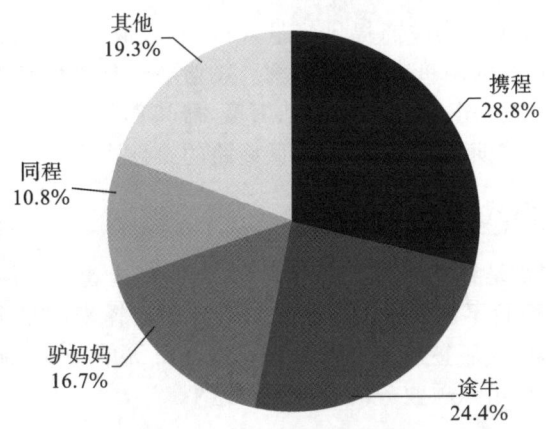

图 2-15 2018 年中国在线度假自助游市场 OTA 份额

从在线度假市场来看,随着旅游市场从传统观赏型旅游向体验型旅游的转变,未来,垂直主题旅游,如体育旅游、医疗旅游将受到 OTA 及资本的关注。

二、OTA 的经营模式

目前旅游市场 OTA 主要有以下几种主流的经营模式:自营、代理、OEM、零售、动态打包、半动态打包。这些经营模式各有利弊,因此 OTA 主流平台会取长补短、综合并存如携程的经营模式。

(一)自营模式

OTA 采取产品自主研发、资源直采的经营模式,如携程自营、途牛海外直采。如在酒店在线预订业务方面,OTA 与酒店直接签订协议,无论是佣金还是底价模式,酒店通过 OTA 系统进行价量状态的管理。OTA 自营的直采模式对资源掌控力强、服务相对可控,一般佣金变现率高且不必承担存货风险,但对规模化获客能力要求高。如携程的 80% 的酒店产品都采用直采模式,甚至部分二次代理也是基于直采模式的另一种形式。

（二）代理模式

OTA 代理供应商产品，采取结算加价模式，服务由 OTA 完成，如同程、驴妈妈等。例如，在酒店在线预订业务方面，OTA 通过代理商渠道拿下酒店房源，主要由代理商负责酒店价量情况的管理。这种"代理"模式下，OTA 资源掌控力弱、服务参与度低，一般佣金变现率低，不需承担存货风险，但对规模化获客能力要求不高。

（三）OEM 模式

OEM 模式是供应商贴牌代生产，即供应商按照 OTA 给出的标准提供旅游产品和服务。这种模式结合了资源端的效率，也兼顾到 OTA 的品牌区分，是双赢合作模式，如途牛的牛人专线产品系列。

（四）零售模式

零售模式是指 OTA 为供应商提供流量入口，并收取供应商租金、交易服务费，服务由供应商完成的模式，如阿里飞猪、马蜂窝。飞猪平台允许商家开设旗舰店，包括：国内航空公司和境外航空公司；喜达屋、洲际、万豪、雅诗阁等国际酒店集团；提供门票的迪士尼、千古情等景区或演艺机构；提供度假线路的旅行社等。

（五）动态打包模式

动态打包模式主要是针对超级自由行用户，类似自选套餐。伴随自由行市场规模的扩大，用户的出行经验不断成熟，需要更多的自主选择来满足多样的需求。因此，OTA 平台会提供机票、酒店签证、目的地玩乐、接送机等单项资源让用户自己组合，然后进行打包式售卖。提供该项业务的有携程和途牛。

（六）半自动打包模式

半自动打包模式类似于精选套餐，各大 OTA 平台利用自己的数据能力，将机票、酒店住宿费打包优惠卖给客户。伴随飞猪、马蜂窝零售平台的兴起，现在出现很多依靠平台开展业务的新型供应商在平台上开店，这些供应商往往在目的地资源上有多年的积累，依靠 OTA 平台流量招徕客户，客户支付给平台交易佣金，售前咨询和售后服务都由供应商完成。

> 知识活页
>
> #### OTA-OTP-OTM 经营模式的演变①
>
> 互联网时代的到来使得旅游服务搜索和交易环节迈入"在线化"时代，并首先出现 META-SEARCH（搜索比价）模式，进而出现 OTA 集成交易模式。早期比较传统的在线旅游形态采用"采销＋运营"模式，从酒店和航空公司获取佣金收入。国外以 Priceline、Expedia 等为代表，国内

①　中信建投证券研究发展部.OTA 系列之一：产业空间广阔，模式百花齐放［EB/OL］.（2019-05-21）［2021-08-21］.https://www.sohu.com/a/321591747_120046640.

则是以携程为龙头。

OTP(Online Travel Platform,在线旅游平台)模式,强调开放平台业务运作,较 OTA 概念更多了互联网基因和流量思维,契合当前互联网时代的消费习惯。在此模式下,平台邀请航空公司、酒店、授权第三方代理等旅游上游资源端商家入驻,支持商家独立运营自己的官方旗舰店,通过大量的商家入驻形成流量聚集效应,最终实现流量变现,平台则会根据交易量的百分比进行抽成,获得佣金。

OTM(Online Travel Marketplace,在线旅游生态)模式,可以理解为 OTP 的升级版本,强调生态体系的构建,较互联网平台模式更加注重线上和线下的互联互通。OTM 通过搭建开放平台系统,依靠强大的技术支持、精准的客户数据分析来提供精准的定制应用,为航空公司、酒店等入驻商家赋能,最终实现商家产品服务结合个人消费、金融支付、信用体系等构筑完整的在线旅游生态。该模式旨在实现商家触达更多用户的愿望,商家则可以根据自己的优势在平台上做销售、营销和服务,与消费者展开更积极、频度更高的交互,提供个性化、差异化服务。飞猪通过"线下营销＋线上品牌号",助力航空公司、旅游公司等商家探索新的业务模式。

从 OTA 到 OTP 再到 OTM,标志着我国传统的互联网供应链在当前信息技术成熟发展下逐步向网络协同的商业智能模式升级发展。飞猪开放数据和平台,基于自身优势资源打造旅游生态,为航空公司、酒店等平台入驻商家提供更高效且低成本的营销方式。

无论未来 OTA 怎样升级和变革,优化还是整合拆分,具有生态优势、基因优势和资本优势的领导企业依然会成为市场主力。虽然龙头企业主体庞大,但在很多细分领域的服务上仍然存在不足,如产业生态的延伸场景不够,旅游资源、营销资源覆盖不足,客票价格信息差异等因素,因此会形成大、中、小企业之间的差异化竞争和共存的局面。总之,市场需求决定流量,流量创新决定服务模式,服务模式的优化变迁决定服务市场份额。

三、OTA 的盈利模式

从国内在线旅游市场 OTA 的竞争格局看,以 2017 为例,携程、飞猪、同程艺龙、美团综合市占率分别为 52%、21%、14%、6%；OTA 住宿市场,携程＋去哪儿占 55.6%、美团占 21.2%、同程艺龙占 14.3%。由于酒店行业分散程度高,OTA 变现率也较高,为 8%～15%。OTA 交通票务中,携程＋去哪儿占 59.6%、飞猪占 18.2%、同程艺龙占 15.6%,如图 2-16 所示。由于航空业集中度高,因此 OTA 变现率较低,为 2%～5%。目前,形成携程垄断中高端市场,同程艺龙深耕长尾用户,飞猪平台化发展,美团主攻低端用户的竞争格局。

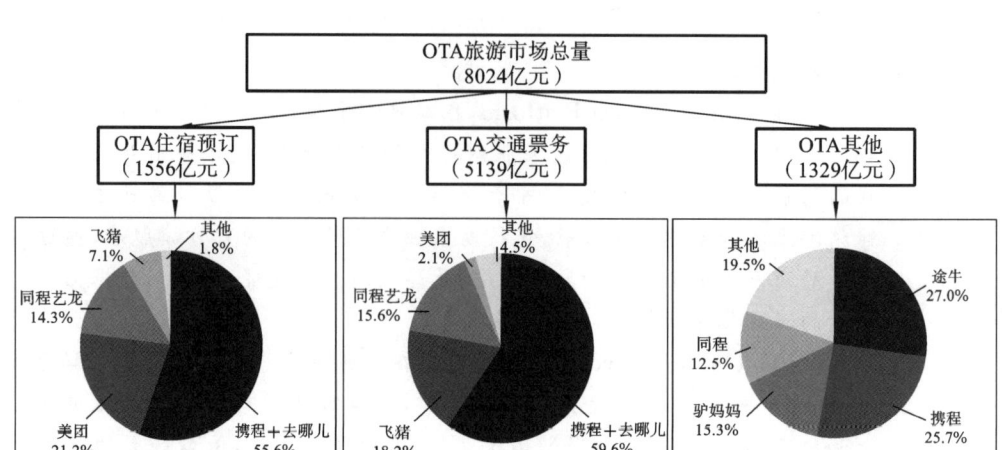

图 2-16　2017 年我国 OTA 细分市场份额

从基本业务角度看，OTA 的收入主要来源为在线机票/车票的预订、在线住宿（酒店）预订和在线旅游度假产品预订。以携程为例，2018 年业务收入占比为：住宿 37%、交通 42%、度假 12%、商旅 3%、其他 6%，如图 2-17 所示。2018 年携程营收规模稳步增长，以住宿及交通营收为主。

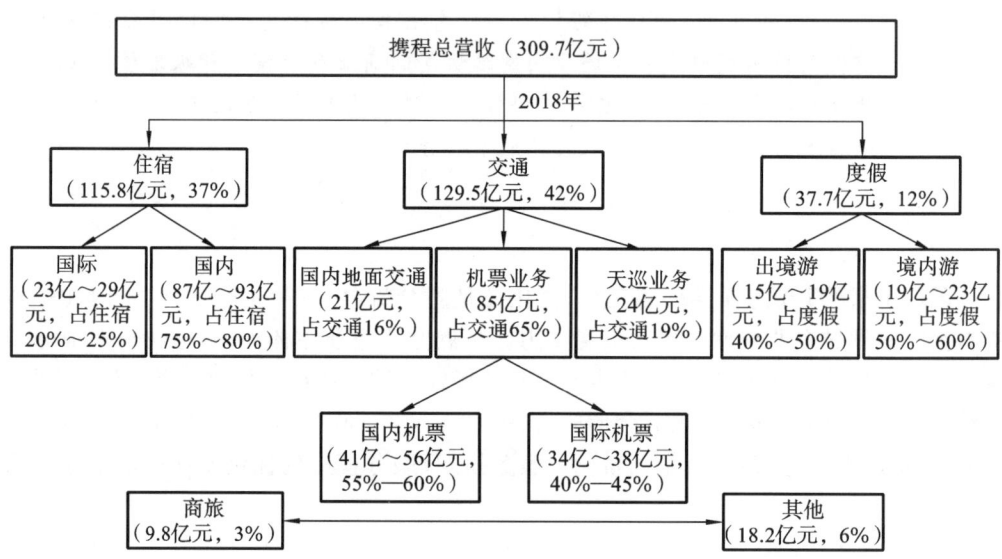

图 2-17　2018 年携程营收结构

从经营模式角度看，OTA 主要的盈利模式是"代理＋批发"，其中，代理以抽取佣金为主、批发以赚差价为主。在销售旅游产品的同时，OTA 也会提供各类旅行活动中必须或可选的服务项目（签证、保险等），尽管规模相对较小，但盈利能力较强。伴随服务及社交需求提升，媒体模式也在 OTA 市场中占据一定比例，诞生了一部分 UGC（User Generated Content）类型的在线平台。OTA 多渠道挖掘利润来源，盈利模式主要有以下几种。

(一)广告模式

1.流量模式

广告模式主要有流量模式、UGC模式、植入式广告模式等。

流量模式不区分用户群,依托庞大的点击率获得广告收入。OTA提供旅游产品的相关信息,消费者利用日期、价格、地点等特定字段进行筛选,从而点击获取相应产品,OTA便通过CPC模式(Cost Per Click,即按照消费者每一次的点击收费)或者是CPT模式(Cost Per Transaction,即按照每一次成功交易收费)来获取佣金或者广告费用。

2.UGC模式

UGC模式是利用用户论坛形式来吸引相关企业投放广告来获得利润,这部分盈利模式的关键是其间接网络效应,通过为用户提供有价值的内容来吸引用户持续进入,并借助平台流量来吸引商家,如穷游、马蜂窝等就利用这种广告模式。

3.植入式广告模式

植入式广告模式是构建虚拟的景观游览系统,当虚拟旅游网站具有较高知名度并达到一定规模的时候,可以与旅游目的地的其他企业接洽,将其商业广告植入,以获取广告收入。

(二)代理模式

该模式由旅游产品供应商收款,OTA充当中介,为消费者和旅游产品供应商提供交易服务,并收取一定比例的佣金,如图2-18所示。

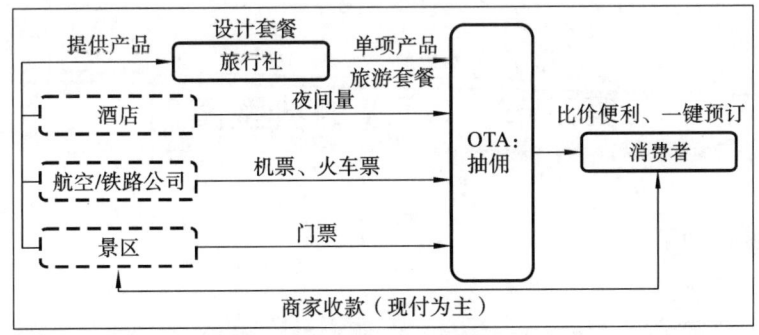

图 2-18 代理模式的盈利方式

(三)批零差价模式

批零差价模式体现为OTA批发采购后加价销售,是传统代理模式的延伸形式,即OTA向产业链上游企业以优惠的价格"打包"买入部分资源,再向消费者端开放预订服务,这种方式由OTA收款,要求OTA具有较强的运营能力,是部分大型OTA企业的传统盈利模式,如图2-19所示。

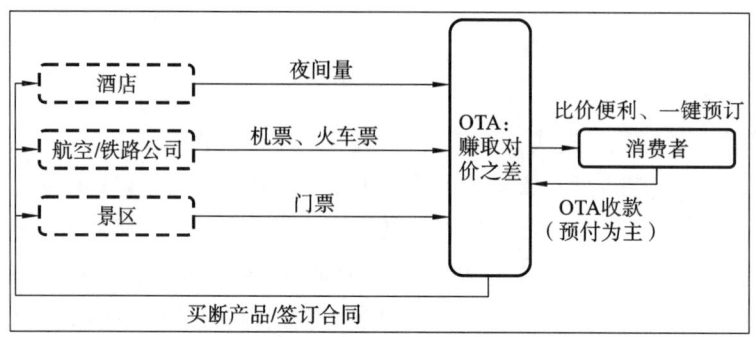

图 2-19　批零差价模式的盈利方式

（四）平台模式

平台模式，类似于淘宝商城提供卖家和买家交易的场所，一端是商家入驻平台商城做生意（B 端），另一端是客户来线上商城购物（C 端），而平台就通过收取租金、交易服务费、大数据分析服务费等来向 B 端获取收益，但向 C 端免费。OTA 盈利模式中，交易越活跃、点击量越高，平台收入就越多。

传统 OTA 多采取代理模式或批发模式，前者通过佣金盈利，后者通过获得差价盈利；机票多以代理模式为主，酒店则二者兼有。对 OTA 而言，代理模式收益率略低，但易被酒店接受，在规模效应支撑下，综合盈利能力并不逊色于批发模式。垂直搜索或社区类 OTA 以广告模式尤其是以点击量核算广告收入为主，盈利能力主要是依靠外部流量。

第三节　OTA 的典型案例

一、驴妈妈

（一）企业简介

驴妈妈旅游网（简称"驴妈妈"）创立于 2008 年，是中国知名综合性旅游网站、白领们喜爱的旅游品牌、轻度假代表品牌。驴妈妈旅游网还是中国景区门票在线预订模式的开创者，提供景区门票、度假酒店、周边游、定制游、国内游、出境游、大交通等预订服务，如图 2-20 所示。

驴妈妈 App 客户端累计下载量超 7 亿次，合作伙伴超 5 万家，覆盖景区 1 万多家，其中 5A 级景区超过 90%。根据 2019 年 6 月易观发布的《中国在线周边旅游市场专题分析 2019》显示，驴妈妈在线周边游市场份额继续位居行业前列。拥有"先游后付""驴悦亲子""驴色飞扬""驴客严选"等深受年轻人和亲子家庭喜爱的子品牌。驴妈妈"先游后付"凭借重塑旅游信用体系的创新服务模式，入选 2019"中国服务"旅游产品创意案例。

图 2-20　驴妈妈旅游网首页

(二)核心业务及特色

驴妈妈 80％的业务是售卖自助游产品,其余 20％的业务是售卖跟团游产品,因此,驴妈妈的核心产品是自助游和门票。驴妈妈的产品和服务侧重于"游"和"娱"两个方面,具体可分为传统业务和新增业务两类。

1.传统业务

驴妈妈传统的核心业务一直是"门票＋特色酒店",即提供景区的打折优惠门票和极具特色的酒店中介服务。

所谓特色酒店,并非星级酒店,而是舒适、整洁的农舍,或者具有当地特色的度假村、精品酒店等。

景区门票,即以景区门票作为切入点,让"一个人一张票,也能享受优惠"成为现实,驴妈妈率先在全国将二维码技术用于景区门票业务,实现电子门票预订、数字化通关。

在周边游方面,驴妈妈创立了"酒店＋门票＋×"的自助游产品服务体系,区别于传统 OTA,驴妈妈以酒店度假套餐预订为突破口,挖掘酒店自身特色项目及与周边关联目的地的度假元素整合,从酒店元素预订系统地衍生到以度假酒店为核心的目的地一站式产品服务。

在大交通方面,驴妈妈成立了大交通事业部,业务涵盖机票、火车票、汽车票、短途交通等,并瞄准旅游度假市场,重点布局"机票＋×"和"火车票＋×"。

驴妈妈还有其他的传统业务,如景区、酒店广告旅行消费卡和旅游企业的精准营销等。

2.新增业务

随着潮流和趋势的发展,驴妈妈新增的业务主要有出境游、团购旅游、定制游、"E景通"等。

"出境游"采用以特色酒店为基础、出境购物为核心,以及夜间娱乐为补充的自助游模式。

"团购旅游"业务全部源自网站自身资源,从众多产品中,拿出小部分,回馈老顾客,同时希望吸引更多的新客户体验驴妈妈的产品。

"定制游"，即依据游客的旅游意向，依托自身丰厚的旅游资源，给有个人定制、公司出游、考察参展等旅游需求的游客提供一系列高品质、高性价比的旅游线路产品。

驴妈妈开发的"E景通"软件，免费将景区的后台与驴妈妈旅游网站对接。平台对接后，通过"E景通"可以直接把信息推送到驴妈妈旅游网站指定的页面上，让更多需要查找信息、安排行程的"驴友"看到。

(三)战略剖析

1.景区分销与自助游的特色结合

驴妈妈并不仅仅是一个旅游产品的网购平台，还是目前国内较丰富的旅游目的地地理信息提供平台和国内人气较旺的旅游社区。基于"散客时代"中国旅游市场的现状和趋势，驴妈妈以景区票务为切入点，融合景区"精准营销"和"网络分销"的需求，使景区以"零投入"的方式拥有了自己的门票网上预订平台；根据"自由行"游客的行为特征，驴妈妈通过电子商务"便捷、优惠及个性化"的定制服务，满足了"自由行"游客的需求，最终成为国内较好的自由行产品设计和自助游服务平台及景区整合营销平台。

2.价值主张与定位

驴妈妈首先通过网站把游客送到景区，提取佣金；输送完游客后，再通过旅游营销和规划产生二次价值，这就是驴妈妈旅游网真正的商业模式。针对自助游客的全面服务是驴妈妈旅游网的至关重要环节，正如"驴妈妈，会犹如妈妈般地关爱和服务于会员游客"，驴妈妈会对游客出行前、行程中和旅游后都进行无微不至的关怀。

3."先游后付"，重塑旅游业信任体系

2018年11月30日，"2018第三届中国旅游IP高峰论坛"在沪举行。会上，驴妈妈重磅发布"先游后付"新品牌，提供"先出游、后付款"的创新旅游体验，打造旅游生态"命运共同体"，力图破解社会中存在的游客、旅行社、目的地之间的信任危机难题，推动行业良性发展。

2017年，我国国内人均出游为3.7次，出境游人次也高达1.3亿，旅游已成为居民日常消费刚需。但作为出游主要方式之一的跟团游，却不时爆出强制消费、天价消费等问题，困扰着整个行业和消费者，导致游客对旅游业、目的地产生信任危机。为此，驴妈妈在旅行方式IP创新方面，在全国率先推行"先游后付"。"先游后付"(Easy Go,Easy Pay)是驴妈妈针对符合条件的用户提供的一种"先游玩后付款"的创新型旅游体验。这种旅游体验就是建立在"旅游生态命运共同体"成员之间彼此信任、相互监督、协同发展的基础上的，促使整个供应链及旅游整体商业环境变得更好。

"先游后付"不仅仅是一种支付方式，而且是产品革新、服务革新、流程再造的过程。驴妈妈通过精选合作伙伴、严选整体爆款、优选旅游导服标准，即通过三个"选"来做产品，确保游客获得更有保障、更安心的旅游整体体验。驴妈妈本着"让游客自由而有尊严地行走"的初心，希望通过"先游后付"的推出，重新定义跟团游，以减少用户出行顾虑，解决旅游业信任危机，重塑旅游业新信用体系。

二、途牛

(一)企业简介

途牛旅游网(简称"途牛")是南京途牛科技有限公司旗下的网站，创立于2006年

10 月,并于 2014 年 5 月在美国纳斯达克成功上市,是美股市场第一支专注于在线休闲旅游的中国公司。

得益于中国在线休闲旅游市场的高速发展以及游客的广泛支持,自 2015 年第四季度以来,途牛一直位居中国在线休闲旅游市场份额第一。截至 2018 年底,途牛合作旅游服务供应商超过 16500 家,以"让旅游更简单"为企业使命,途牛为线上、线下消费者提供的跟团和自助等打包旅游产品超过 220 万种,还有丰富的机票、酒店、签证等单项旅游产品。截至 2019 年 3 月,途牛累计服务超过 1.08 亿人次,共获得客户点评 600 多万条,产品综合满意度达到 93%。截至 2020 年 12 月,途牛已建立了 30 多家境内外自营地接社,提供 420 个城市出发的旅游产品的预订,已在北京、上海、深圳等城市设立上百家线下门市,提供全年 365 天 24 小时电话预订服务,并且提供丰富的后继服务和保障。途牛发展历程、途牛旅游网首页如图 2-21 和图 2-22 所示。

2006年10月,公司成立,总部在南京

2009年,实施"互联网+呼叫中心+线下服务中心"模式

2014年5月,在美国纳斯达克上市,募集1.2亿美元

2015年3月,收购中山国旅和天津经典假期大部分股权

2015年5月,获京东投资

2015年9月,出资13亿元设两个商业保险经济代理公司;获基金销售牌照

2016年10月,途牛酒店合作优质供应商超过1000家,覆盖201个国家的64万家酒店

2017年5月,与神州租车合作

2018年12月,途牛全国自营门市数量突破500家,全年累计新增门市数量超过280家

2006—2008年,坚持O2O发展模式,主要对象为旅行社

2009—2014年,转型自营在线旅行社,主要采购旅行社产品

2015年2月,机票直客频道上线

2015年4月,由于宣传不当,被17家知名旅行社断供

2015年8月,成立保险经纪公司

2016年,确立"互联网+旅游+传媒"战略

2016年10月,向导游平台开放导游注册

2017年7月,上线零售平台

图 2-21　途牛发展历程

图 2-22　途牛旅游网首页

(二)核心业务及特色

1.核心业务

跟团游：包括周边短线游、国内长线游、出境游等，行程透明、质量可靠。

自助游：如海岛、港澳、三亚、丽江、九寨沟等旅游目的地，既有国内外自助游套餐，亦可单订某项产品或任意搭配组合。

公司旅游定制服务：针对游客个性化需求，为游客量身定制个性化的旅游产品。

用户通过途牛 App，不仅可以预订跟团游、自助游、邮轮、门票、自驾游、签证、酒店、火车票、租车、机票等常规产品，还可预订定制包团、婚纱旅拍、途牛严选等差异化产品，同时可享受手机专享优惠。除了提供旅游产品预订服务外，途牛旅游 App 互动社区还提供了诸多社交功能，如"结伴""游记""玩法""旅图"等，通过打造 UGC 任务平台，多维度助力 KOL 实现内容价值的挖掘和变现。

2.特色

途牛先后打造了高品质跟团游"牛人专线"等一系列产品品牌。"牛人专线"诞生于2009 年，在在线跟团游市场中，凭借着独特的产品品牌思路、高品质服务标准等特点，"牛人专线"建立起游客对跟团游产品和服务的新认知，并通过在产品、服务等方面的多次升级，不断优化旅游体验，从而树立了坚实的竞争壁垒。截至 2021 年第一季度，"牛人专线"已累计服务超 540 万人次，客户满意度达到 97％，更有超过 500 条好评且满意度超 99％的旅游线路产品供游客选择。伴随着用户出游趋势的个性化、碎片化，途牛建设了全品类"动态打包"系统。通过"动态打包"，游客可以自主定制、任意组合出行方式、住宿、玩乐等。产品供给与需求的连接既满足了客户多样化出游需求，同时实现了途牛"打包订，更便宜"的产品优势。

(三)战略剖析

与其他 OTA 不同的是，途牛专注于旅游线路，其产品结构和盈利模式相对较为单一。目前，旅游市场中交通及住宿在交易规模中占据较大比例，途牛虽然拥有直采和代理模式，但是由于线上流量不足，自主定价后的利润空间不大，因此，途牛通过多种手段强化自身竞争实力。

1.打造差异化优势

客户服务一直是途牛打造的差异化优势。途牛有两个呼叫中心，一个在总部的南京，还有一个区域的呼叫中心设在宿迁。目前，途牛有旅游顾问、专属顾问、全能力顾问，提供的是 7×24 小时客户在预订，以及游览前、游览中和游览后的全方位服务保障。客户可以和途牛线上线下全渠道沟通。线上沟通渠道采用得最多的有电话、在线 IM 即时通讯和微信。2020 年开始，途牛线上沟通由个人微信逐步转移到企业微信上，在直播方面，途牛跟客户的互动也越来越频繁。在线下，途牛有自己自营的地接社，目前覆盖全国 31 个省市，现已成为全国最大的地接社，每个目的地都有途牛的金牌导游，并配有质检员。途牛官方称，把客人交给自营的地接社接待，是对客户体验最有力的保障。

2.注重细节打磨，提高产品质量

消费升级趋势下，客户服务质量以及配套服务等备受用户关注。为全面保障用户

出行体验,新冠肺炎疫情暴发后,针对游客防疫安全的心理,途牛的跟团游产品更加灵活,由原来 30 人的大团转为更加灵活自由的中小团、私家团,市场更加细分、更加小众、更加深度体验。在细节打磨上,"牛人专线"酒店的选取,会根据不同季节指定不同楼层和朝向的房间,房间不能挨着过道,如果是蜜月、结婚纪念日等特殊日子,还会有鲜花铺床,以及小蛋糕等特殊的氛围布置,并在客户入住前,提前开好空调,净化空气。

"牛人专线"还增加了附加服务,提供随团旅拍服务,"牛人专线"会对导游的摄影技术进行专业培训和认证,以帮助游客拍下满意的旅游照片,把美好的回忆带回家。途牛的细节打磨,使用户出行更为便捷、用户体验更佳,有助于提升用户的黏性。

3. 全球化布局,多维度拓展目的地服务网络

途牛全球化布局通过不断增设新的海外目的地服务中心,可以满足消费者对于旅游的不同需求,并为消费者提供更全面的目的地服务和保障。途牛将自营目的地的服务网络作为提升客户体验的方式,目的地服务中心有助于促进途牛继续高速发展,进一步扩大市场份额。此外,途牛还在其 2018 年春季产品发布会上正式对外发布了"全球合伙人招募计划",实现多维度全面拓展目的地服务网络。

4. 坚守客户第一,服务理念受认可

面对新冠肺炎疫情带来的巨大考验,途牛自始至终守护着每一位客户的权益,持续升级退改保障服务,启动 2 亿元重大灾害保障金为游客退改护航,努力为客户减损。此外,借助线上"云旅游"、特产售卖等方式,途牛不仅给被新冠肺炎疫情困在家中的用户带来了异地"云旅游"体验,也在助农的同时将深入源头采购的优质特产送到了无数用户家中。针对有一定时间期限的会员权益,途牛为尽可能减少用户损失,免费为其延长会员权益 3 个月。针对合作伙伴,途牛也积极与其携手共渡难关。其中,面向全国合伙门店,途牛推出服务保障措施,内容包括门店管理费减免 6 个月、开展线上培训课程等。

三、同程艺龙

(一)企业简介

同程艺龙是由同程集团旗下同程网络与艺龙旅行网于 2018 年 3 月合并而成。2018 年 11 月 26 日,同程艺龙成功在香港联交所主板挂牌上市。同程艺龙致力于打造在线旅行一站式平台,业务涵盖交通票务预订(机票、火车票、汽车票、船票等)、在线住宿预订、景区门票预订,以及多个出行场景的增值服务,用户规模超过 2 亿人,是中国两大出行平台之一。

2020 年 4 月 22 日,同程艺龙推出了全新的服务品牌"同程旅行",启用了新的品牌标识和品牌口号"再出发,就同程",希望用更年轻的方式服务更多的用户。同程旅行的使命是"让旅行更简单、更快乐",致力于运用创新科技,为用户创造简单、快捷、智能的出行服务。

(二)核心业务及特色

同程艺龙的核心业务主要有两块,交通票务和住宿预订。在交通票务方面,为用户提供机票、火车票、汽车票及船票等预订服务及其他配套的增值服务,其收入所得就是

向供应商收取佣金,向服务的用户收取服务费。在酒店住宿方面,同程艺龙提供大量多样化的住宿以满足用户不同的预算及喜好,公司根据预订量向住宿供应方收取佣金。

　　同程艺龙最显著的特色就是微信小程序入口,如图 2-23 所示。自 2017 年下半年以来,小程序迎来了行业爆发式增长。而作为首批微信小程序的参与者和见证者,同程艺龙在 2018 年 3 月份上线了迭代后的小程序"同程艺龙酒店机票火车",将之前同程网络和艺龙旅行网的订单系统、会员体系、商城积分、小程序底层架构彻底打通,把微信的各个渠道融合为一个大入口并通过小程序触达,这为之后同程艺龙小程序的快速发展奠定了基础。目前,同程艺龙已经形成了"主小程序＋子小程序＋公众号"三角形流量闭环,让用户的不同需求在流量闭环中进行流动和满足。同程艺龙通过主小程序完成了同程艺龙的底层打通,子小程序解决单一服务触达用户群体成本高的"痛点",满足了用户在不同场景下的需求,同时让公众号成为同程艺龙服务与沉淀小程序用户的载体。

图 2-23　同程旅行微信小程序入口

(三)战略剖析

1. 业务互补,协同发展

　　同为在线旅游 OTA,同程与艺龙均在各自的优势项目上较为突出,而在对方强势的领域又涉入较少,因此业务之间具备很强的互补性。合并后,同程艺龙已成为用户旅游需求一站式服务平台,在国内 OTA 市场上位居第三,如图 2-24 所示。

Note

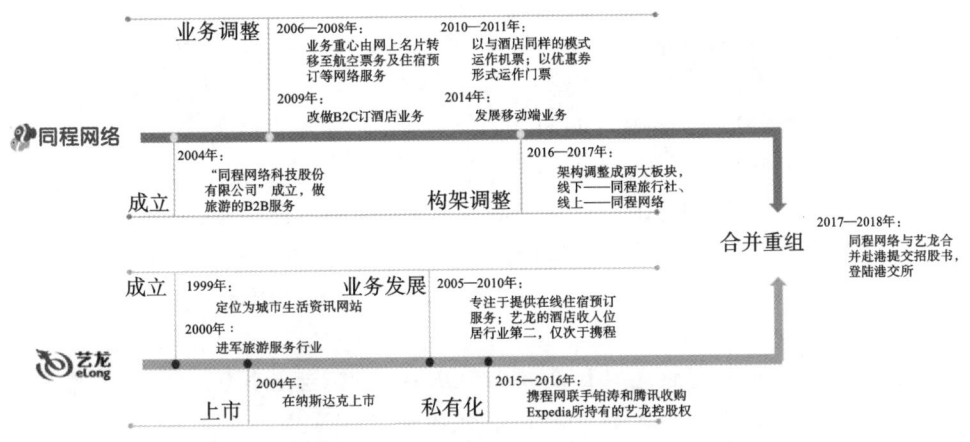

图 2-24　同程艺龙实现"强强联手"

2. 转型 ITA

OTA 当前正在探索发展新生业态模式,同程艺龙借助腾讯的"社交"属性开始发展"社交＋旅游"的 ITA(intelligent travel assistant)模式,即定位为"智能出行管家"。从 OTA 到 ITA 最大的突破在于技术升级——由数字化、科技化到智能化转变。同程艺龙通过"技术＋服务"持续优化用户的出行体验,通过微信分享等社交玩法打造用户从预订到行程结束后的闭环,以实现用户黏性的提升,当前的用户留存率已经达到 67%。

3. 腾讯与携程加持,深耕长尾

腾讯最早于 2011 年投资艺龙、2012 年投资同程,2018 年时是同程艺龙的第一大股东;携程最早于 2014 年入股同程、2015 年入股艺龙,成为同程旅行的第二大股东。腾讯给予同程旅行的低成本流量支持带来用户提升,根据协议,同程艺龙在 2021 年 7 月 31 日之前拥有腾讯流量入口的独家运营权,依托腾讯微信流量端入口,同程艺龙收获了不少年轻客源。同时,依托这一渠道,同程艺龙也更想要向三四线,甚至更低线城市渗透,重点把握低线城市休闲游需求。另外,同程艺龙与携程的竞合关系带来盈利能力提升,在供应链等方面,同程艺龙与携程展开深化合作。尤其在酒店业务方面,携程旗下的赫程作为库存中心,向携程、艺龙、去哪儿三方提供酒店库存。同程旅行与大股东腾讯为互补关系,87% 的流量资源来自腾讯;与二股东携程为竞合关系,60% 的住宿间夜量资源来自携程。因腾讯流量与携程资源导入支持,同程艺龙长期竞争优势突出。

> **本章小结**
>
> 　　在线旅游服务商 OTA 是以网络信息技术为载体,从事招揽、组织、接待旅游者等活动,通过网络为旅游者提供预订旅游产品或相关旅游服务的企业法人,即在线旅游服务商 OTA 可以通过网络进行产品营销或产品销售。OTA 是旅游中介服务商,应用现代网络技术提供实时的在线服务;在线旅游是一种概念,在线旅游为消费者提供服务是其本质。

中国 OTA 发展阶段可以划分为萌芽期、起步期、发展期和持续完善期四个阶段。

国内 OTA 的发展呈现出平台增长放缓、市场集中度不断提升、在线度假市场竞争激烈以及营销渠道多样化等特点。

在线旅游服务商 OTA 的发展具有下沉市场潜力巨大、为 B 端的赋能价值有待挖掘、跨界竞争常态化、流量渠道日益多元化和细化等趋势。

OTA 的基本业务为在线机票预订、在线住宿预订和在线旅游度假产品预订。

OTA 的经营模式有自营、代理、OEM、零售、动态打包、半动态打包等。

OTA 的盈利模式有广告模式、代理模式、批零差价模式和平台模式。

 **讨论与思考**

1. 如何理解 OTA 的基本含义？OTA 的基本业务有哪些？
2. 简述 OTA 常见的经营模式。
3. 简述 OTA 常见的盈利模式。
4. OTA 的创新服务还会有突破吗？
5. 尝试对携程做出运营评价，并提出运营建议。

在线答题

 案例分析

携程发布 2021 美食林全球榜单：国内餐厅数量增长 67.7％[1]

2021 年 6 月 25 日,携程美食林"2021 年全球餐厅精选榜"(简称"榜单")正式发布。此次上榜的 6200 余家餐厅分布在国内 58 座城市,餐厅数量较 2020 年同期增长 67.8％。

据了解,携程美食林商家目前除了在餐厅主页上进行内容营销之外,还可以完成产品上架、在线买单等动作。"对于上榜餐厅,携程美食林提供强大的多渠道流量扶持,通过旅行场景的交叉推荐、直播、私域运营等,逐步实现从内容种草到交易闭环的打通。"携程集团执行副总裁、首席市场官孙波表示。

榜单发布当天,还举办了"旅行上的舌尖 2021 澳门论坛"。论坛上,金沙中国有限公司与携程集团完成了战略合作的续签。2021 年上半年,澳门金沙度假区在携程平台上的多个数据指标高于行业平均水平。榜单揭晓后,澳门金沙度假区还精心设

 Note

---

① 携程旅行网. 携程发布 2021 美食林全球榜单：国内餐厅数量增长 67.7％[EB/OL]. (2021-06-25)[2021-07-01]. https://baijiahao.baidu.com/s? id=17035310014964074628_wfr=spider&for=pc.

计了一场展现中国传统美食文化的"2021携程美食林尊享晚宴"体验。

1. 上榜餐厅人均消费最高达6557元，最低人均消费仅4元

与往年不同的是，2021年的携程美食林榜单从原来的"星级餐厅榜"和"风味餐厅榜"，升级为"黑钻、钻石、铂金、金牌、银牌"5大阶梯榜单，这也与携程会员等级名称一脉相承。其中居于榜单"金字塔"塔尖的黑钻餐厅共9家，入选概率为百万分之一。最能满足广大美食爱好者需求的银牌餐厅在4000家以上。

另外，在原有的53个城市基础上，榜单新增东莞、汕头、中山、西宁和银川5大美食城市。其中，跨度最大的两个城市（汕头到西宁）之间的公路里程约3000千米。本届榜单的发布地，澳门特别行政区亦有多家餐厅上榜。澳门特别行政区政府旅游局局长文绮华表示，乐见（澳门）本地餐饮在国内外的美食榜单屡获殊荣。

值得注意的是，上榜餐厅中既有人均消费高达6557元、每天只招待10名顾客的上海西餐厅"Ultraviolet by Paul Pairet"，还有成都街头小吃的代表，人均消费低至4元的"邓记新一代糖油果子"。

此外，从覆盖场景来看，榜单不仅局限在正餐的范畴，还将咖啡馆、酒吧、小吃店等餐饮业态纳入评选范畴。评价体系方面，2021年的评审团队除以"食神"蔡澜领衔的数十位资深"老饕"外，还邀请携程忠诚用户参与投票。这其中既包括年均消费100万元的携程黑钻用户，也包括留下餐厅点评超过60%的"80后"和"90后"用户。

2. "吃＋住"套餐2021年上半年增长超13倍，携程助澳门金沙度假区复苏

孙波介绍，借助携程旅行场景交易优势，自2021年以来，携程强化了"吃"和"住"两大旅行场景的交叉联动。携程数据显示，2021年6月，携程"酒店＋美食"的常规套餐较去年同期增长超过13倍，客单均价近1500元。

同时，携程通过疫情期间打造的"BOSS直播"品牌和粉丝社群、开放平台等私域流量运营工具，推动携程美食林商家曝光和转化的最大化。

随着国内旅游市场的加速回暖，携程也发挥自身优势，助力合作伙伴加速复苏。在"2021年全球餐厅精选榜"发布的同时，携程集团也与金沙中国有限公司完成了战略合作的续签。根据续签协议，双方将在2022年继续围绕内容合作、营销合作、会员权益深化互通、美食林产品、酒店业务、会展合作和澳门金沙购物城邦之购物合作7大方面，推动旅游市场消费升级。

合作续签的背后，是携程集团与金沙中国有限公司自2020年10月达成战略合作以来取得的双赢局面。2021年上半年，澳门金沙度假区旗下酒店恢复超过行业平均水平。不仅如此，用户在携程社区内发布的与澳门金沙度假区相关的内容同比增长1倍以上。2020年10月至2021年6月，澳门金沙度假区在携程平台上的搜索量同比增长超3倍。

此次携程美食林"2021年全球餐厅精选榜"首次落户澳门伦敦人度假村酒店（简称"澳门伦敦人"），也是看好金沙中国旗下这座英式全新综合度假村的发展潜力。目前，澳门伦敦人首先推出的全套房式澳门伦敦人酒店、水晶金殿中庭、全新餐厅及互动式伦敦主题景区等，都成为携程用户新晋打卡热门地。其中，澳门伦敦人的英伦主题餐厅、名厨主理餐厅、网络人气餐厅亮点突出。据了解，携程美食林与澳门伦敦人

度假村将共同向携程全球用户推广全新的品味之旅。

金沙中国有限公司首席营运总裁郑钧诺表示,自新冠肺炎疫情暴发以来,金沙中国和携程进行了更深度合作,共同助力澳门旅游业的复苏。"我们珍惜与携程的良好战略合作伙伴关系。"携程集团 CEO 孙洁表示。面向未来,携程集团将发挥平台优势,与澳门相关旅游企业加强精准、高效的营销合作,助力澳门旅游市场不断创造新的增长点。

思考题:

1.携程做跨界的优势是什么?

2.携程为什么要探索旅行餐饮信息服务行业?

3.试分析携程投资战略与扩张战略的协同作用。

实验二　电子商务网站中 IIS 的安装与配置

微课视频

一、实验目标

掌握 IIS 的配置及网站发布。

二、实验内容

IIS 安装与配置。

三、知识准备

IIS 是 Internet Information Services 的缩写,意为"互联网信息服务",是由微软公司提供的基于运行 Microsoft Windows 的互联网基本服务。IIS 是一种 Web(网页)服务组件,其中包括 Web 服务器、FTP 服务器、NNTP 服务器和 SMTP 服务器,分别用于网页浏览、文件传输、新闻服务和邮件发送等方面,它使得在网络(包括互联网和局域网)上发布信息成了一件很容易的事。

绝大多数的企业 IT 部门会选择 IIS 对本企业的网站进行管理。因为它不仅有完善的图形界面易于系统人员进行维护管理,更能够在结合 Visual Studio 使用下,迅速发展企业营运中所需要的各种网站应用程序。相较于 Linux 系列网站管理平台(如 Apache),IIS 的操作更加友善。

严格来说,IIS 早已是一个全面集成的网站平台,因为用户可以很容易地在单一的管理界面之中,维护除了网站主体以外的其他网际网络服务,包括 SMTP 与 FTP。当然若进一步使用内置的 MMC 管理工具,则还可以将服务管理员、DNS、证书授权单位、Active Directory 用户和计算机等相关的服务一并加入统合管理的界面之中。

Note

四、实验步骤

(一) IIS 的安装

(1)点击"开始"菜单,进入"控制面板",如图 2-25 所示。

图 2-25 控制面板主页

(2)进入"程序"分类。

(3)选择"启用或关闭 Windows 功能",如图 2-26 所示。

图 2-26 程序面板

（4）在"Internet Information Services"中选择需要的 IIS 选项，如图 2-27 所示。

图 2-27　启用或关闭 Windows 功能面板

（5）点击"确定"，等待配置生效。

（6）查询 IIS 是否安装成功，"控制面板"—"管理工具"—"Internet Information Services（IIS）管理器"。界面显示"Internet Information Services（IIS）管理器"就说明已经安装成功，如图 2-28 所示。

图 2-28　IIS 安装成功后的管理工具面板

（二）IIS 的配置

（1）双击"Internet Information Services（IIS）管理器"，进入管理窗口，点击图 2-29 中的"LAPTOP-QQGFRIVV"，然后在出现的网站上右击，选择"添加网站"，开始配置。

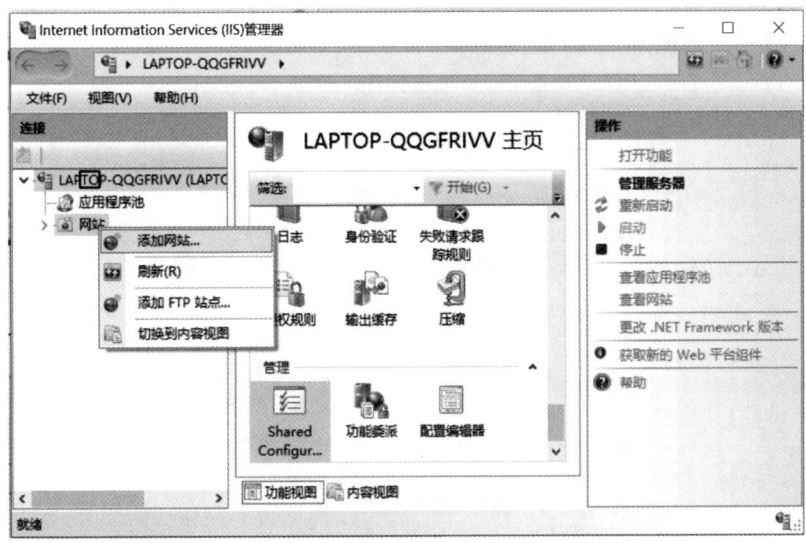

图 2-29　IIS 配置

(2)首先设置网站名称(名字可以任起),应用程序池的选择可以用自动生成的新的,也可以用配置过的,通常使用新生成的;然后选择"物理路径"(网站所在目录的路径),最后编辑"绑定"栏的内容,这里可以设置该网站的端口和绑定的域名,如果为内网设置,只用设置端口即可。具体设置如图 2-30 所示。

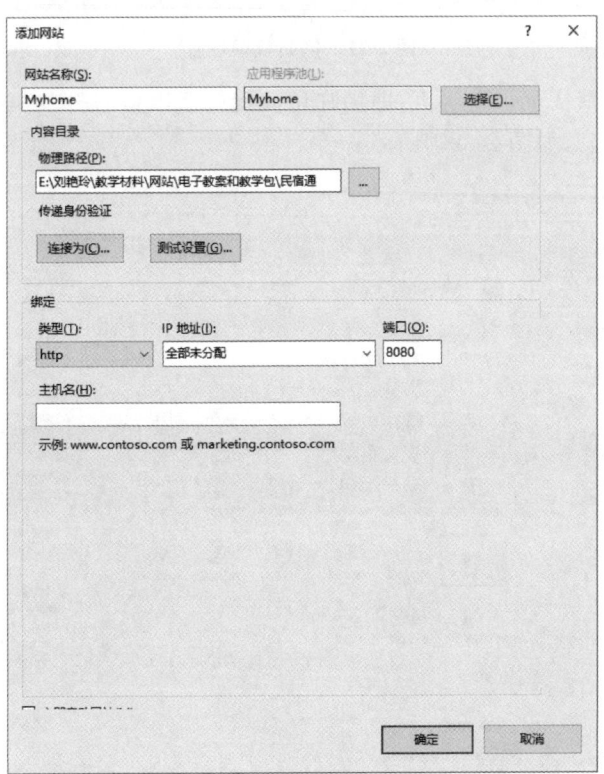

图 2-30　网站基本设置

（3）右击网站，然后选择"编辑"权限，添加需要的权限，如果有写入文件操作，需要给予"写入"权限，如图 2-31 所示。

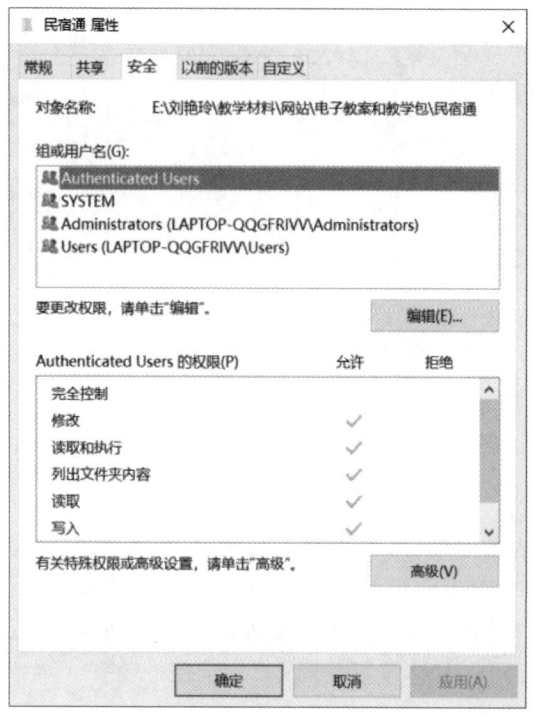

图 2-31　网站权限设置

（4）设置访问默认页。默认页，即用户访问网站后默认打开的页面。双击"管理窗口"中的"默认文档"，如图 2-32 所示。

图 2-32　IIS 管理窗口

（5）将"默认文档"中的"index. html"上移至顶部，如图 2-33 所示。

图 2-33　"默认文档"的设置

（6）选择"管理网站"，再选择"浏览"，地址栏会显示刚才配置的主机名及端口号，到这里网站已经发布完成了。

第三章
旅行社电子商务

学习引导

　　旅行社电子商务是以旅游信息库、电子化商务银行为基础,利用先进的电子手段运作旅行社管理信息系统及采购和分销系统的商务体系。旅行社电子商务的体系包括支付结算体系、网络信息系统和旅行社电子商务参与主体。旅行社电子商务在行前服务阶段,强化以信息服务为主的咨询与销售;在实地旅游服务阶段,强化以信息化手段为支持的个性增值服务;在旅游活动结束后,强化与游客的交流和再营销。旅行社的供应链管理具体业务包括:与交通部门的供应商管理;与酒店的供应商管理;与餐饮部门的供应商管理;与参观游览部门的供应商管理;与购物商店的供应商管理;与娱乐部门的供应商管理;与保险公司的供应商管理;与相关旅行社的供应商管理。旅行社网络营销策略包括:搜索引擎营销、服务营销、网络宣传和促销、数据库营销和个性化营销、网络营销与传统营销的整合。

学习目标

1.了解旅行社电子商务的概念、特征与内涵。

2.熟悉旅行社的主要业务流程和旅行社信息化业务流程的效用。

3.掌握旅行社电子商务的体系框架与实践操作。

4.掌握旅行社网络营销策略的实践应用。

思维导图

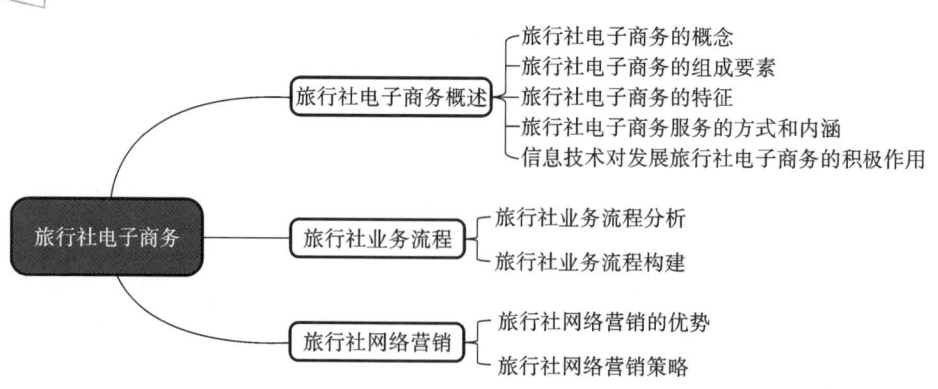

导入
案例

北京中国国际旅行社有限公司（简称"北京国旅"）成立于 1958 年，隶属中国国旅总社和首都旅游两大集团。改革开放之初，它凭借先天计划配置形成的物理网络优势，以及在"食、住、行、游、购、娱"六大业务提供的全方位、专业化旅行服务，在经营规模、业绩等方面，一直都保持着较好的行业水平，直至携程等 OTA 网站出现。

携程等 OTA 网站通过 IT 手段整合了国内成熟的酒店集团和航空服务，发展速度让国内旅行社行业震惊。2003 年，"非典"让人们开始重新审视在线旅游服务商经营模式的价值，亏损 4 年的携程首次实现盈利。2004 年，携程的收入水平和利润已超过中国盈利能力最强的旅行社。2006 年，携程实现 2.4 亿元的利润，而同一年，国内 1.8 万家旅行社的利润总和仅为 1.2 亿元。

2004 年，北京中国国旅的母公司——中国国旅总社（简称"中国国旅"）制定了发展电子商务的战略决策，这个中国线下旅行社希望自己也能成为中国最大的旅游在线运营商。其电子商务理念是，利用 IT 与互联网技术，整合和利用传统旅行社的优势资源，做旅游的在线运营商。自此，中国国旅开始搭建电子商务网站，探索整个服务体系的变革，整合国旅的线下旅行社资源，将所有线下旅行社业务转换为线上产品，在统一的电子平台上进行分销。2007 年开始，中国国旅开始将电子商务部已成功搭建的系统、确定下来的标准业务模式向北京、上海、广州、武汉等城市参股或控股的地方国旅推广，进行复制，使地方社与总社形成产品与订单的实时流量可控。北京国旅自此开始了电商之旅。

发展至今，北京国旅电子商务系统已日趋成熟，具有高效的内部管理流程系统和数据实时更新的在线分销系统。2021 年，北京国旅员工有近 300 人，其中大部分是具有专业知识、服务意识强的年轻人，受过高等教育、训练有素的，以及可以掌握英、日、德、法、西、意、俄、泰、朝等语种的业务骨干和导游翻译达 240 余人，特级、高级、中级导游占 62%。

目前，北京中国国旅电商平台可提供多元化的旅游服务产品，包括：中国公民出境旅游业务、国内旅游和入境旅游业务等，承办商务旅行、奖励旅游、专业会议、自由行、私人订制等业务，还有机票、车票、酒店预订，以及代办各种签证等业务。北京国旅与国内外的旅游机构、航空、铁路、各国驻华使领馆建立了良好的协作关系。在出境游业务上，北京国旅进行了一系列的市场拓展与开发，推出了多条适合中国公民出国旅游的线路，为各种赴国外的团体和个人提供度假休闲、商务考察、研学旅行和会议展览等全方位服务，如图 3-1 所示。

人是一种感情动物，随着社会的发展进步，人们对于情感的渴望日益增长。旅行社能提供更加人性化的服务，如导游服务，国际旅游界普遍认为"没有导游的旅行不是真正的旅游，是不完美的"，这些人性化服务能够满足人们的情感需求，这是现代电子化、信息化商务难以企及的一大优势。

北京国旅以高质量的服务赢得了中外游客的广泛赞誉，它连续 7 届被北京市旅游局（现北京市文化和旅游局）评为"首都旅游紫禁杯"最佳企业和先进企业。

Note

图 3-1　北京中国国际旅行社有限公司网站

解析：

　　旅游电子商务的出现，更好地将旅游和互联网相结合，充分发挥旅行社中间商的作用，使旅行社凭借熟练的业务知识和技能介入网络，开展电子商务，将网络平台当成是现实中的办公室，进行"虚拟经营"。旅行社"虚拟经营"是将供应商、生产商、批发商和顾客等通过功能整合而建立的动态合作网络，通过信息的整合、分析、加工、传递产生增值，将旅行社从差价盈利转变为信息盈利。面对瞬息万变的市场趋势，旅行社如何将电子化、信息化商务与人性化服务结合，开拓旅行社电子商务的信息盈利模式？

第一节　旅行社电子商务概述

一、旅行社电子商务的概念

　　世界旅游组织将旅行社定义为："零售代理机构向公众提供关于可能的旅行、居住和相关服务，包括服务酬金和条件的信息。旅游组织者或制作商或批发商在旅游需求提出前，以组织交通运输、预订不同的住宿和提出所有其他服务为旅行和旅居做准备的行业机构。"我国《旅行社条例》规定："旅行社，是指从事招徕、组织、接待旅游者活动，为旅游者提供相关旅游服务，开展国内旅游业务、入境旅游业务或者出境旅游业务的企业法人。"从世界旅游组织和我国《旅行社条例》对旅行社所下的定义可以看出，旅行社的本质是旅游供应商和旅游消费者之间的纽带，其盈利模式主要是佣金制和成本加利润制。

Note

传统的旅行社经营主要依靠的是信息收集和信息支持,传统旅行社是信息不对称情况下的产品提供者。随着信息技术和网络海量信息的便捷呈现,消费者的旅游消费观念发生转变,习惯于通过互联网搜索旅行信息、参考点评、规划线路、比价产品、在线预订、实时支付等,这使传统的信息不对称局面得以改善,旅游者对旅行社的依存度大幅下降,互联网时代已经促使旅行社行业开始转型或改变。

旅行社电子商务以旅游信息库、电子化商务银行为基础,是利用先进的电子手段运作旅行社管理信息系统及采购和分销系统的商务体系,包括:网上传递与接收信息,网上订购、在线支付、咨询洽谈、客户服务等网上销售活动,以及利用网络开展市场调查分析、财务核算及生产安排等多种商业活动。

这种服务模式的最大特点是在线、即时地为旅游者服务,在时间上体现出快捷性和便利性。旅行社通过充分运用电子商务,调整改善企业同消费者、企业同企业、企业内部之间的关系,从而扩大销售、拓展市场,实现内部电子化管理的全部商业经营过程。

二、旅行社电子商务的组成要素

旅行社电子商务的组成要素包括作为基础框架的网络信息系统、作为参与主体的旅游企业和旅游者,以及电子支付结算体系认证机构等其他支持要素。

1. 网络信息系统

网络信息系统是旅行社电子商务体系运行的基础,只有凭借网络信息系统,才能让旅行社电子商务在一个可靠、可控、安全畅通的平台上交换信息和产品。

2. 旅行企业和旅游者

旅游者为旅行社电子商务的最终服务对象,旅行社是旅游市场开展电子商务的主体,拥有电子商务网站、企业管理信息系统、企业内联网络系统、电子商务服务商。

3. 电子支付结算体系认证机构

旅游产品具有异地购买当地消费的特点,因此,在线支付结算是旅游服务网上交易完整实现的重要一环。

三、旅行社电子商务的特征

旅行社电子商务具有以下特征。

(1)旅行社电子商务的主体或载体,是旅行社或旅行中介服务机构(Travel Agent)。

(2)旅行社电子商务的核心是一系列规范的业务流程(Business Procedure or Work Flow)。

(3)旅行社电子商务的基础是互联网技术和移动通信技术的应用。

(4)旅行社电子商务的创新竞争力在于在线旅行服务模式,这种服务模式的最大特点是在线、即时地为旅游者提供服务,在时空上体现出快捷性和便利性。

(5)旅行社电子商务体系是一个人机结合的系统,涉及企业运作的各个层面,如产品设计、市场营销、企业管理 MIS、客户管理 CRM、资源管理 ERP、供应链管理 SCM 等,绝对不仅仅是一个纯粹的"机器人"计算机系统。

四、旅行社电子商务服务的方式和内涵

旅行社作为现代旅游服务业的重要组成部分,具有适用电子商务得天独厚的条件,电子商务正在改变传统旅游服务的方式和内涵。

(一)在行前服务阶段,强化以信息服务为主的咨询与销售

在传统的旅游服务中,传递信息的手段有限,仅仅凭借电话、传真等手段,不仅信息传递量有限,其成本也阻碍了沟通的有效进行。实施电子商务后,旅游企业可以将信息放在特定的网站中,有需求的旅游者就可以通过主动搜索的方式获取相关信息,这种信息传递的方式既迅速又充分,而且成本低。

(二)在实地旅游服务阶段,强化以信息化手段为支持的个性化增值服务

随着旅游服务的发展和游客需求的变化,千篇一律的规范化服务已经不能满足游客的个性化需求了。电子商务对这一问题提供了较为可靠的解决方案,即建立旅游企业客户数据库。游客的一些诸如年龄、职业、习惯、爱好及忌讳等个性化信息,可以作为对游客提供个性化服务的参考。旅游企业把这些信息记录、存储下来,并做到及时更新和随时调用,那么在为游客提供个性化服务方面,旅游企业的服务能力将显著提高。

(三)在旅游活动结束后,强化与游客的交流和再营销

旅游企业开通网站、微博、微信公众号、微信群和电子邮件等渠道,为企业和顾客的交流提供平台,既可以收集顾客的意见和建议,又可为那些服务未得到满足的顾客提供发泄渠道,从而减少负面影响。通过这些联系方式,旅游企业还可以经常保持与顾客的联系,即时送达新产品和服务的信息。营销学认为,企业维系一个老顾客的成本不到赢得一个新客户成本的五分之一。电子商务为旅游企业创造出了这样一种可以维系老顾客的渠道,这既是一种服务过程,又是旅游服务的一种延伸,成为旅游企业营销的重要手段。

> **知识活页**
>
> ### 致力于服务旅游中小企业的旅游批发商——真旅·智能旅库
>
> 真旅·智能旅库(简称"真旅")前身为真旅网,成立于 2007 年,其采用旅游产品直采直销的经营模式,实现旅游全品类覆盖,凭借十多年来深耕旅游业获得的优质口碑和信誉,在资源获取和价格端具有显著优势。真旅的经营宗旨是开辟丰富的旅游采购通路,聚焦于最佳的旅游产品方案,促进旅游新零售的良性增长。

真旅的主营业务是为旅游中小企业用户提供优质的旅游产品和系统的对接服务，以"旅游＋智能＋大数据"为切入点，提供智能化搜索、预订、交易、管理、API接口等旅游服务，提供的产品有机票、旅游、酒店、邮轮、单项服务、电子卡等。真旅网的供应商与采购用户的合作流程如图3-2所示。

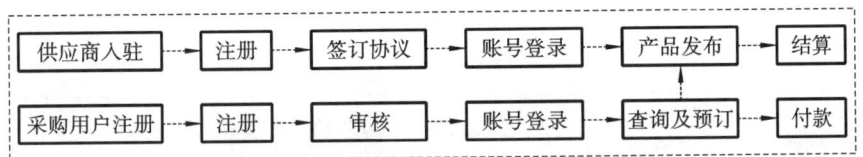

图 3-2　真旅网的供应商与采购用户的合作流程

机票销售向来是中小传统旅行社业务发展的难题。团队机票过去往往通过线下寻找客户、人工报价的方式进行销售，这一方式容易导致库存难以推广、余位难以售卖等问题。这些痛点直接带来了库存压力，给包机商、代理人、旅行社等造成了巨大的损失。

真旅自主研发的全球机票分销系统——凌空 LinkSky，可以帮助旅游中小企业多重比较机票价格，有效降低采购过程中的风险与损失，以优势运价实现机票端的盈利最大化。依托境外全球先进分销系统，凌空 LinkSky 系统在航旅数据分析、政策逻辑算法、系统运行效率、境外产品覆盖面、出退改服务效率等方面进行了创新提升，如图3-3所示。

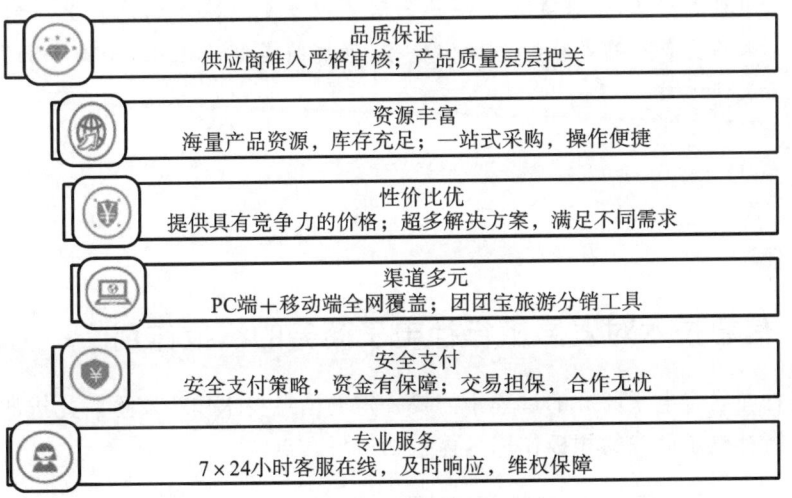

图 3-3　真旅网的服务保障体系

如今，凌空 LinkSky 已实现了国际机票自动化在线处理，其创新的政策四配算法以接近 90% 的准确率领跑行业，帮助采购商解决了机票分销的难题，真旅网的业务优势如图3-4所示。

优智搜索
凌空LinkSky分销系统
智能化在线处理全球机票

高效采购
智能多重运价获取
为采购提供最优选择

实时管控
智能ERP有效风控管理
产品组合及库存状况

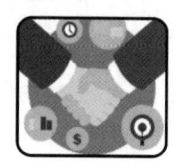

盈利多多
确保行业信息完整畅通
助力企业发展盈利增长

图 3-4　真旅网的业务优势

　　旅游消费者如今需要的不只是更快地获取信息，他们还希望拥有更好、更个性化、更愉悦的购物体验，这无论是对中小旅行社还是其他商家都将产生很大程度的关联和撬动作用。短期价格层面的让利已经让消费者产生"打折疲劳"，不能满足他们对理想旅游产品的诉求。智能创新技术已经证明了其在未来社会发展中的必然趋势，对旅游业来说，智能技术将优化供给侧结构、弥补人工操作的不足，连接包括航空、酒店、定制等全域旅游形态，带来更方便快捷的服务以及更精准丰富的产品。智能化带来的真正一站式旅游个性化服务，也许将是解决未来"千人千面"诉求的最佳方案。

TOURISM

五、信息技术对发展旅行社电子商务的积极作用

　　旅行社在融合电子商务的过程中需要一定的信息技术作为支撑。先进的信息技术对发展旅行社电子商务的积极作用具体包括以下几点。

（一）有助于旅行社开拓客源市场

　　信息技术可以帮助旅行社更好地满足客户的需要，有利于客源市场的开拓。旅行社可以利用计算机网络公布旅游产品及其价格、时间、具体安排等信息，旅游者可以通过网络及时了解旅游线路和旅游费用支出等有关信息，然后根据个人情况做出相应选择。

(二)有助于促进旅行社内部资源共享

信息技术有助于提高旅行社的经营效率,主要表现为信息资源的有效利用和旅行社业务流程的规范化。在这种体系之下,旅行社之间可以进行相应的业务沟通,并且内部资源共享能够提高资源的利用率。

(三)有助于提高旅行社决策能力

旅行社利用计算机网络既可以快速传递预订信息,为客户快速准确地办理网上预订、自动签票、制作通知单和日程表、存储旅游者档案资料等服务,也可以迅速准确地进行内部核算和客户情况报告,利用网络信息进行经营状况分析,为管理决策制定提供科学依据。互联网时代之下,决策能力对于旅行社的发展至关重要。

(四)有助于加快旅行社经营规模的扩张

信息技术为旅行社规模扩张和规模化发展经济提供了可能,现在旅行社的发展趋势日益走上集团化、品牌化、网络化与国际化。通信技术的利用是实现这些战略目标的基本保障。旅行社的业务特点决定了旅行社对相关信息具有很强的依赖性,而信息技术可以帮助旅行社提高信息使用效率,提高旅行社的业务操作能力和经营效率,有助于旅行社业务的规模扩张并达到规模经济性。

(五)有助于促进旅行社流程再造

在经济全球化的今天,旅行社作为介于供应商和消费者之间的中间商,其发展面临着日益严峻的挑战。首先是旅游者对服务的要求日新月异、市场竞争日益激烈,旅行社可以利用信息技术,通过建立信息系统改变旅行社的接待业务流程和协调工作流程,使旅行社工作发生全新变化,使其重新审视并变革旅行社的组织结构与运营模式,实现流程再造。

拓展阅读

2019 年度全国旅行社总收入超 7000 亿元[①]

根据文旅部数据显示,2019 年全国旅行社的行业规模、经营情况和各地经营状况如下。

1.行业规模

截至 2019 年 12 月 31 日,全国旅行社总数为 38943 家,比 2018 年增长 8.17%。除云南省旅行社数量减少,减幅为 7.22%外,其余 31 个地区旅行社数量都有不同程度的增长,增幅最大的新疆为 33.33%,贵州、青海、海南、重庆、甘肃、四川、湖北、湖

---

① 中商产业研究院.2019 年度全国旅行社市场数据统计分析:旅行社总收入超 7000 亿元[EB/OL].(2020-09-02)[2021-07-21].https://www.askci.com/news/chanye/20200902/1155151205218.shtml.

南、宁夏、陕西、广东 11 个地区涨幅均在 10％以上。广东、北京、江苏、浙江、山东 5 个地区旅行社数量超过 2000 家,数量最多的广东为 3281 家。

2019 年度全国旅行社资产合计为 2722.13 亿元,其中负债 2208.09 亿元,所有者权益 514.04 亿元。全国旅行社直接从业人员 415941 人,其中大专以上学历 282214 人,签订劳动合同的导游 121710 人,领队人员 57148 人。

2.经营情况

2019 年度全国旅行社营业收入 7103.38 亿元,营业成本 6512.90 亿元,营业利润 32.10 亿元,利润总额 43.28 亿元,税金及附加 7.26 亿元,所得税 13.10 亿元,旅游业务营业收入 5165.72 亿元,旅游业务利润 233.27 亿元。

1)三大市场情况

2019 年度全国旅行社入境旅游营业收入 269.20 亿元,占全国旅行社旅游业务营业收入总量的 5.21％;入境旅游业务利润为 20.19 亿元,占全国旅行社旅游业务利润总量的 8.66％。

2019 年度全国旅行社国内旅游营业收入 2750.96 亿元,占全国旅行社旅游业务营业收入总量的 53.25％;国内旅游业务利润 123.50 亿元,占全国旅行社旅游业务利润总量的 52.94％。

2019 年度全国旅行社出境旅游营业收入 2145.56 亿元,占全国旅行社旅游业务营业收入总量的 41.54％;出境旅游业务利润为 89.58 亿元,占全国旅行社旅游业务利润总量的 38.40％。

2)国内旅游

2019 年度全国旅行社国内旅游组织 17666.29 万人次、52868.42 万人/天,接待 18472.66 万人次、44212.68 万人/天。

2019 年度旅行社国内旅游组织人次排名前十位的地区由高到低依次为:广东、江苏、浙江、重庆、山东、福建、上海、湖北、湖南、辽宁。

3)出境旅游

2019 年度全国旅行社出境旅游组织 6288.06 万人次、32070.63 万人/天。2019 年度旅行社出境旅游组织人次排名前十位的目的地国家或地区由高到低依次为:泰国、日本、中国台湾地区、越南、中国香港地区、中国澳门地区、新加坡、马来西亚、印度尼西亚、俄罗斯。

3.各地经营状况

2019 年度旅行社三大市场组织(外联)接待人次(人/天)汇总排序前十位的地区由高到低依次为:广东、江苏、福建、辽宁、浙江、山东、湖南、北京、上海、湖北。从各省市旅行社旅游业务营业收入来看,共有 13 个省(自治区、直辖市)收入在 100 亿元以上,4 个省(自治区、直辖市)收入超过 500 亿元。具体来看,2019 年度,上海市旅行社旅游营业收入为 850.72 亿元,居全国第一。北京和广东分别位列第二和第三,营业收入分别为 762.64 亿元和 737.4 亿元。2019 年度全国各省(自治区、直辖市)旅行社旅游业务经营收入如表 3-1 所示。

表 3-1　2019 年度全国各省市旅行社旅游业务经营收入超 100 亿元的省（自治区、直辖市）

排　名	省（自治区、直辖市）	旅游业务营业收入/亿元
1	上海	850.72
2	北京	762.64
3	广东	737.40
4	江苏	530.04
5	浙江	332.22
6	重庆	220.36
7	福建	196.14
8	山东	166.12
9	湖南	152.96
10	天津	124.09
11	湖北	115.97
12	云南	103.86
13	陕西	100.51

第二节　旅行社业务流程

　　旅行社是典型的服务企业，与制造业相比较，其主要区别在于服务的"无形性"和"生产与消费同时进行"的特征。服务的特征决定了服务企业与制造业企业具有不同的运营模式。由于服务人员与消费者的共同参与，使服务具有定制化的特点，运用数据库技术而进行的客户关系管理在服务业中的应用较之在制造业的应用更加合情合理，并且更加具有紧迫性。旅行社在旅游业中扮演着定制产品的生产者和旅游产品分销商的角色。旅游市场竞争的加剧和旅游者消费个性化的增强要求旅行社细化旅游市场、通过客户关系管理来大规模提供定制化产品，以便旅行社能在市场上占有一席之地。同时，信息技术改变了旅行社传统分销渠道的运作模式，旅行社应该顺应市场形势的变化做出相应的改变。

一、旅行社业务流程分析

(一)旅行社业务垂直分工体系

垂直分工体系,又称"批零体系",如图 3-5 所示,是市场发展形成的一种自然分工体系。在这种分工体系中,旅行社通常分为旅游批发商和旅游零售商(零售旅行代理商)。旅行中介服务是连接旅游资源与旅游消费者的纽带。依照行业垂直分工体系,旅行社行业主要可细分为批发、代理和零售三层结构,可以进一步分为旅游经营者、旅游批发商、旅游零售商。这种以专业化分工为特征的垂直分工体系,使得旅行社各司其职,有效地克服了因缺乏分工而导致的业务交叉覆盖、混乱竞争等弊端,使得整个旅行社行业的经营协调有序。

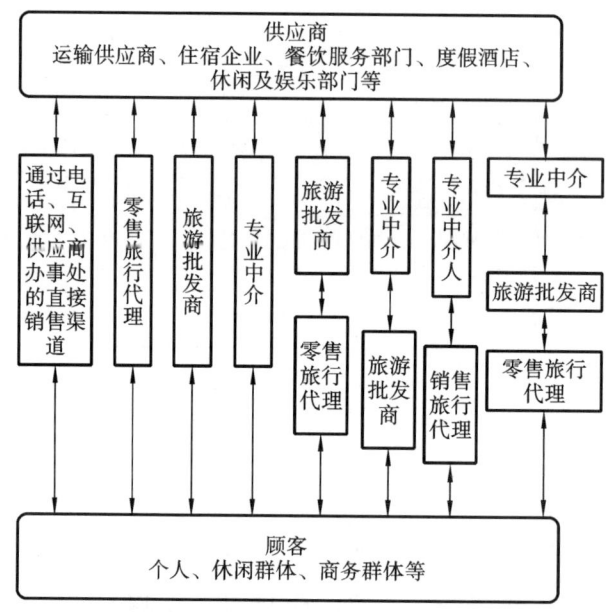

图 3-5　旅行社垂直分工体系图

互联网技术的推广和运用很大程度上降低了旅行社间纵向一体化的交易费用。通过对网络平台的建设、投资或并购,旅游批发商不再受制于销售渠道,从而形成纵向一体化的旅游分销模式。因此,具有一定规模的旅游批发商通过一体化扩大规模和延长产业链条,作为其利润最大化的发展路径之一。例如,作为出境旅游的主要批发商之一的众信旅游,通过上市以及对悠游旅游网的战略投资向纵向一体化的目标迈进。而传统的旅行社,如国旅和中青旅,则直接建设其官方网站"国旅在线"和"遨游网",开展线上线下一体化经营。

垂直分工体系有利于旅行社保障有序的市场竞争,是实现资源合理配置、实现规模经济的有效手段。旅行社行业的垂直分工体系一旦建立,不仅能有效地避免因低水平竞争带来的资源及资金的浪费,减少旅行社间的不良竞争,而且有助于旅游行政管理部门抓大放小,提高管理效率。旅游的产业链很长,旅游业的发展涉及国民经济许多行业,在这么多行业中,旅行社行业在垂直分工体系下,各项资源不断集中,有助于简化交易环节,降低成本,通过追求规模效应提高旅行社行业的竞争能力和资源配置的有效性。

案例介绍

后疫情时代——众信旅游与凯撒旅业的"豪门联姻"之路[①]

众信旅游(简称"众信")是国内领先的大型出境旅游运营商,主要从事出境游批发、出境游零售、整合营销服务业务,在欧洲、大洋洲、非洲、美洲等长线出境游及亚洲短线出境游上具有较强的竞争优势。近年来,众信由出境游拓展至国内游、"旅游十"出境服务,逐步向国内游、高端旅游、游学、移民置业、旅游金融、健康医疗等一系列旅游及出境综合服务延伸。在继续加强批发业务领先优势的基础上,众信加大零售业务开拓力度,将"众信旅游"零售品牌拓展至全国。2015年,众信被评为全国利税贡献30强旅行社;2019年,众信位列"北京民营企业百强"第29位;2019年12月,众信入选2019中国旅游集团20强名单。但是,依赖出境游的众信,在疫情中遭到了较大的冲击,2021年6月,凯撒旅业宣布合并众信。

1. 众信旅游的旅游业务

在旅游业务上,众信旅游拥有2000多家同业合作客户及数万家合作经营网点,在北京、上海、天津、武汉、西安、昆明、杭州、南京、苏州、河北、内蒙古、江西等地区拥有超过350家零售实体门店。近年来,从出境游扩展到"出境游十国内游"和"出境游十周边游",提供从北京、上海等主要出境口岸城市到覆盖国内各主要城市的出境产品,从跟团游到定制游,从常规旅游到专项、主题旅游,从出发地组团到目的地参团,众信的旅游产品不断丰富,持续引领着市场发展,每年为200万人次以上的客户提供旅游服务。

2. 众信旅游的出境游服务业务

在出境服务上,众信旅游业务由出境游拓展至"旅游十出境服务",实现了各类业务间"用户十渠道十资源"的有效转化,构建了众信旅游出境服务的大生态体系。众信旅游业务涵盖出境游批发、零售和商务会奖,以及"旅游十"的移民置业、游学及留学海外教育、出境金融等出境服务业务。目前,公司旗下拥有奇迹旅行(高端旅游)、众信游学、北京优达与杭州四达(移民置业)、悠联货币(货币兑换)、优贷小贷等多家专项旅游及出境服务公司,初步形成了出境综合服务平台的战略布局。众信旅游的出境游服务业务模块如图3-6所示。

① 旅业链接TLD.巨头合并!凯撒拟吸并众信,背后是更大的棋局[EB/OL].(2021-06-18)[2021-07-28]. https://baijiahao.baidu.com/s?id=1702871582232461847&wfr=spider&for=pc.

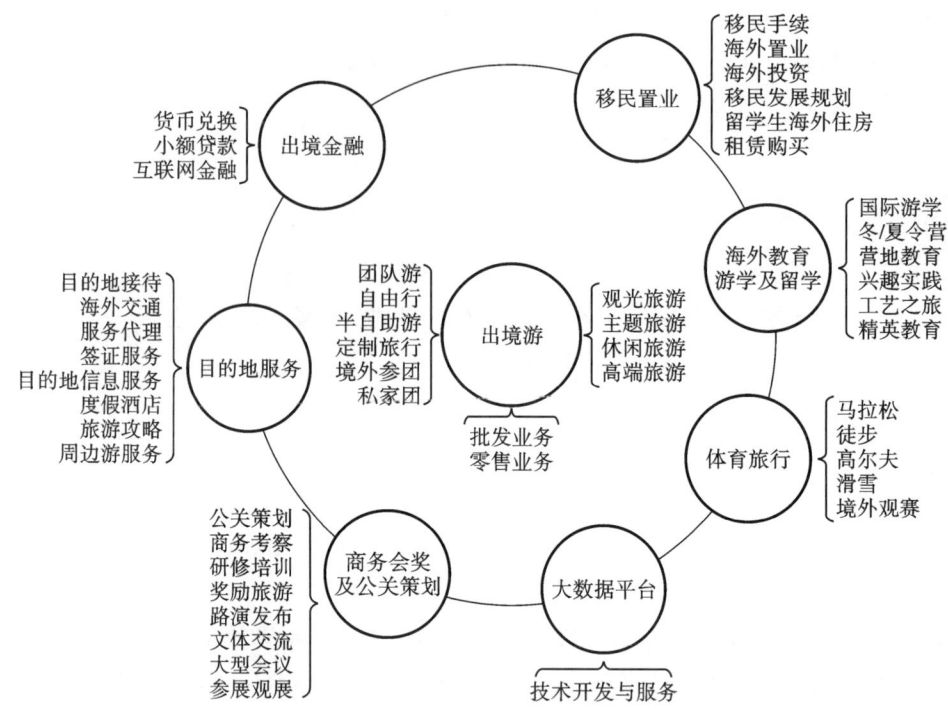

图 3-6　众信旅游的出境游服务业务模块

3. 众信旅游与凯撒旅业并购之路

2021 年 6 月 14 日，凯撒旅业（简称"凯撒"）和众信均发布公告，称凯撒与众信正在筹划由凯撒旅业通过向众信全体股东发行股票的方式，换股吸收合并众信并发行股票募集配套资金。

2019 年，众信和凯撒的全年营业收入分别为 126.77 亿元和 60.36 亿元，众信营收是凯撒的两倍之高。

依赖出境游的众信，在新冠肺炎疫情中遭到了更大的冲击，2020 年众信营业收入 15.61 亿元，归属于上市公司股东的净亏损为 14.8 亿元；而凯撒则依靠航空配餐等其他业务，业务表现稍好，2020 年营业收入为 16.15 亿元，归母净亏损约 7 亿元。两个企业合计超 20 亿元的亏损。2020 年，面对危机，凯撒和众信两家龙头企业都曾尝试以各种方法努力自救。

凯撒加大了对国内游的投入，在北京地区和海南地区推动本地休闲文化产品的开发以及短途游的拓展，其中人们比较熟知的"故宫以东"项目就出自凯撒之手；另外，凯撒渴望早日加入海南地区的免税业务，目前已在海口和三亚两地分别设立三亚同盛商贸有限公司和海口同盛世嘉商贸有限公司。2020 年，凯撒收购京东所持有的全部途牛股份，随后引入京东子公司的资本，这更是一剂行业强心针。

2020 年 10 月，众信与阿里巴巴签署了股份转让协议，阿里网络成为众信的战略股东，双方还成立了一家合资公司，众信意图开启数字化转型之心昭然若揭。同时，众信与王府井免税达成战略合作，共同开发境内外旅游零售业务；公司还投资创建了MCN 机构"众信方舟"，企图在直播带货上分一杯羹。

但迫于客观条件的压力,出境游开放遥遥无期,留给凯撒和众信的生存空间越来越小,2021年第一季度两家公司业绩表现并无太大起色,于是"抱团"成了客观需要。凯撒和众信以往在出境业务上存在明显的竞争关系,不过在很多业内人士看来,现在选择合并是明智之举,可以大大提高企业的抗风险能力。昔日的对手将联手成为队友,一起挺过新冠肺炎疫情的难关。

解析:

众信主要做旅游批发,凯撒主要做零售,双方业务具有一定的互补性。二者的整合,无论从市场、产品或是目的地资源把控上面都会有不一样的影响力。从某种程度上说,凯撒和众信已经站在了同一个阵营,站在其对立面的,则是以携程、同程为首的已经恢复盈利的OTA战队。后疫情时代,自带"互联网基因"的OTA企业凭借大数据分析能力,在市场预判上领先于大部分传统旅游企业,同时各种花式的营销活动吸引了大量具备高消费能力的年轻用户。凯撒和众信重组之后,重生后的新公司业务如何提高效率? 营销方式如何创新? 出境游的资源、客户优势如何转化到国内? 这些都是值得深思的问题。

(二)旅行社供应链管理

旅游资源采购业务,是指旅行社通过与其他旅游企业及与旅游业相关的各个行业、部门洽谈合作内容与合作方式,签订经济合同或协议书,明确双方权利、义务及违约责任,从而保证旅行社所需旅游服务的供给。旅行社的供应链管理主要包括建立广泛的采购协作网络、正确处理保证供应和降低成本的关系、正确处理集中采购与分散采购的关系、正确处理预订和退订的关系、加强对采购合同的管理。旅行社的具体供应链管理涉及以下几个方面。

1. 与交通部门的供应商管理

城市间交通服务和城市内旅游交通服务是旅游者在旅游活动过程中实现空间转移的必然媒介。迅速、舒适、方便的交通服务是旅行社产品不可或缺的组成部分,对旅游日程的实施、旅行社信誉产生至关重要的影响。所以,旅行社必须与包括航空公司、铁路、水上客运公司和旅游汽车公司等在内的交通部门建立密切的合作关系,并争取与相关交通部门建立代理关系,经营联网代售业务。而交通运输行业由于行业竞争激烈,也非常热衷于同旅行社进行业务合作,以寻求稳定的客源渠道。

2. 与酒店的供应商管理

酒店是旅游业的三大支柱之一,酒店服务是旅行社产品的重要组成部分,并在一定程度上已经成为评价一个国家旅游业接待能力的重要标志。旅行社如果不能依照客人的要求安排酒店,或者安排的酒店服务不符合客人的要求,将直接影响旅行社的服务质量。因此,旅行社必须与酒店行业建立长久、稳定的合作关系,这是旅游服务采购工作的重要组成部分。

3. 与餐饮部门的供应商管理

餐饮服务是旅游供给必不可少的一部分,是旅游接待工作中极为敏感的一个因素。对现代旅游者来说,用餐既是需要又是旅游中的莫大享受,餐馆的环境、卫生,饭菜的

色、香、味、形，服务人员的举止与装束，餐饮的品种以及符合客人口味的程度等，都会影响旅游者对旅行社产品的最终评价。旅行社必须与餐饮业建立紧密的合作关系，这也是旅行社在旅游采购业务中选择余地较大，且关系重大的一项工作。

4.与参观游览部门的供应商管理

旅游资源是旅游活动的客体，是一个国家或地区发展旅游业的物质基础。参观游览是旅游者旅游活动最基本和最重要的内容。因此，旅行社与游览单位的合作关系也就显得特别重要。

5.与购物商店的供应商管理

旅游购物属于旅游者的非基本需求，但经常出现在旅游活动中，其为旅游活动中的一个重要环节。为使游客的购物活动成为其旅游活动中丰富多彩、不可缺少的一部分，旅行社应在方便旅游（团）者安全购物、保证旅游者利益的前提下合理安排购物时间，并与购物商店建立相对稳定的合作关系。

6.与娱乐部门的供应商管理

娱乐也属于旅游者的非基本需求，然而，在现代旅游中增长知识、了解旅游目的地的文化艺术已成为旅游者日益增长的需求，这就要求旅行社与娱乐行业建立必要的合作关系。

7.与保险公司的供应商管理

国家旅游局（现文化和旅游部）于2010年发布《旅行社责任保险管理办法》，规定要求"在中华人民共和国依法成立的旅行社必须投保旅行社责任保险"。所谓旅行社责任保险，是指旅行社根据保险合同的约定，向保险公司支付保险费，保险公司对旅行社在从事旅游业务经营活动中，致使旅游者人身、财产遭受损害应由旅行社承担的责任，承担赔偿保险金责任的行为。旅行社责任险不仅有利于保护旅游者和旅行社的合法权益，还有利于旅行社减少因灾害、事故造成的损失，它对旅行社的发展具有重要意义，由此为旅行社和保险公司提供了合作的前提和基础。

8.与相关旅行社的供应商管理

组团旅行社为安排旅游团在各地的行程，需要各地接社提供接待服务，而这对组团社来说，也属于旅游服务采购的范围。组团社应该根据旅游团的特点，有针对性地选择地接社，发挥各地接社的特长。地接社在接待服务中自身不能供给的部分，则同样需要通过采购来解决。

总之，旅行社产品的特点决定了旅行社业务合作的广泛性，旅行社协作网络的质量，还将直接决定旅游服务采购的质量，并由此对旅行社的产品质量产生直接影响。

二、旅行社业务流程构建

（一）旅行社的业务流程框架

业务流程（Business Process）是指为完成某一目标（或任务）而进行的一系列逻辑相关的活动的有序集合。迈克尔·波特将企业的业务过程描绘成一个价值链，即竞争不是发生在企业与企业之间，而是发生在企业各自的价值链之间。只有对价值链的各个环节（业务流程）实行有效管理的企业，才有可能真正获得市场上的竞争优势。

旅行社业务流程应该以增加客户的价值为核心,消除非增值活动和调整核心增值活动,建立遵循清除(Elimination)、简化(Simplification)、整合(Integration)、自动化(Automation)的原则,如图 3-7 所示。信息化的旅行社业务流程提高了旅行社运营效率,缩短了每项业务的时间,提高了客户满意度和企业竞争力,降低了整个流程的运作成本。

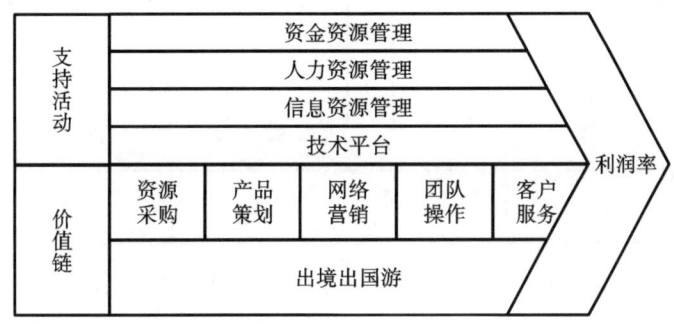

图 3-7　旅行社的业务流程框架

(二)旅行社的业务流程价值链

旅行社的价值链包括其价值活动和利润率。价值活动是指为客户创造价值的过程,在旅行社业务中包括资源采购、产品策划、团队操作、网络营销、财务结算、客户服务等过程。这些过程需要企业各类资源的支持,如人力资源、资金资源、信息资源等,如图 3-8 所示。利润率是总价值和进行价值活动的成本之比,只有当价值链中各个环节"无摩擦"地作用,才能保证企业创造出更大价值,如图 3-9 所示。

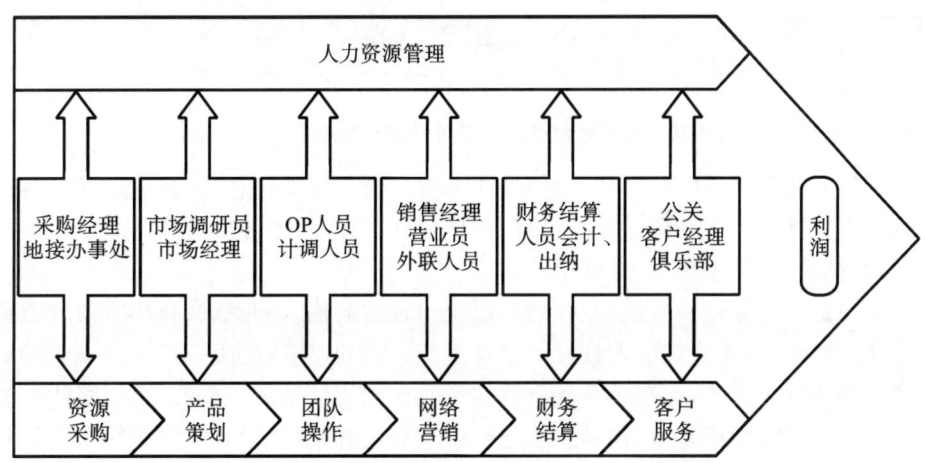

图 3-8　旅行社业务流程的价值链与人力资源的关系

旅行社的主要业务流程(组接团、旅游线路设计和包装、订房订票、派车派陪的后台保障、团队核算、财务结算、部门绩效考核、应收应付往来、内部银行等)可以看作信息处理流程;每项业务活动都有信息源、信息的处理加工和信息的储存,通过信息的标准化实现信息的共享,通过信息流来驱动客流、物流、资金流,如图 3-10 所示。

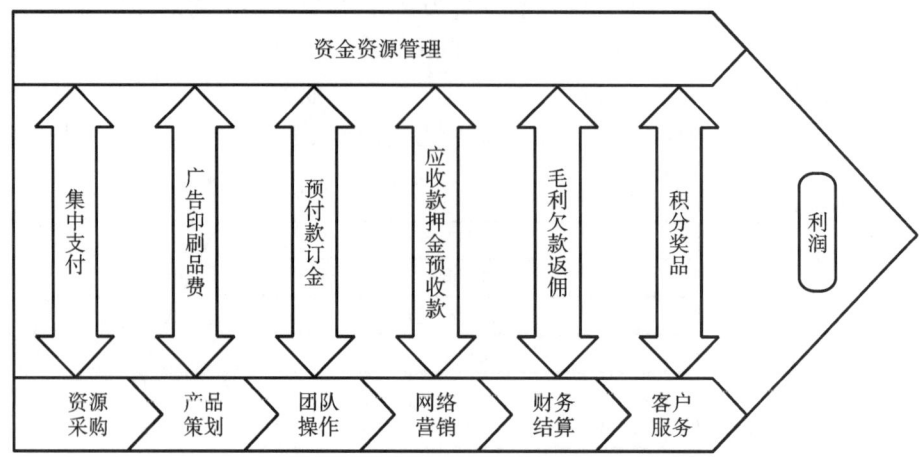

图 3-9 旅行社业务流程的价值链与资金资源的关系

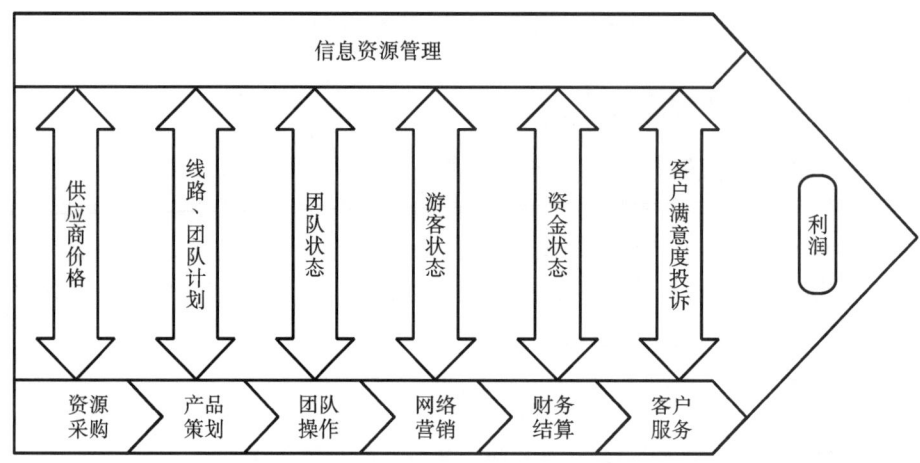

图 3-10 旅行社业务流程的价值链与信息资源的关系

　　旅行社的业务流程面向市场运作，及时采集和更新外部信息(客源信息和旅游资源信息)，并将外部信息内部化，建立连锁门市网点和网站，为游客提供及时的全天候的服务，汇总团队需求，集中采购，降低组团成本。

　　内部信息流转保持一致性和共享性，以免出现重复输入和查询的差异，实现信息的有效流转，各业务流程之间有着良好的信息连接。例如，外联组团子系统将成团计划数据转到计划调度子系统，实现团队接待落实后再转到团队结算子系统，进行团队核算工作再连接到财务会计子系统，控制应收应付。又如，国内游子系统将旅游线路资料和计划传到网点桌面子系统销售，再到国内游后台计调子系统，落实团队后再转到团队结算子系统，进行团队核算，最后再接到财务会计子系统，控制应收应付。这样操作既保持了数据的一致性，又改善了业务流程，大大提高了工作效率。

　　业务处理作为内部信息附加值的加工，业务人员就是信息服务工作者。内部信息资源用于业务流程开发，应集中管理、分权限使用。各类业务人员要将所有的业务资料和信息输入信息系统并提交给公司，这也是公司的重要资产。

（三）旅行社信息化业务流程的效用

那些随着流程流动的知识固化在旅行社里，并且可以随着流程的不断执行和优化，形成旅行社自己的知识库。这样，旅行社的知识库就会越来越丰富，有助于旅行社向知识型和学习型旅行社转变。对旅行社而言，通过信息化业务流程的构建，可以实现以下7个方面的效用。

1.专业化分工

专业化分工可以使员工专业化运作相关业务，不仅能提高办公效率，同时又能将员工培养成为一流的专家型人才，从而实现企业的人才高地战略。

2.规范化流程

旅行社行业人员流动性强，新进员工可以通过职业培训，在今后的工作中按照统一的模式进行业务的操作，这样才能有效地保证业务质量。

3.规模化经营

借助信息平台，旅行社的业务可以不受地域、员工人数、场地等条件的制约，快速扩张业务量，实行规模化经营，取得相应的利润。

4.集约化管理

在流通领域，营业收入主要来自市场的开拓，而利润一般来自成本控制和采购技术。通过集中采购和中央支付，旅行社可以大幅提高旅游业务的毛利率。

5.计算机化操作

以旅行社为代表的旅行代理业务在国外同行和国内大型旅行社中都是依托计算机平台处理相关业务，而且世界电子商务协会的调研也说明旅游业是最适合电子商务的服务领域，旅游业实行计算机化操作能使信息快速和及时传递，并保持数据的一致性。

6.全局化控制

旅行社各层面的业务人员都在信息平台上作业，就使得业务操作流程和相关知识及信息固化在旅行社的知识库中，旅行社经营者便可以在平台上及时并准确地了解公司经营状况，达到监控和管理旅行社资源（如客户资源、资金资源、知识资源等）的目的。

7.一体化运作

整个旅行社的效率来自各部门的协同。全体员工将旅行社的所有业务都放入平台，可减少内部沟通成本，实现"无纸化"办公，降低费用。同时，也便于统一各类统计报表和绩效考核。

知识活页

"游天地"旅行社经营管理 ERP 系统

ERP 系统是企业资源计划（Enterprise Resource Planning）的简称，是指建立在信息技术基础上，集信息技术与先进管理思想于一身，以系统化的管理思想，为企业员工及决策层提供决策手段的管理平台。ERP 系统在旅行社经营管理中的应用，可帮助旅行社从管理、业务、数据、运营等多个层面建立整体化的业务架构和数据中心，为旅行社的客户关系管理（CRM）、分销管理、财务统计等业务提供支持。

Note

1.面向组团加盟模式的旅行社 ERP 管理系统

组团加盟模式的旅行社 ERP 管理系统如图 3-11 所示，可实现大型组团社总部各部门（计调部门、财务部门、行政部门、决策部门等）、加盟/直营门市、供应商（地接社）的协同工作，实现企业管理、资源采购、业务分销、电子商务、移动电子商务、大数据分析的无缝对接，以及游客资源、供应商资源、分销资源、产品资源的整合与管理，包括用户统一、管理统一、数据统一和资源统一，其主要功能如下。

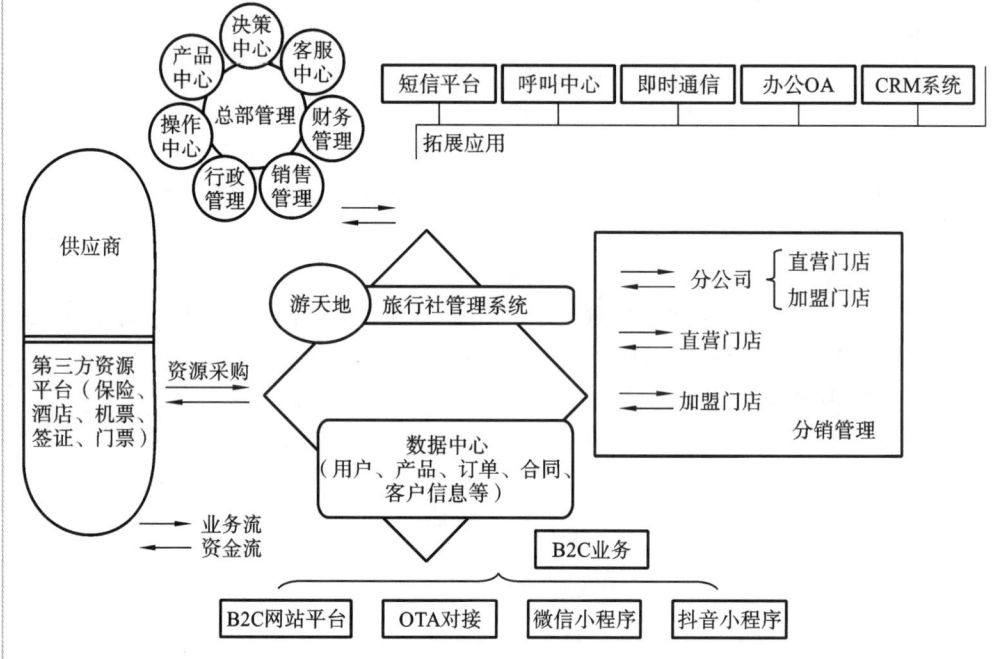

图 3-11　组团加盟模式的旅行社 ERP 管理系统

1）支持多品牌运营

B2B2C 平台化架构支持多品牌运营，摆脱单一品牌的发展瓶颈，资源共享多品牌加盟；兼容加盟及直营门店模式，成熟的供应与分销体系打造 B2B2C 平台体系；实现"供应＋自营＋分销＋电商＋OTA"渠道运营。

2）帮助旅行社快速扩张和稳定运营

业务和财务流程可有效规避总部风险；通过严谨的流程控制整个入驻采购、加盟分销、线上交易等销售过程与财务环节；实现工作便利化和人性化的同时，最大化控制公司风险，杜绝人为漏洞。

3）全类旅游类目的全面标准化管理

全面标准化管理跟团游、包团定制游、邮轮线路、当地玩乐等超过 20 种的旅游商品全类；统一管理自营和外采产品、库存、订单、账务；超过 30 种统计报表，同比环比数据分析，帮助企业更好地进行决策；网银级别的数据安全与保密机制，保证用户数据安全。

4)提升门店销售能力

人性化的设计和用户体验,无论是新手还是资深从业者,通过系统均能迅速掌握操作技能;微信小程序门店版可通过手机随时随地查询销售产品、预订、签合同和管理等;通过产品海报快速分享转发提升门市销售能力;完善的供应和销售流程与设计可系统跟踪整个销售过程并自动统计财务与业务数据。

5)与供应商高效对接

微信小程序可以便捷、智能化地发布和维护各类产品,其供应商板块可让供应商随时随地进行操作,清晰地完成对账、预付款、账单结算等各项财务操作。

6)API 接口实现业务和管理工作的自动化

(1)可实现与飞猪、携程等 OTA 平台完成"产品+订单"的双向同步。

(2)可接入原国家旅游局 12301 及"E 签宝"电子合同接口。

(3)可接入中国人寿、江泰保险平台、大地保险等保险接口。

(4)可接入支付宝、微信、银联、银企直连等支付接口。

2.面向集团与分公司业务的旅行社 ERP 管理系统

面向集团与分公司业务的旅行社 ERP 管理系统运营模式如图 3-12 所示,主要功能如下。

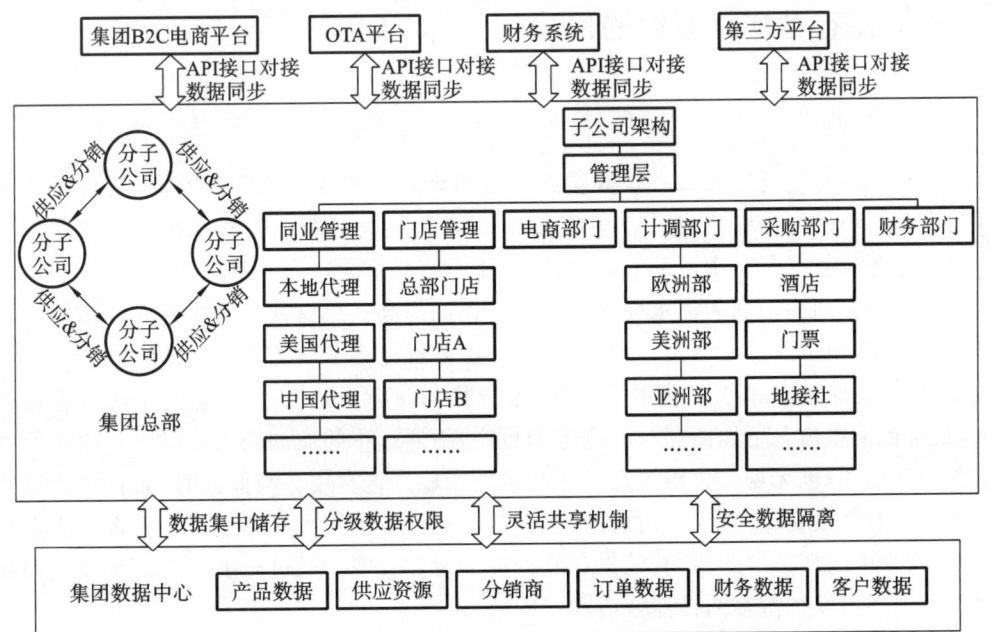

图 3-12　旅行社集团总部和分公司运营模式

(1)灵活强大的流程体系可满足集团与各分公司整合管理和独立运营的需要。

（2）支持各分公司经营不同的组团种类业务、地接、当地玩乐、批发、零售等。

（3）支持集团与各分公司存在相互结转。

（4）支持全球分公司不同币种的汇率模式业务。

（5）各分公司运营独立的产品品牌及独立的价格政策、渠道政策，进行资源的整体管控和独立采购。

（6）独立建立分公司的当地分销渠道。

（7）产品的独立运营和统一发售，实现与 B2C 平台无缝对接。

（8）集团整体的财务数据管控和各分公司实体的独立财务体系。

TOURISM

第三节　旅行社网络营销

一、旅行社网络营销的优势

（一）降低旅行社的营销成本

旅行社的传统营销方式必须依靠大量的销售人员和各地的中间商，主要借助各片区门店和传统的纸质媒体或广播电视媒体，需要投入大量的广告费用和人力成本。旅游电子商务省去了许多中间环节，通过网络平台直接把生产者和消费者连接起来，这样可避免由于中间商的利润需求而导致终端价值的提高。旅行社只需要置办相关的电脑等硬件设施，便可通过互联网开展在线营销，需开辟更多的实体店面，节省了房屋租金、人工劳务、交通运输和办公费用。此外，旅行社与旅游者之间可以通过互联网直接联系，旅行社发布信息更加便利且影响范围更广，不通过中间商的介入还可以节约中间商的佣金和消耗，也无需支付传统媒体所产生的印刷广告费用。与此同时，旅行社通过互联网与游客直接交流，减少了沟通的时间成本，能够更加细致具体地了解游客的需求和建议，减少中间环节的差错，有效提高旅行社的运作效率。通过开展线上消费或点评积分等活动还可发挥游客的传播效应和口碑效应。

（二）突破时空限制实现实时互动

互联网的信息流动超越了时间和空间的限制，旅行社在线营销，在工作时间和地点的选择上更加灵活，游客的消费选择也能突破时空限制，人们可以随时随地查询自己需要的信息或实现交易互动，旅行社的营销活动可以在任何一个时间段完成，也可以在相

Note

隔很远的距离中发送,提升旅行社的市场时空范围。

　　互联网的信息流动使人们曾经面对面的语言互动逐渐发展为文字、语音和视频的互动。旅行社在开发新产品之前,可以借助网络考察旅游目的地情况,丰富细化线路安排,优化旅游线路产品,并借助网络平台实现与交通、住宿、娱乐和购物等多个环节的实时对接,为旅行社产品营销做好品质基础。而旅游者也可以根据自身的需求实时查找和比较信息,在旅游前与不同的旅行社进行互动,以得到丰富的旅游信息。在旅游过程中,旅行社可以通过网络平台随时发布活动提醒和安全注意事项等,保证随时随地为游客服务,并延续游客在旅游后的服务。快捷便利的在线营销包括市场调研、产品设计、实时服务和后续联络,它能充分发挥互动的价值,为游客提供更贴心的旅游全过程服务,将每一个营销和消费环节的结束变成一个新的开始。

(三)优化旅行社个性化营销服务

　　关注人、了解人的个性需求,成为旅行社与游客建立新型关系的核心,也是旅行社在新时代背景下长远生存脱离不开的主题。而互联网作为一种突破时空限制的信息传输工具,兼具产品设计、渠道拓展、促销优化、在线交易、主客互动等非常强大的营销组合功能,以及市场信息分析与提供等多种功能,旅行社与游客之间的在线信息交流和双向互动,使得旅行社开展一对一的营销活动成为可能,这是推进个性化营销的必然途径。为此,通过在线网络存储建立游客个人信息档案,并与游客展开更为个人化的联系,才能及时地了解旅游市场变化和游客个性化的需求,更加便捷高效地向游客提供个性化的销售和服务。

(四)便于散客成团并推出高质量旅游产品

　　20世纪90年代以来,散客成为旅游者的主流。伴随着散客潮的出现,求新、求异、突出个性成为旅游的主要诉求。由于散客的居住地分散、旅游时间不同及旅游产品的需求多样化,因而旅行社对散客市场促销有很大的难度,而网络促销可以解决这方面的难题。联结着网络的每一台电脑或手机终端都联接着潜在的散客市场,为旅行社在网上以直播互动招揽散客提供了直接的便利。

　　旅游产品组合需要通过人的特殊技能,需要创造力、创意和直觉,需要人的敏感性主导的决策才能完成,因此旅行社的产品组合中凝结了旅行社从业人员的智慧和劳动,它并不是各旅游相关企业产品的简单相加。每一条路线的出台,都是旅行社经过反复设计、组装,而最终达到的最佳组合。它保证了在相同条件下旅游者获得最大满足感的要求。对于普通消费者来说,由于旅游知识和信息量的限制,即使可以组合路线,也往往不是最优的。所以,大多数旅游者仍然需要旅行社的服务,网络平台为消费者提供了与旅行社合作进行个性化线路设计的最佳方式。

二、旅行社网络营销策略

(一)搜索引擎营销

　　在网络营销体系中,其重要的内容就是搜索引擎营销的应用。用户主要通过网址和搜索引擎获取网站信息。搜索引擎的作用主要是查询网址，为用户发现企业网站尽可能提供方便。对此，旅行社网络营销要实施好搜索引擎策略，可以从以下几方面入手。

1. 优化旅游网站搜索引擎

（1）为每一个网页设置一个相关的标题，增加被用户发现和点击的机会。

（2）贯彻"静动结合"的网页设计理念，将一些重要的、内容相对固定的网页制作为静态网页，解决动态网页先后存储网页内容不一致的问题。

（3）页面中以文字信息为主。

（4）重视外部网站联结的数量和质量。

2. 做好旅游关键词广告

关键词广告是搜索引擎营销的主要形式之一，需要付费，如百度关键词广告。旅行社为自己的网页确定合适的关键词，可以更好地锁定网络营销目标市场。合理恰当的关键词通常与旅行社文化息息相关，容易被用户频繁使用。为关键词选择好的位置也很重要，在网站的页面布局中关键词一般要分布在标题等重要的位置上。

随着旅行社电子商务的发展，当前市场上已经有很多发展比较成熟的网络营销模式，旅行社可以根据自己的业务特点以及未来旅游电子商务的发展趋势来选择适合自身的网络营销手段。

知识活页

影响网站关键词排名的因素有哪些？①

对于营销型网站建设来说，网站的排名好坏涉及网站的流量，而流量决定了客户的基数。所以若想提高营销型网站的推广效果，就要对网站的关键词做好规划和优化，使关键词获得较好排名。提升网站排名的因素均是围绕网站的用户体验和搜索引擎开展，影响网站关键词排名的因素具体体现为以下三方面。

1. 网站参与关键词排名页面

网站由很多页面组成，大部分页面都有自己的关键词，参与排名的关键词可分为：首页、栏目页、专题页、内容页。首页和栏目页给用户提供固定的流量，而网站增量则是依靠不断更新的专题页和内容页获取。网站优化并不是仅指首页关键词，首页带来的流量有限，即使首页的关键词固定，流量也不会有很大的提升。所以网站优化的目标是内容页和专题页，内容页和专题页可以不断更新，不断布局不同的关键词，为网站带来更多的长尾词流量，是网站实现流量增加的有效方法。

① 知乎.影响网站关键词排名的因素有哪些？［EB/OL］.（2020-09-22）［2021-08-02］. https://zhuanlan.zhihu.com/p/257947907.

Note

2.利用网站超链接提升网站关键词排名

网站的超链接是搜索引擎根据网站的外链接质量和数量去评估网站权重的一种方法,因此网站优化可以利用超级链接算法来提升网站关键词的排名。超链接越多代表页面的质量和权重越高,页面的排名也越高,因此可利用网站的超链接来做网站关键词排名优化。

3.相关推荐页面提升排名

相关推荐页面,即当网站内容涉及某个产品时,网站内容页面的下面可以放一些相关产品的页面,比如推荐相关产品、选择产品或鉴别产品质量的文章页面。比如搜索某个产品的详情介绍的时候,在页面下方可以推送产品的价格;对手机功能的介绍页面下,相关推荐页面是关于手机厂商的介绍,这两个页面即为手机的相关页面。这样的推荐既可以提升关键词的相关性,同时还可以减少无关页面的跳出率,对于搜索引擎和用户来说都非常友好,也会更好地提升网站的关键词排名和权重。

TOURISM

(二)服务营销

目前,激烈的市场竞争已经在很大程度上压缩了价格空间,旅行社之间采取传统的"价格战"并不是明智之选,这就要求旅行社转变思路,树立服务至上的营销理念,不断加强旅行社在互联网时代下的服务管理。旅行社的服务是企业为了使客户感到满意,并为了与其保持长期友好的互惠合作关系而建立客户忠诚的一系列活动。网络的发展一方面提升了旅行社服务的作用,另一方面也为服务的实现提供了更为有利的条件,旅行社可以利用网络完成客户服务的部分职能。

1.建立客户服务中心,提高服务的即时性

客户服务中心是一种基于计算机网络集成技术,即充分利用通信网和计算机网等多项功能集成,并与企业连为一体的一个完整的综合信息服务系统。旅行社利用客户服务中心能有效、高速地为用户提供多种更为优质全面的服务。旅行社客户服务中心中的呼叫中心可以提高旅行社内部员工工作效率,通过呼叫中心系统的实时服务获得更多的商机,从而赢得更多的利润,增加旅行社知名度。通过电话回访等手段,旅行社既能树立良好的企业形象,又能提供完善的旅行服务,对旅行社保持原有的客户群、降低客户流失率和扩大新的客户群都会起到很好的作用。

2.建立电子论坛或聊天室,为用户提供交流平台

在论坛或聊天室建立初期,旅行社可以设立专门的议题,通过一定的物质奖励吸引访问者围绕议题畅所欲言,并安排资深的旅游界人士担任论坛主持人,引导和规范讨论活动开展的方向与内容。这些参与者的言论,可以使旅行社业务人员从中获得有助于改进服务质量、制定营销策略的信息。

（三）网络宣传和促销

1.利用电子邮件开展宣传和促销

通过电子邮件营销，旅行社可以和客户建立紧密的在线关系。旅行社可以投其所好，向客户发送定制化邮件，介绍旅行社的产品与服务。电子邮件可以包含全信息内容，也可以提供链接地址，让客户点击地址去查看旅行社网站的相关网页。这种颇有针对性的主动式营销能迎合客户的需求，旅行社与客户之间的关系可以潜移默化地得到改善。例如，旅行社可以开展许可电子邮件营销，即在推广其产品或服务的时候，事先征得客户的"许可"，得到潜在客户许可之后，通过电子邮件向客户发送旅游产品服务信息。

2.利用自身网站或在线旅游服务商开展宣传和促销

旅行社也可以通过自己的网站或者在线旅游服务商发布旅游产品、服务信息，包括旅游出团线路信息、地接单项服务信息等。例如，上海龙科信息技术有限公司为黑龙江省各市的旅游景区、景点、酒店、旅行社搭建了公益性旅游信息共享商务平台，旅行社可以在该平台上发布自己的旅行产品信息。

3.利用网络媒体开展宣传和促销

网络广告是实施现代营销媒体战略的一个重要部分。随着网络广告市场快速增长，网络广告发挥的效用越来越重要，网络媒体以传播过程中的双向性、丰富的媒介资源和较强的时效性正在向主流媒体的方向迈进，目前，我国网络媒体的受众已经超过了传统媒体的受众。众多国际级的广告公司都成立了专门的"网络媒体分部"，以开拓网络广告市场。

知识活页

广西第五季旅游公司——旅行社电商领导企业

广西第五季旅游有限公司前身为桂林中国国际旅行社有限公司电子商务部门，2018年营收突破亿元，2019年1月18日正式注册成立广西第五季旅游有限公司（简称"第5季旅游"），现有员工近200人，是一家集中国公民出国旅游、国内游、外国游客入境旅游、代办签证、高端定制旅游、景区门票代售等业务为一体的多功能综合型电子商务旅游企业。为了给旅游消费者带来更好的增值服务体验，第5季旅游积极拓展私域流量管理，打造会员专属的第五季旅游自营平台——建立官网和微信公众平台号。第5季旅游官网还提供塞班岛、迪拜、日本、马来西亚、新加坡、美国等地出境游以及国内游业务定制服务，如图3-13所示。

第5季旅游拥有"TCT"（Top China Travel）和"第5季旅游"两大品牌。其中，TCT是针对全球外国游客自主开发运营的英、法、西、德、意等多语种入境旅游交易平台，网站以高品质的服务获得来自世界各国游客的高度赞誉，在中国入境旅游市场拥有极高声誉，自2014年起连续多年获得全球旅游点评网Tripadvisor颁发的"卓越奖"。在飞猪、携程、去哪

儿、马蜂窝等旅游平台开通了第 5 季旅游专营店，如图 3-14 所示。第 5 季旅游专营店为游客提供多元化、专业、便利、快捷、实惠的旅游服务，已成为飞猪核心商家、飞猪全球优秀合作伙伴，以及马蜂窝平台"最佳合作伙伴"。

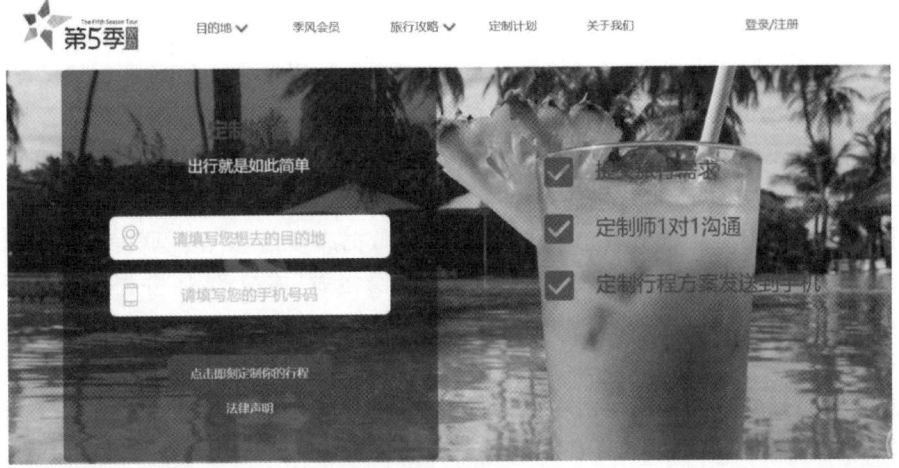

图 3-13　第 5 季旅游官网

图 3-14　飞猪平台的第 5 季旅游专营店

(四)数据库营销和个性化营销

数据显示，2019 年中国旅游业综合贡献占 GDP 总量的 11.05％，达到 2014 年以来的历史新高。从 2014 年的 10.39％到 2019 年的 11.05％，中国旅游业综合贡献占 GDP 总量稳中有升。这一方面反映出中国旅游业和国民经济发展的并进，另一方面也体现了旅游业为内需拉动经济提供动力。旅游业对GDP的贡献不仅在于其行业本身，实际上，现代旅游业综合性强、关联度大、产业链长，已突破了传统旅游业的范围，广泛涉及并交叉渗透到许多相关行业和产业中。据统计，旅游业每收入1元，可带动相关产业增加4.3元的收入。在发达国家，旅游消费支出每增加一个单位，工业产值可增长2.71倍，国民收入增长1.36倍，投资增长0.25倍。旅游业能够影响、带动和促进与之相关联的多个行业的发展，增加就业。研究表明，旅游从业者每增加1人，可增加4.2个相关行业就业机会。

旅游成为衡量现代生活水平的重要指标，成为人民幸福生活的刚需。据调查，旅游业被列为"五大幸福产业"之首。随着旅游市场渐趋饱和，旅行社的数量急剧增多，各种广告的影响力不断减弱，旅行社之间竞争激烈，且行业中互相模仿彼此成功的产品和通过折扣促进销售的做法，严重削弱了某些产品的品牌忠诚度。

国外许多旅行社为提升营销水平，纷纷推行数据库营销，面对互联网客户提出的不同旅游需求，旅行社可及时做出反馈，为客户"度身定做"旅游产品，并提供签证、机票、客房、接送、导游等一系列的配套服务。

1.社交网络营销

社交网络已经成为人们生活中不可分割的一部分，旅行社应加强社交网络营销，通过微博、微信、Facebook等社交媒体吸引更多的关注者，与其形成更丰富的互动，既可加强旅行社与客户（或潜在客户）的情感联系，又可在合适时机进行产品推广，还可收集客户的意见以改进产品。总之，社交网络营销可以贯穿在游览前、游览中和游览后的全过程，同时，社交网络营销应注重信息的有效性和回应的及时准确性，以提升用户体验。

知识活页

旅游从业者如何做好微信电商？[1][2]

1.微信公众号开店方法

（1）建立旅行社的微信公众号，发布优质游记（如旅游照片、旅游攻略）等，吸引客户关注公众号成为粉丝。

（2）粉丝到达一定数量后，可在公众号发布的文章和公众号的菜单中嵌入小程序商城。

（3）将旅行社的旅行产品图文并茂地放到小程序商城中销售，客户进入旅行社的小程序就可以直接在线支付下单。

（4）在小程序商城利用商城系统提供的营销工具，开展邀请好友砍价、多人拼团购买、秒杀、会员积分兑换礼品、幸运抽奖等网络营销活动，这些活动可以帮助旅行社获取到大量优质的流量，完成从产品推广到销售的闭环。

---

　　① 知乎.旅行社电子商务怎么操作的？［EB/OL］.（2020-11-28）［2021-07-20］.https://www.zhihu.com/question/19942474.

　　② 品橙旅游.接受现实吧，社交电商成为"救命稻草"［EB/OL］.（2020-02-18）［2021-7-23］.https://baijiahao.baidu.com/s? id＝1658857336854770781&wfr＝spider&for＝pc.

2. 微信平台销售策略

1）采用互联网的思维来经营项目

互联网思维就是用户思维，即根据客户的需求来提供商品和服务。社交电商需要学会具备用户思维，更多地去关注客户及客户的需求，把客户做成用户。

2）快速的反应能力和执行力

社交电商销售的旅游产品中，城市周边酒店度假套餐、周边游的门票、餐饮票券、行装的户外用品颇受欢迎，但是这类旅游产品消费频率不高。因此，经营者要对市场有快速的反应能力，抓住客户需求，持续地拓展业务范围。

3）确保产品质量

社交电商市场对旅游产品的质量要求区别于一般微商产品，其核心要素是供应链环节，供应商确定货源、产品品质、消费便利性等环节非常重要，所以要严格控制供应链质量。

4）提升转化率

旅游产品提升转化率是社交电商盈利的核心要素。策划旅游产品，目的是要在最适合的时间、最适合的地点让游客看到最美丽的风景。相应地，运营微信的社交电商，也要营造最适合购物的场景。例如，社交电商在微信朋友圈里面发送商品链接，每天不能超过 5 条；可以在上午 9 点左右、中午 12 点至下午 2 点、晚上 9 点至 12 点这三个时间段，有节奏地发送一些商品链接。

5）裂变分销模式

通常情况下，微商的客户群可分为两类：第一类是普通的纯零售消费客户，第二类是有潜质发展为代理商的消费客户。一般初级代理接触最多的是普通零售客户，在产品质量好、有市场生存空间的情况下，如果代理引导得当，很多零售型客户也会逐渐转变为代理客户。实际上，社交电商平台的做法也是如此，一方面是流量获取十分关键，另一方面是不断裂变的分销模式。

TOURISM

2. FAQ 服务

FAQ 服务是指常见问题解答。一方面，客户遇到这类问题无须费时费力地专门写信或发送电子邮件咨询，他们可直接在网上询问得到解答；另一方面，旅行社能够节省大量人力去处理此类问题。FAQ 页面应合理设计，既能满足客户信息需求，又要控制信息暴露度。

3. 电子论坛服务

旅行社可以为客户搭建电子论坛，让他们可以自由地在这个空间发表评论，电子论坛是旅行社获得客户对本企业产品、服务等全方位真实评价的渠道。旅行社应经常参与讨论，通过客户反馈信息准确了解其消费心理及决策过程，这有助于旅行社提高服务水平、获取客户信息和捕捉商机。

4.邮件服务

邮件服务是比较常见的营销方式，其主要优势是方便、快捷、经济，且无时空限制，旅行社可用它来加强与客户之间的联系，及时了解并满足客户的需求。电子邮件服务不是随意向潜在客户发送产品信息，而是基于事先征得客户许可的"软营销"方式。其基本思路是：通过为客户提供某些有价值的信息，从而收集客户的电子邮件地址（邮件列表），在发送定制信息的同时，对自己的网站、产品或服务进行宣传。也可以通过向第三方购买电子邮件地址与第三方合作等方式开展电子邮件营销，或者委托专业的电子邮件营销服务公司。

三、旅行社网络营销与传统营销的整合

（一）有机整合网络营销与传统营销的缘由

网络营销与传统营销整合的必要性在于网络营销是网络发展到一定阶段的产物，它区别于传统营销的营销理念和策略，凭借互联网特性对旅行社传统经营方式进行了变革，但这并不等于说网络营销完全取代了传统营销，而是对网络营销与传统营销进行了一定的整合。

互联网可以成为一种有效的沟通方式，让旅行社与客户建立直接、双向的沟通通道，但不同旅游消费者有不同的个人偏好和习惯，有些更愿意选择传统方式进行沟通。网络营销市场作为新兴的虚拟市场，覆盖的群体只是整个市场中的一部分旅游者，还有一部分旅游者不能或者不愿意使用互联网，而传统的营销策略和手段则可以覆盖这部分群体。

（二）有机整合网络营销与传统营销的途径

1.有机结合传统工具与网络工具

在营销活动中，旅行社对促销方面销售投入的资源巨大，各个旅行社都会尽力使所制定的促销策略发挥最大的效益。广告是旅行社进行促销活动的首选，在传统营销活动中，广告载体通常面向广大旅游者，广告的主题也主要针对广大旅游者的需求共性。这种广告方式虽然有其优点，但在个性化需求越来越强烈的今天，它的效果也越来越差。而网上广告不同于此。一个有效的广告方案应该将网上广告和传统广告方式结合起来。传统的广告形式可以树立企业形象，提高产品知名度，使广告具有广度效应。网上广告则可以使产品深入消费者的印象，使广告具有深度效应。传统的销售促进策略、公共关系策略也可以在网上使用。将网络面向个性化对象的优点和传统工具面向共同需求对象的特点结合起来，运用到各个促销策略中，则可以让现有的促销措施更有效率。

2.有机结合不同的定价策略

旅行社通常会在较长时期内按照旅游产品的种类在某一特定区域使用一种价格策略，这种定价方式虽然具有方便、易于管理、能使企业保持稳定状态等许多优点，但是不能够快速适应市场变化，也不符合以旅游者为中心的营销原则。网络营销则可以克服

这一缺点。由于网上旅游消费者需求信息和市场环境容易掌握，旅行社可以根据市场供求状况、竞争状况及其他因素，在计算收益的基础上，设立自动调价系统，自动进行价格调整。同时，旅行社可以建立与客户直接在网上协商价格的议价系统，使价格具有灵活性和多样性。网上定价模式能够对市场做出即时响应，但难以管理。在旅行社实际的价格策略制定中，可以采取将两者结合的方式，如以某一时间段作为单位，每个单位时间根据各种因素调整一次价格，又或是在内部圈定的价格范围内接受旅游消费者的定价。这样，价格策略既具有较大的灵活性，又具有一定的稳定性。

3. 利用网络整合旅游服务

旅游产品的核心是服务。在服务方面，如售后服务，主要是以收集游客反馈意见的形式体现出来。在旅行社的传统服务体系中，信息反馈零散，导致了售后服务成本过高。利用网络则能克服这些缺点。网上信息收集易于统一管理、时效快，将它和传统售后服务体系结合起来使用，可以取得更好的效果。因此，旅行社要做到在线服务与离线服务相结合。

本章小结

　　旅游电子商务的出现，更好地将旅游和互联网相结合，充分发挥旅行社中间商的作用，使旅行社凭借熟练的业务知识和技能介入网络，开展电子商务。旅行社电子商务是以旅游信息库、电子化商务银行为基础，利用先进的电子手段运作旅行社管理信息系统及采购和分销系统的商务体系。旅行社电子商务的组成要素包括网络信息系统、旅行企业和旅游者、电子支付结算体系认证机构。

　　旅行社电子商务在行前服务阶段，强化以信息服务为主的咨询与销售；在实地旅游服务阶段，强化以信息化手段为支持的个性增值服务；在旅游活动结束后，强化与游客的交流和再营销。

　　旅行社的供应链管理具体业务包括：与交通部门的供应商管理；与酒店的供应商管理；与餐饮部门的供应商管理；与参观游览部门的供应商管理；与购物商店的供应商管理；与娱乐部门的供应商管理；与保险公司的供应商管理；与相关旅行社的供应商管理。

　　旅行社的主要业务流程可以看作信息处理流程；每项业务活动都有信息源、信息的处理加工和信息的储存，通过信息的标准化实现信息的共享，通过信息流来驱动客流、物流、资金流。

　　旅行社信息化业务流程的效用包括：专业化分工、规范化流程、规模化经营、集约化管理、计算机化操作、全局化控制和一体化运作等。

　　旅行社网络营销的优势包括：降低旅行社的营销成本、突破时空限制实现实时互动、优化旅行社个性化营销服务、便于散客成团并推出高质量的旅游产品等。

　　旅行社网络营销策略包括：搜索引擎营销、服务营销、网络宣传和促销、数据库营销和个性化营销等。

 讨论与思考

在线答题

1. 旅行社电子商务特征有哪些？
2. 旅行社供应链管理涉及的供应商资源有哪些？
3. 试分析旅行社业务流程的价值链与资金资源、信息资源和人力资源的关系。
4. 旅行社的网络营销的优势有哪些？
5. 举例说明旅行社的网络营销策略。

 案例分析

"90后"为主的旅游天下，OTA线下布局——传统旅行社如何华美变身？①

根据携程发布的数据显示，2019年该平台组织的数百万境内外跟团游客中，"80后""90后""00后"年轻人的占比已经接近50％。2019年，"90后"在传统旅行社参团已成为常态，不仅是出境游，连一般的国内游也是如此。这种现象一方面说明年轻人出游的基数越来越大，另一方面也说明传统旅行社不会轻易"消亡"。

1. 以"90后"为代表的年轻游客喜欢的跟团游模式

常规跟团游无法满足"90后"行程自由化、体验深度化、喜欢同类扎堆等要求。为确保年龄相仿的队员游玩节奏达到一致，该类产品主要针对年轻群体，推荐出游人群年龄范围在18岁以上40岁以下。线路产品可以尽可能地去满足年轻人个性化、碎片化的深度体验需求。比如，景点至少安排一个"网红"或者小众目的地、至少包含一项特色体验活动（骑行、徒步、潜水、文化探索、网红打卡、新奇类项目）等。在有些目的地，除了导游之外，还可增设领队玩家，因为领队玩家可以凭借多年资深的游玩经验，给旅游者带来专业的户外运动讲解或者地道的人文介绍。针对"90后"的跟团游应该是私密性较强、有很大自由度、有品质、性价比高的项目，如安排舒适而有格调的酒店、小而美的咖啡馆、店铺和餐厅等。

2. 发挥自身优势与时俱进，传统旅行社华美变身

中国的旅游市场纵深广阔，一方面，在三四线城市，跟团游模式依旧热度不减；另一方面，针对定制游、小众游、始发地成团和远途旅行等项目，传统旅行社在经验积淀、资源渠道等方面仍然占据优势。此外，线下旅行社与线上旅游平台的交融正在开始，二者不再是非此即彼的关系，不少网络平台开展线下布局，传统旅行社拥抱网络与电商也是自然的选择。目前，旅行社业界还发展了所谓的"旅游拼多多"，以应对旅游淡季。

3. 布局线下门店——OTA加速拥抱旅游新零售

新零售的浪潮之下，各大在线旅企开始加码对线下门店的布局，旅游业线上线下融合的趋势愈发明显。以携程为代表的OTA是传统旅行社重要的产品分销商。旅

<hr>

① 同花顺财经.携程门店总数将达3000家 OTA加速拥抱旅游新零售［EB/OL］.（2019-12-17）［2021-07-28］.https://baijiahao.baidu.com/s? id＝1653161383480915064&wfr＝spider&for＝pc.

 Note

行社与 OTA 的合作开创了更广阔的天地,尤其是随着文旅产业的升级发展,旅游"下沉市场"现象十分普遍。携程自 2017 年开始布局线下实体门店以来,截至 2019 年 12 月,"携程旅行"门店已覆盖全国 240 多个地级城市 507 个县域,门店总数近 3000 家。

OTA 平台的线下门店主要有加盟与自营两种模式。加盟模式以携程、驴妈妈为代表,在规模扩张方面更具优势,而自营模式以途牛、同程艺龙为代表,有利于标准化和细节把控,但同时对资本、人力要求也更高。

2019 年 1—8 月,携程旗下"携程旅行""去哪儿旅行""旅游百事通"三大品牌的线下门店出团销售额突破 100 亿元,比 2018 年提前 4 个月实现"百亿"目标。2019 年"双 11"期间,携程门店单日销售额突破 1 亿元,线下销售额同比 2018 年增长 7 倍,线下门店的增长速度超过线上。

线下门店已成为在线旅游平台重要的获客渠道。事实上,不止携程,途牛、驴妈妈等近年来也在加强对门店的投入和布局。以途牛为例,该平台从 2008 年年底在上海收购第一家旅行社,至 2019 年 3 月底已拥有超 530 家直营门店、31 家自营地接社,其中包括 4 家海外直营地接社。

在互联网红利逐渐消退、企业获客成本渐高的背景之下,开设线下门店已成为 OTA 平台们的共识。依托"看得见,摸得着"的线下门店,平台可以提供线上无法提供的服务体验,触及来自县镇市场的用户和老年群体,在获取流量增量的同时丰富生态布局。

一直以来,以携程为代表的 OTA 是传统旅行社重要的产品分销商,旅行社与 OTA 的合作开创了更广阔的天地。携程、途牛等平台大举进军线下门店的销售模式意味着传统旅行社的线下销售市场将被分解蚕食。旅行社无论如何转型,其目的都是发挥自身优势、回归旅游本质,为游客提供优质服务,以占领广大旅游市场。

思考题:

1. "90 后"年轻人在传统旅行社参团,旅行社应如何把握这项业务拓展带来的新机会?

2. 在新零售的浪潮之下,旅行社如何将线上线下相结合,实现全渠道流量变现?

3. 旅行社如何应对 OTA 的后向一体化战略?

实验三　典型电子商务网站的操作流程

微课视频

一、实验目标

了解在线旅行社业务流程,体验 B2C 电子商务模式;

熟悉携程旅行网业务流程,设计旅游行程;

了解个人和企业账户的注册；

了解网上银行与支付通的使用。

二、实验内容

飞猪平台的"第 5 季旅游"专营店旅游产品购买体验；

携程旅行网旅游行程预订体验；

注册个人和企业账户；

结合专业完成旅游规划。

三、知识准备

(一)熟悉旅游电子商务的 B2C 模式

(1)广告盈利模式。

(2)订阅盈利模式。

(3)交易费用盈利模式。

(4)销售盈利模式。

(5)会员制盈利模式。

(二)电子商务网站中的个人账户和企业账户

1.个人账户

个人账户就是人们平常使用的私人账户,主要用于个人消费,按照购买金额形成会员等级,享受不同的优惠。

2.企业账户

企业账户是能提供合法营业执照的单位或公司以企业行为进行的大批量采购。例如,京东面向企业客户是有如下优惠和专项服务。

(1)享有专属 VIP 专线服务,及时为客户解答和处理企业采购常见问题。

(2)享有专属客户经理服务,及时为客户解答和处理合同签订、批量采购、企业解决方案等采购需求。

(3)享有专属票据服务如自主开票。自主开票是指根据客户个性化需要,自主选择如何开票、开票时间、寄送地址等。目前,自主开票支持普票随货、普票集中开票、普票货票分离(发票寄到其他地址)、增票集中开票、增票完成订单后开票几种方式。

(4)享有企业用户专属活动特权。

(5)企业专享价格,即可享受针对"企业用户"的企业专享价格。

(6)批量生成订单,是指如遇批量收货地址的采购需求(企业用户购买员工福利产品,可批量发送至员工的指定收货地址;企业进行市场活动,可批量发送礼品至客户处等),可享受企业批量订单的代下单服务。

Note

(7)售后双向免费,即可享受售后服务免运费和免费上门取件。

(8)企业用户不收取续重运费。

需要注意的一点是,企业会员账号一般禁止转借或转让他人使用。

(三)支付通简介

支付终端产品外观采用精巧式设计,体现便携理念,用户可随身携带。独特的 USB 连接方式,用户只需将其与 PC 连接,即可轻松享受各类自助金融业务及多种增值服务,如图3-15所示,支付通由北京海科融通信息技术有限公司研发。支付通与网银、支付宝的对比如表 3-2 所示。

图 3-15　支付通终端

表 3-2　支付通和网银、支付宝的对比

	支 付 通	网 银	支 付 宝
安全性	纯硬件加密体系,VPN网络传输环境,不用担心电脑操作系统因受病毒或木马感染而造成损失	受操作系统自身安全漏洞、安全措施的影响	受操作系统自身安全漏洞、安全措施的影响
开通的便捷性	只需要拥有银行卡,无需办理其他开通手续	银行柜台办理网银开通手续	需要在支付宝网站办理开通手续
所需密码	只需要普通的银行卡交易密码即可	用户除需要记住银行卡交易密码外,还需要银行卡查询密码、单独的网银账户、网银登录密码等	用户需要有支付宝账户及账户密码,还需要支付密码,若用户通过网银对支付宝充值,在交易过程中还需要记牢网银有关的几个密码
操作便捷性	点击支付,根据提示刷卡、输入密码即可完成	需要在线填写网银账号、网银密码、银行卡账号、身份认证信息(如身份证号等)、各类密码、认证码、手机短信认证信息等,操作烦琐	通常用户为保证安全,仅预存少量或不预存支付宝余额,只在使用时临时为支付宝充值,此时用户需要通过网银或者前往银行柜台为支付宝充值后,再通过支付宝支付
额度限制	支付通在保障安全与便捷的同时,可以为用户提供放心的网络支付服务,因此为用户提供了自主性更灵活、更便捷的额度设置	考虑到网络安全性因素,不同银行有不同的使用限制,不便于大额商品交易	视支付宝余额情况而定

四、实验步骤

(一)飞猪平台的"第 5 季旅游"专营店旅游产品购买体验

实现飞猪平台的"第 5 季旅游"专营店旅游产品购买过程,描述购物流程,用图文基本实现如下内容(前 6 步每个步骤一个截图即可)。

(1)个人账户注册。

(2)搜索比较旅游产品。

(3)联系卖家。

(4)对旅游产品进行付款。

(5)对旅游产品进行评价。

(6)退货退款等售后服务介绍。

(7)从网购过程中总结 B2C 商业模式特点及在线旅行社购买体验。

(二)携程旅行网旅游行程预订体验

问题描述:设计完成 2021 年 12 月 10 日至 2021 年 12 月 16 日为期 7 天的旅游规划,出发地桂林,任选国内 3—4 个旅游目的地。要求设计一条旅游线路,然后利用携程旅行网完成交通、住宿和景区的筛选与预订,预订过程停留在付款前即可。实验结果最终给出最佳旅游线路规划,将筛选与预订过程进行截图。

第四章
旅游景区电子商务

学习引导

　　旅游景区电子商务是以景区为核心,通过先进的信息技术整合景区门票、酒店、餐饮、娱乐、交通、观光车、演出表演等各方面相关资源,为旅游者提供全方位高质量的个性化旅游服务。旅游景区电子商务分为第一方电子商务模式、第三方电子商务模式和地方性旅游服务网站模式。旅游景区电子商务可实现景区规模效益、提高运营效率和满足游客个性化需求。旅游景区电子商务的营销模式包括第一方电子商务模式、第三方电子商务模式、地方性旅游服务网站模式和其他网络营销推广模式,即搜索引擎营销、网络视频推广和社会性网络服务营销。智慧景区的"智慧"主要体现为旅游服务的智慧、旅游管理的智慧和旅游营销的智慧。基于旅游电子商务的智慧景区服务系统在结构上可分为三个层次:大数据中心、平台支撑和服务应用。

学习目标

1. 了解旅游景区电子商务的概念、国内外旅游景区电子商务发展概况。
2. 熟悉旅游景区电子商务三种模式的适用范围及优劣势。
3. 掌握旅游景区网络营销方法。
4. 熟悉智慧景区服务系统的三个层次及功能。
5. 思考我国景区智慧化建设与电子商务融合发展的提升策略。

思维导图

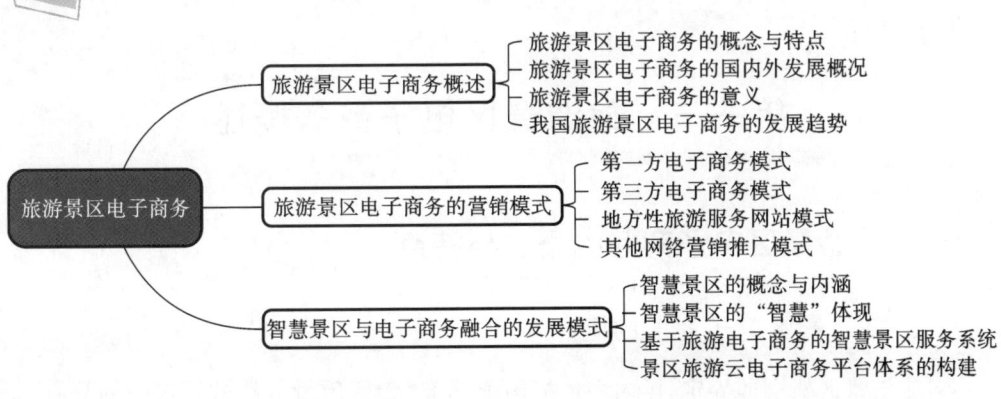

"网红打卡"时代，旅游景区如何开启营销新模式？

永兴坊——一碗酒"摔"出来的抖音网红景区！西安永兴坊是中国首个"非遗文化"主题特色街区，街区内建有长安城 108 坊微缩景观、杨贵妃皮影、方言文化墙、陕西八大怪街景墙等历史人文景观。但让它迅速闻名于全国的，不是它历史人文景区的身份，而是 5 元一碗的摔碗酒！随着摔碗酒将永兴坊带火后，它也成为永兴坊这一网红景区的特色所在，如图 4-1 所示。摔碗酒独具特色的表达方式、易模仿性和可传播性，是它能成为当地特色产品并走红的主要因素。摔碗酒的走红，除了它作为特色产品自身的优势外，短视频平台的兴起也对其推广起到了极大的作用。2020 年国庆黄金周，永兴坊接待游客 56.7 万人次。

图 4-1　永兴坊景区摔碗酒产品

解析：

互联网经济的发展给传统旅游业带来了巨大的影响与改变。内容丰富的 App、精美照片、爆点小视频等迅速出现在人们的手机里。各大 OTA 和职业旅游达人的深度合作，旅游达人拍摄的旅游照片、撰写的旅游攻略，成为"80 后"和"90 后"等年轻人出游选择旅游目的地的重要参考。横空出世的抖音短视频的发展更是如火如荼，带火了一众景区。同时，"网红"的更新换代速度很快，一旦新鲜感过去之后，新的"网红"诞生并取而代之。那么，在互联网经济时代，景区应如何把握新型营销宣传方式？

第一节　旅游景区电子商务概述

一、旅游景区电子商务的概念与特点

（一）旅游景区电子商务的概念

对旅游景区概念的界定，国内多依据国家标准《景区质量等级的评定与划分》中关

于旅游景区的定义,即旅游景区是以旅游及其相关活动为主要功能或主要功能之一的空间或地域,具有参观游览、休闲度假、康乐健身等功能,是具备相应旅游服务设施并提供相应旅游服务的独立管理区。该管理区应有统一的经营管理机构和明确的地域范围,包括风景区、文博院馆、寺庙观堂、旅游度假区、自然保护区、主题公园、森林公园、地质公园、游乐园、动物园、植物园及工业、农业、经贸、科教、军事、体育、文化艺术等多种类型。

旅游景区电子商务是旅游电子商务的重要组成部分,是以景区为核心,通过先进的信息技术整合景区门票、酒店、餐饮、娱乐、交通、观光车、演出表演等各方面相关资源,为旅游者提供饮食、住宿、出行、游玩、购物、娱乐等全方位高质量的个性化旅游服务。随着互联网的飞速发展,近年来,移动网络、多媒体终端、VR、AR 等新技术的发展应用不断丰富和扩展了旅游景区电子商务的形式和应用领域。

旅游景区网络营销是景区借助在线旅游电商平台将各种景区旅游资源和服务对外推销的一种营销活动,具体包括:景区产品信息在网上传递与接收,产品订购、付款,客户服务等各类网上销售活动;利用网络开展景区品牌宣传、市场调查分析、财务核算及旅游产品开发设计等内容。旅游景区网络营销可以突破时空限制,降低成本,为景区提供全方位的展示机会,增加客流量,实现景区与游客的双向互动式交流。

(二)旅游景区电子商务的特点

1. 产品展示性

旅游景区可利用多媒体特性全方位展示产品、服务和旅游项目。例如,旅游景区的全景图片、VR 视频,有助于游客全面认识景区,激发消费欲望。

2. 突破时空性

旅游景区电子商务可以改变传统营销受时间和空间限制的局面,使得旅游景区可以在任何时间对全球范围内的游客展开营销活动,有利于旅游景区开发远程市场。

3. 成本低廉性

旅游景区电子商务可以拓展其营销渠道,缩短营销进程,有效降低传统营销的推销成本,提升景区对外宣传的效果。

4. 双向互动性

旅游景区电子商务可以实现旅游企业和旅游者之间的双向互动交流,打破原有信息不对称的局面,使得旅游者在选择旅游企业服务时处于主动的地位,并拥有更大的选择权。例如,旅游者可以通过与旅游景区的网络联系,了解当地的气候条件、客房的折扣率以及景区举办的各种活动日程等,从而帮助旅游者选择最佳出行时间,提高旅游体验。

二、旅游景区电子商务的国内外发展概况

(一)国外发展概况

早在 20 世纪 90 年代中后期,欧美诸多旅游发达国家就已经开始在旅游景区的营销与分销方面利用互联网为旅游者提供更为便捷的服务,进而实现旅游产品上游供应商、游客和电子商务运营商的共赢。

美国在 1996 年就开始在旅游景区实施电子商务，并于 1998 年获得了快速发展。根据美国旅游协会（TIA）报告，为旅游相关的目的而使用网络的旅行者数量在 1996—1998 年实现了第一轮飞速增长，两年内该群体人数从 290 万上升到 700 万，上升了 141%。经过多年的发展，美国景区电子商务所需要的各种基础设施和资源都已齐全和完善，景区自建网站和旅游 OTA 网站数量众多，市场相对成熟，已经进入稳定的增长期。欧洲起步比美国晚几年，但紧跟美国旅游市场的步伐，其在线业务份额也日益增多。日本互联网普及率位居全球前列，电子商务的发展在亚洲处于领先地位，虽然起步比欧美晚，但也已形成了一定的规模。

（二）国内发展概况

我国旅游景区电子商务起步于 1999 年，以景区网站的形式开展营销和销售。但是同航空公司、旅游饭店、旅行社等旅游业其他部分相比，旅游景区电子商务的发展比较滞后。航空公司和酒店受到国外旅游业的影响较大，新技术产业化应用速度较快，旅游景区则显得保守和谨慎。虽然我国旅游景区电子商务起步较晚，但是随着移动互联网的普及与国家的大力推动，我国旅游景区电子商务也已经步入快速发展时期。各大景区（如 5A 级景区）都开展了电子商务网站建设，并取得了较好的成效。很多旅游景区改变了传统的管理模式，走向了办公自动化、营销网络化、服务手段多样化、游客安全监控科技化、指挥调度科学化的科技发展道路。近年来，在"互联网＋"、智慧景区建设的背景下，旅游景区电子商务发展势头良好。

目前，我国旅游景区电子商务主要是通过 OTA、景区网站等网络渠道销售门票以及景区内的其他旅游产品，其次是以广告等形式通过网站、OTA、自媒体等开展营销和促销。由于各旅游景区的旅游资源、经营主体、组织机构不同，因此存在多种类型的旅游景区电子商务。

知识活页

景区网站的主要功能

1. 产品管理功能

产品一般包括景区介绍、景区活动、景区门票、景区交通、景区购物、景区餐饮等，因为产品不同，所以每个产品具体的管理功能细节也不一样。

2. 内容管理功能

内容管理至少包括攻略、新闻、景点三部分内容，内容不同于产品，这里的内容主要是指围绕着产品来建设的内容，最好是支持内容的自定义分类。

3. 插件管理功能

网站需要各种插件来开展网络营销，所以网站必须具备插件扩展管理功能。

4. 会员管理功能

作为电商网站，会员管理功能是必备的，因为旅游企业需要沉淀更多的老客户来降低其整体的营销成本。

5. 订单管理功能

景区网站需要引导游客在网站上完成交易，这样才能节省更多的运营成本，因此景区网站需要有在线预订、在线支付、订单管理功能。

6. 服务扩展功能

在网络推广越来越多样化的今天，景区网站需要一些周边产品的支持，如景区与其他景区、酒店、餐饮、租车等旅游产品供应商联盟，合作形成一个集"食、住、行、游、购、娱"的旅游产品营销平台体系，共同推广、互相支持、数据共享、合作共赢。

TOURISM

三、旅游景区电子商务的发展意义

（一）促进旅游资源整合，实现景区规模效益

旅游景区的发展会促进大量相关旅游企业的发展，如酒店、民宿、旅行社、旅游交通等。要使景区得到健康有序的发展，必须依靠旅游业实力的整体提升。通过开展旅游电子商务，可有效缓解旅游信息不对称，增加市场透明度，整合旅游资源，树立旅游业服务品牌，最终实现产业链的整合和优化。

（二）降低景区运营成本，提高运营效率

在交通通信方面，旅游景区为拓展业务、增进与协作企业的联合发展，其业务人员必须与各地业务相关者保持密切的联系，通过便捷的互联网沟通渠道可以顺畅地进行交流，节约了旅游景区开支；在收集与传播信息方面，旅游景区需要收集各类信息，如旅游者需求动向、其他旅游企业情况、旅游热点问题等，同时也需要将旅游景区信息传播出去，如服务信息、营销信息等，促进旅游景区市场交易效率的提高。电子商务为此提供了先进的平台，不但提高了信息传输的通达性，还具有传统媒体无法具有的交互性和多媒体性，可实现实时传送声音、图像、文字等信息，以及直接为信息发布方和接收方架设沟通桥梁。

（三）满足游客个性化需求，提高旅游自由度

旅游者在旅游景区进行传统旅游活动时，往往会因为跟团游的导游服务质量差、旅游行为受到约束等问题而对景区印象大打折扣，使旅游者利益受损。当前个性化的旅游消费正逐步替代传统的团队旅游，旅游景区电子商务可以为散客旅游者提供旅游景

区预览和决策参考信息。旅游者可以通过互联网提供的可视的、可查询、可实时更新的信息搜寻自己需要的旅游产品。旅游景区可以在与潜在旅游者交流沟通的基础上，根据旅游者个人偏好和要求设计旅游产品，提供个性化的旅游方案，使旅游者获得更大程度的满足，这也可以为旅游景区赢得更多的利润空间。

四、我国旅游景区电子商务的发展趋势

（一）商务模式将会继续创新

电子商务的生命力源于持续的创新，旅游景区电子商务也需要不断地改变观念和更新模式。随着信息技术的发展以及我国旅游者消费模式向着休闲旅游、度假旅游的转变，人们对旅游景区电子商务模式的要求也会越来越高，这也将导致新的电子商务模式的诞生并不断发展，出现百家争鸣、百花齐放的局面。旅游景区电子商务符合我国旅游业发展的国情，未来我国旅游形势将继续向好，旅游景区电子商务将迎来新的发展契机。

（二）规模化经营将成为主要趋势

旅游业以互联网为平台开展电子商务具有天然的优势，使旅游电子商务网站通过品牌化、规模化竞争逐步站稳脚跟。那些知名度低、规模较小的网站会因缺乏资源优势而无法在竞争中长期立足，因此优胜劣汰无可避免。在这种形势下，大型旅游景区将会在电子商务领域投入更多资金，扩展网站功能，增大业务覆盖面，增强服务内容；中小型旅游景区除借助第三方中间商外，还可以利用互联网的优势形成景区联盟，化竞争为合作，追求双赢模式下的平均利润，以维持生存与发展。

（三）网站功能整合程度提高

目前，大多数旅游景区电子商务服务网站侧重于服务信息发布和网络营销。随着旅游电子商务的发展成熟，旅游景区电子商务的服务内容也将得到扩展，实现集线路预订、团队组合、网上交易、服务监控、投诉管理于一体的一站式服务。在服务范围方面，利用网络整合资源优势，旅游景区可推出"小而精"的旅游特色服务，满足旅游者个性化需求，弥补传统经营模式下偏重大团队、服务内容陈旧的缺陷。

（四）移动自媒体将成为主要营销渠道

随着互联网的飞速发展，自媒体渐渐成为一种十分广泛的传播方式。在这种背景下，旅游景区需要对景区形象进行科学的定位与设计，发挥公众传媒的优势，针对不同对象（如不同类型的旅游者、中间商、媒体、特殊兴趣团体）有效传播信息。旅游景区可利用自媒体建立可持续的电子商务营销体系，以提高景区的曝光率。自媒体与电子商务网站的联动可减少中间环节、降低营销成本，方便游客预订景区门票。

案例介绍

万达小镇"轮值镇长"为何能引全球瞩目？①

丹寨轮值镇长项目脱胎于大连万达集团股份有限公司（简称"万达集团"）企业文化中心包装策划实施的"小镇轮值镇长"项目。2014 年，万达集团与贵州省丹寨县签订对口扶贫协议。经过深入调研，万达集团采用旅游业扶贫模式，捐资超过 10 亿元打造极具特色的丹寨万达旅游小镇。

旅游小镇建起来了，但持续吸引客流、制造传播热点、打造小镇旅游品牌，是摆在万达面前的一个艰巨任务。于是，全球招募"轮值镇长"的项目应运而生。

丹寨万达小镇"轮值镇长"是万达集团企业文化中心为丹寨万达小镇量身定制的一项公益品牌活动。主要是招募来自全球、社会各界有志于丹寨扶贫事业的仁人志士到丹寨小镇当 7 天的"镇长"，并根据自己的专长，开展有特色的施政活动，为小镇的脱贫致富贡献自己的才智。

2017 年 6 月 20 日，丹寨万达旅游小镇开始在全球招募"轮值镇长"。消息发出后，活动页面访问量超过 100 万人次，报名人数超过 1.5 万人，在全社会产生广泛的影响力。一时间，到丹寨当"轮值镇长"成为风靡全国的公益风尚。

开业一年多，先后有超过 52 位"镇长"来到丹寨施政，为推广丹寨小镇品牌起到了巨大的作用。"轮值镇长"来自各行各业，包括"90 后"美食博主李爽、导演袁卫东、英国男模埃德蒙、演奏家冯满天、文化学者刘长焕、高校教授史文莉、知名主持人刘语熙、自媒体大 V 六神磊磊等，其中"海外镇长"达到 8 位。柯白、埃德蒙、中美等 8 位外国"镇长"的加入，把丹寨引向世界，全球各地游客纷纷慕名而来，一度不为外界所知的丹寨，如今成了全球知名的网红景区，"轮值镇长"项目也成了小镇独特的 IP。其中，第 23 任"镇长"郝霄虹还帮助小镇获得了"世界和平小镇"荣誉，如图 4-2 所示。

每一任"轮值镇长"来到丹寨履职都会给丹寨带来惊喜，也带来了社会各界对丹寨万达小镇的关注和赞誉。小镇的知名度高了，游客自然络绎不绝。丹寨万达小镇开业仅一年客流量就突破 550 万人次，当地旅游综合收入达到 30 亿元。截至 2019 年 7 月初，开业仅两年的丹寨万达小镇共接待游客 1100 多万人次。

丹寨"轮值镇长"项目的传播效果，得到了全球顶级专业机构的认可。2018 年 6 月 22 日，丹寨"轮值镇长"项目在 2018 年夏纳国际创意节上斩获铜狮大奖后，在 2018 年 11 月 16 日的大中华区艾菲奖颁奖典礼上，该项目又一举拿下了"旅游观光类金奖""企业声誉类金奖""品牌公益类金奖"。在 2018 年区域性国际广告节 ONE SHOW 的中华创意节上，"轮值镇长"项目独得全场大奖。此外，还获得了"跨平台创新营销金奖""社交媒体内容原创铜奖""社交媒体在线营销铜奖"等。

---

① 万达集团.丹寨万达旅游小镇全球招募"轮值镇长"[EB/OL]. [2021-08-02]. http://www.wanda.cn/special/danzhailunzhizhenzhang/.

图 4-2　第 23 任"镇长"郝霄虹帮助小镇获得"世界和平小镇"荣誉

解析：

"轮值镇长"的招募与宣传让小镇迅速成为"网红"，声名远播国内外；美国"金块奖"全球最佳商业项目的奖项更让小镇一炮而红；而旅游特色产品"万人长桌宴"又让小镇赚足了眼球，上了头条新闻。"轮值镇长"独具特色的商业创意与网络传播效果，以及良好的网络口碑效应，使丹寨小镇从一个无名之地迅速成为热门旅游景区和国际"网红小镇"。

第二节　旅游景区电子商务的营销模式

按照旅游景区电子商务网站的控制主体及所提供的业务内容，可以将旅游景区电子商务分为由销售方控制的第一方电子商务模式、由中介方控制的第三方电子商务模式和由旅游目的地政府主导创建的地方性旅游服务网站模式三大类。同时，旅游景区还可使用其他网络营销推广模式。

一、第一方电子商务模式

第一方电子商务模式是指由商品或服务提供者控制交易网站的电子商务模式。旅游景区通过自建、联盟等方式凭借强大的影响力建立网站平台，处于整个系统的核心位置；旅游者和旅游企业可通过旅游景区网站获取旅游信息，进行电子贸易，政府起到宏观调控和监管作用。第一方电子商务模式可以归纳为以下三种。

(一)旅游景区自建模式

旅游景区自建模式主要是景区依托自身丰富的旅游资源为旅游者提供相关的服务信息。一般包括景区文字影像简介、在线地图查阅、电子门票交易、网上虚拟旅游、旅游线路设计等内容;网站设计上突出当地文化特色和景区特色,主要起到宣传促销的作用,为旅游景区扩大客源、提高知名度、降低业务成本提供便捷有效的手段,如峨眉山旅游网、桂林龙脊梯田景区网就属于这种模式。该模式比较适合大型旅游景区,原因在于网站本身的建设和维护成本较高,前期网站设计与策划、后期网站推广都需要较多的费用,对中小旅游景区来说难以支付,且众多小规模网站知名度也较低,难以通过电子商务获得效益。

案例介绍

故宫博物院电子商务网站

故宫博物院成立于 1925 年 10 月 10 日,是建立在明清两朝皇宫基础上的综合性国家博物馆,是世界文化遗产。故宫博物院既是明清故宫(紫禁城)建筑群与宫廷史迹的保护管理机构,也是以明清皇室旧藏文物为基础的中国古代文化艺术品的收藏、研究和展示机构。故宫博物院是世界上规模最大、保存最完整的木结构宫殿建筑群,拥有绝无仅有的独特藏品,且品质精良、品类丰富,现有藏品总量已达 180 余万件(套),以明清宫廷文物类藏品、古建类藏品、图书类藏品为主。

故宫博物院网站开通于 2001 年 7 月 16 日。网站的建立是具有 90 多年历史的故宫博物院迈向数字时代的标志。截至 2017 年,共有上百名专业人员为故宫博物院网站提供稿件;网站刊载文字 665 余万字;收录各类藏品影像 51400 多张。

2017 年 5 月,全新改版的故宫博物院网站上线运行,建立初衷是为观众、中国传统文化爱好者、历史文化和博物馆专业人员等服务。故宫博物院数字与信息部负责网站工作,网站所采用的影像绝大部分由数字与信息部的摄影组拍摄。其中,数字传媒组负责网站内容的编辑工作;网络运维组承担计算机系统维护。截至 2021 年 7 月,故宫博物院网站访问人数达 1.39 亿人次。

故宫博物院网站有"数字多宝阁""数字文物库""故宫出版""文创产品""故宫壁纸"等栏目,网站以数字化呈现建筑、藏品、历史文化、古籍的方式进行网上宣传,开展"故宫博物院文化遗产保护与传承主题云展览"等系列主题活动,提供网上销售业务,包括普通门票、故宫文创产品、故宫陶瓷馆、庙堂仪范展和邮票特展的门票,如图 4-3 所示。

2002 年 9 月,故宫博物院网站获得由(原)中国文化部颁发的"盛大网络杯中国优秀文化网站"(文物类)称号。2007 年 9 月,获得世界信息峰会大奖"最佳电子文化项目中国提名"。2014 年在(原)文化部网站群绩效评估中获得"在线服务领先奖",2015 年获得"年度最佳奖",2016 年获得"在线服务领先奖"。

Note

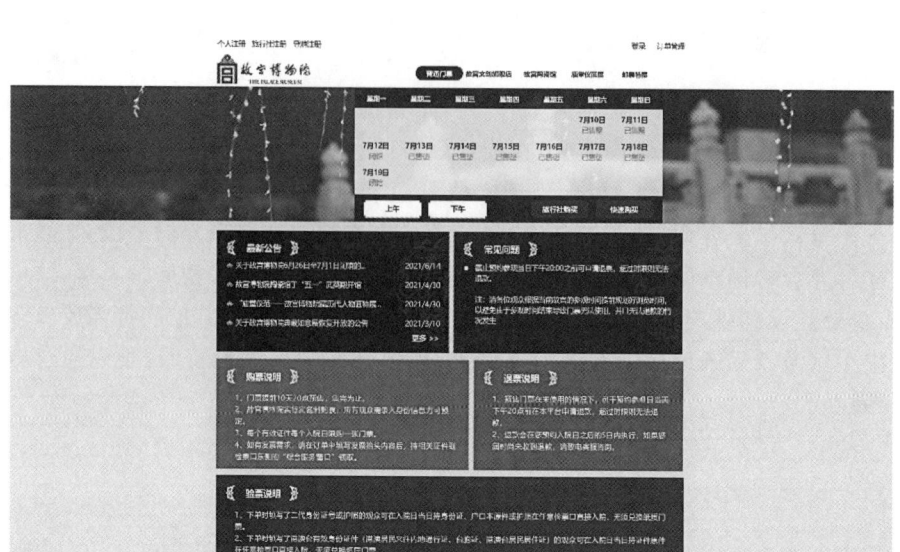

图 4-3   故宫博物院网上销售页面

解析：

故宫博物院网站成为人们了解故宫、亲近中华传统文化的重要途径，也成为故宫旅游宣传推广的重要渠道。

近年来，文创产品越来越受到旅游消费者的欢迎，其中，以故宫的文创产品销售最为火爆。故宫文创产品销售额一直"居高不下"，2016 年销售额达 10 亿元，2017、2018 年的年销售额均超 15 亿元，故宫博物院网站将线下"网红打卡"的文创产品在网上销售。

故宫博物院的网络售票系统不仅通过分时段售票进行客流错峰调节，还可以实时获取客流数据，帮助景区充分把握精准目标客群，提升景区精准营销策略，推动产品服务升级，并拓展满足游客需求的二次消费增值服务，扩大营收能力。

（二）旅游景区联盟模式

这种模式指由多个旅游景区共同出资，筹建一个景区联盟电子商务平台。这一平台初期以提供相关旅游景区的服务为主，逐步发展为集提供旅游服务信息、社区旅游计划、增值服务等多种服务于一身的"一站式"服务平台。随着旅游景区联盟的发展与影响力的扩大，景区联盟电子商务平台不仅可以吸引更多的旅游者，而且会吸引众多旅游景区的加盟，如东北旅游景区联盟，如图 4-4 所示。这些加盟的旅游景区通过联盟模式这一平台，可以降低分销成本和分享客源，而且随着加盟旅游景区的不断增加，各旅游景区还可从增值服务中获取额外收益，如收取广告费用及向其他相关产业延伸。该模式起点较高，特别是在初期阶段，筹建平台的旅游景区要有一定的知名度和经济实力。

图 4-4　东北旅游景区联盟网站

(三)区域联合模式

这种模式是将某个区域内的旅游景区进行整合,并对在此基础上建立起来的电子商务平台进行统一的宣传管理。主要是面向旅游者全面开展旅游景区门票、餐饮、酒店、旅游线路等在线预订的电子商务平台。同时也可以扩展业务,为旅行社和酒店、航空公司等旅游业客户提供网络宣传、网络销售、网络支付等一系列的业务服务。例如阿坝旅游网是一个集"食、住、行、游、购、娱"为一体的区域网络服务平台。

案例
介绍

阿坝旅游网——O2O 线上线下一体化区域网络服务平台

阿坝旅游网由阿坝州文化旅游发展有限责任公司承建,该公司成立于 2002 年,属于国有企业,隶属于州委州政府。按照阿坝州政府制定的建设"国家生态建设示范区""国家全域旅游示范区"发展战略,秉承"让游客认识阿坝、了解阿坝、走进阿坝"的服务宗旨,以"互联网＋旅游"为发展契机,建立以大数据为核心的智慧旅游新模式。通过旅游资源整合,网站建立了 O2O 线上线下一体化服务体系,形成集网络宣传营销、电子商务交易、景区智慧化建设为一体的综合旅游服务平台——阿坝旅游网。企业 2016 年被评选为"四川省电子商务龙头企业""四川省电子商务示范企业";2017 年被评选为"国家级电子商务示范企业";2020 年被评选为"四川电子商务企业 50 强"。

阿坝旅游网提供旅游景区介绍、精彩活动信息、新闻公告、旅游攻略、乡村旅游、票务预订、酒店预订、自驾游和周边游等信息。景区介绍中展示了九寨沟县、红原县、若尔盖县、黑水县等 13 个县的 105 个景区,如图 4-5 所示。

点击每个景区都会展示"景区介绍""景区亮点""交通门票""景区导览图""交通信息""旅游攻略"等栏目,如图 4-6 所示。

图 4-5　阿坝旅游网展示阿坝州 105 个景区

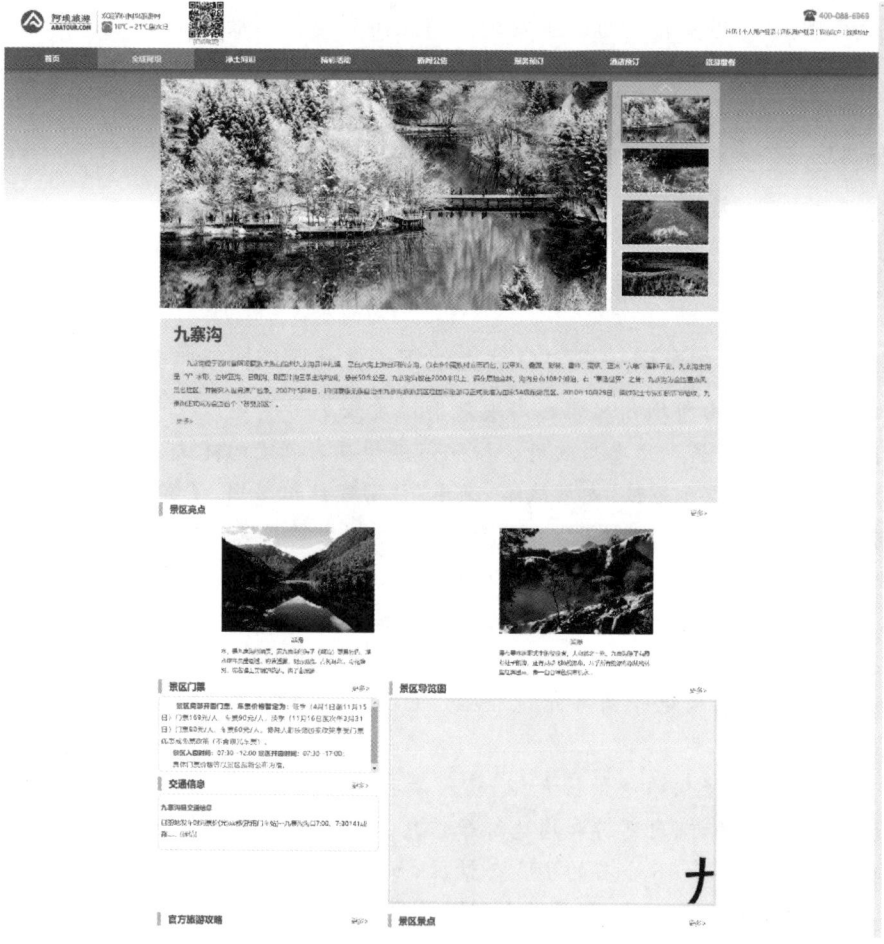

图 4-6　阿坝旅游网的景区详细介绍

阿坝旅游网提供阿坝州的景区门票销售和酒店预订服务,如图4-7和图4-8所示。游客可以在网上查询和预订实时景区门票、演出门票、景区开放时间、注意事项,享受网上酒店预订及价格查询服务。2021年后疫情时代,门票预订前页面会向每位游客展示微信小程序二维码,提示游客进入四川天府健康通领取健康码。

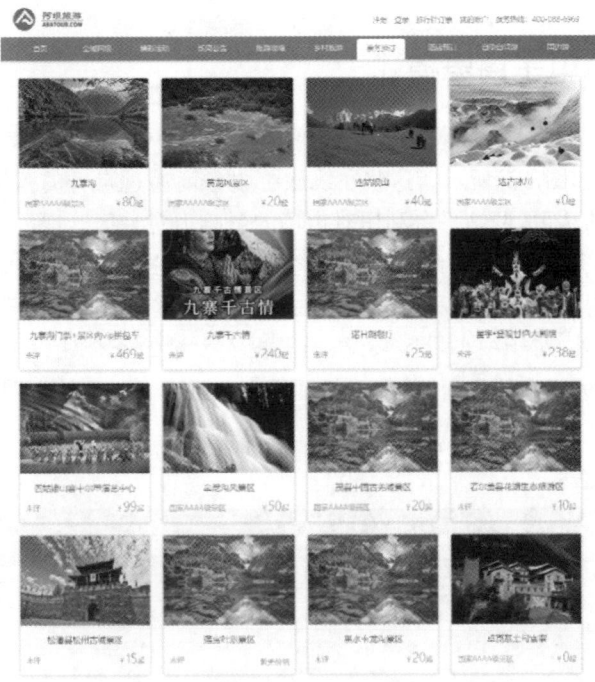

图 4-7　阿坝旅游网的门票销售业务

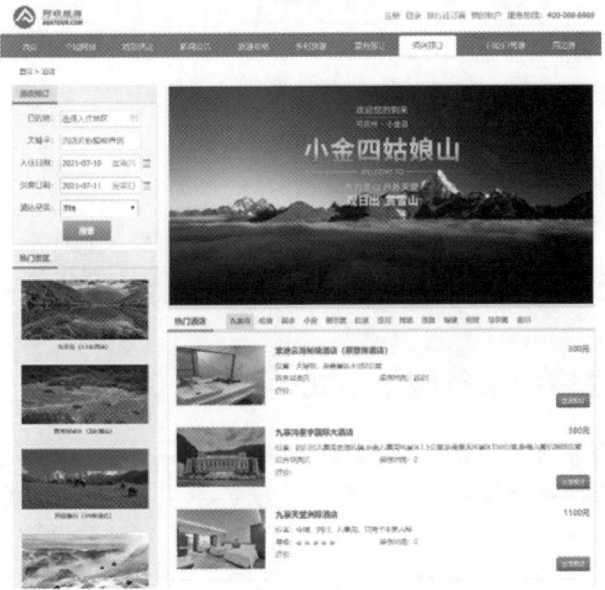

图 4-8　阿坝旅游网的酒店预订业务

解析：

由企业主导建设的集"食、住、行、游、购、娱"为一体的电子商务网站，以旅游主要吸引物——旅游景区为核心，整合区域旅游资源，开展网络宣传、网络销售、网络支付等一系列的业务服务，可有效节约运营成本、提高旅游服务质量、提高游客满意度。

二、第三方电子商务模式

采用该模式的是由第三方建立运营的在线旅游服务网站，即 OTA，如携程旅行网、去哪儿网、驴妈妈等，如图 4-9 所示。这些在线旅游服务商通过自身的营销宣传来扩大品牌知名度，获得市场的认可，网站平台利用对市场的影响力对景区开展电子商务活动。这种模式有效地实现了资源优化，平台运营商和客户可以获得相对优惠的价格政策。一般来讲，平台商为了获得更多的流量和扩大市场占有率会将这种优惠直接转移给通过平台预订产品的游客。另外，对于中小景区来说，无需投入大量的资金建设电子商务系统，只需依托这些平台就能完成在线销售，就能为景区带来大批高、中、低端自助游客。

图 4-9　携程旅行网的旅游景区预订页面

三、地方性旅游服务网站模式

地方性旅游服务网站主要是指由旅游目的地政府主导创建的非营利性旅游电子商务平台，目前，这类网站比较多，大多省市都已建立，将其作为旅游目的地的旅游网络宣传窗口。这一模式由于采用政府主导的形式，可以集中资源和力量进行旅游企业信息化解决方案的研发，再向全行业推广，发挥技术上的专业化优势并形成规模效益。旅游景区可借助网站系统和电子商务台进行网上宣传、咨询服务，以信息服务起步，逐步向网上交易、结算服务等深层业务拓展。

运用这一模式开展电子商务,特别是中小型旅游景区可以集约利用资源,降低旅游景区经营成本,更有效地实现旅游景区运营效率的提高,如山东省文化和旅游厅建立的"好客山东网"、贵州省旅游局主办的"贵州旅游平台网"、北京市文化和旅游局建设的"北京旅游网"、张家界市人民政府提供的"张家界市旅游官方网站"和天津市文化和旅游局建立的"天津旅游资讯网"等。

北京旅游网——全面介绍城市旅游资源①

北京市文化和旅游局的信息中心建设运营公益性网站——北京旅游网,其建立初衷是为了有效地服务社会各界,成为传播旅游文化的舞台,联系旅游企业的纽带,服务各国游客的窗口。北京旅游网于 2010 年开通,全面介绍北京丰富的旅游资源,网站设立了"文化北京""畅游北京""旅游手册""特色主题游""北京周边""视觉北京""环游号"等栏目。网站全面详实地介绍了北京的景区、线路、酒店、北京老字号、北京礼物、开放日、虚拟旅游、自助导游、旅游业信用信息、旅行社和一日游等信息,向游客提供公益性旅游资源信息,服务游客,宣传旅游企业,如图 4-10 所示。

图 4-10 北京旅游网

北京旅游网向世界展示北京的旅游环境,多角度展示北京深厚的历史文化,为海内外旅游者提供最新、最权威、最准确的北京旅游信息,推动北京市从旅游大市向旅游强市转变。

解析:

政府建立地方性旅游景区推广网站,不仅整合了旅游资源,全面展示了旅游目的地"食、住、行、游、购、娱"等方面的旅游活动,提高了旅游目的地宣传效果,还有效地解决了因为前期网站设计与策划成本高、后期推广维护费用高而导致的单独景区难以建立旅游网站的难题。

---

① http://www.visitbeijing.com.cn/.

四、其他网络营销推广模式

(一)搜索引擎营销

搜索引擎营销是根据网络用户使用搜索引擎的方式,利用网络用户检索信息的机会尽可能地将企业营销信息传递给目标用户。据CNNIC统计,截至2021年6月,我国搜索引擎用户规模达7.95亿,占网民整体的78.7％。作为网民获取信息的最主要渠道,搜索引擎营销方法包括竞价排名、付费搜索引擎广告、关键词广告、搜索引擎优化(搜索引擎自然排名)、地址栏搜索、网站链接策略等。

搜索引擎营销的核心工作是扩大搜索引擎在营销业务中的比重,对网站进行搜索优化,让企业的目标客户更容易看到企业的营销信息,并使之成为企业的最终客户。目前,国内网络搜索引擎主要有百度、必应、搜狗等。

搜索引擎营销策略有免费搜索引擎推广方法和付费搜索引擎广告两种。免费搜索引擎推广方法有分类目录、基于自然检索结果的搜索引擎优化排名等;付费搜索引擎广告则包括关键词广告及其优化和效果管理、搜索结果页面位次排名等。搜索引擎营销对旅游景区的市场营销有着重要意义。

(二)网络视频推广

所谓网络视频,一是指使用电脑或移动终端,利用QQ、微信等即时通信工具,进行可视化聊天;二是指视频网站提供的在线视频播放服务。我国网络视频发展迅速,网络视频网站的受访频率越来越高,这些视频网站对促进旅游景区营销信息的传播具有很高的价值。

当前的网络视频主要有视频点播与视频分享两种模式,根据网络视频承载主体的不同可分为门户网站、媒体机构和商业机构三类。旅游景区可通过在各类视频网站,包括短视频平台等投放旅游宣传片,将旅游景区的产品与服务传递给众多的网民,达到更加直观的宣传效果,吸引更多游客前往。

> **知识活页**
>
> **文化、旅游发展大数据报告出炉——透析行业发展新趋势①**
>
> 抖音(Tik Tok)是由今日头条推出的一款短视频分享软件,于2016年9月上线,是一个面向全年龄段人群的音乐短视频社区平台。抖音应用人工智能技术为用户创造了多样的玩法,用户可以通过这款软件选择歌曲,拍摄音乐短视频,形成自己的作品并分享给平台上的用户。2021年6月,凯度信息咨询公司发布了"2021年凯度BrandZ最具价值全球品牌排行榜",抖音以435.16亿美元的品牌价值位列第45位。

---

① http://www.capa.com.cn/news/showDetail/170407.

北京微播视界科技有限公司联合中国演出行业协会网络表演（直播）分会,对 2020 年抖音平台的文化、旅游数据进行了脱敏分析,推出《2020 抖音文化、旅游发展大数据报告》(简称《报告》)。《报告》以抖音平台 6 亿日活跃用户数据为基础,对 2020 年文旅产业的整体走势及新特性进行分析和解读。《报告》发现,新冠肺炎疫情期间,民众的文旅生活场景全面向线上转移——文旅"上云"、夜游打卡、扶助乡村、非遗触网,这些新趋势表明,短视频、直播不但为文旅业回暖提供了强劲动力,也为行业发展创造了新机遇。

1. 文旅回暖,彰显国内文旅业韧性

2020 年,在新冠肺炎疫情的冲击之下,国内文旅业一度按下"暂停键","足不出户"的民众将文旅生活场景全面向线上转移,文旅视频的创作热情和关注度明显增长。

2020 年,抖音文旅视频总量 8.8 亿,比 2019 年增长 60%;文旅视频播放量 9260 亿次,比 2019 年增长 50%。从 2020 年抖音文旅视频发布量趋势来看,暑期旅游旺季的到来叠加国内跨省游放开等政策利好,三季度文旅视频总发布量最高,为 2019 年同期的 1.4 倍。

越来越多的城市及文旅部门重视"短视频＋文旅"活动的策划。例如,抖音文旅视频打卡量排名第三位的杭州于 2020 年 10 月 23 日在太子湾公园将"抖 in 杭州·西湖首 in 式"拉开帷幕,活动期间集纳 2.9 万个视频,累计 7.3 亿次播放,点赞量 1900 万;视频打卡量排名第七位的广州于 2020 年 9 月 30 日在抖音发起话题"广州红幸福城",话题集纳 3.7 万个视频,总播放量 10 亿次,点赞量 1700 万;由国家文化和旅游部资源开发司、国家体育总局体育经济司、北京冬奥组委文化活动部联合发起的话题活动"冰雪奇遇记"于 2020 年 11 月 28 日启动,集纳 43 万个视频,总播放量 23.5 亿次。

2. 文旅"上云",加速产业数字化转型

在新冠肺炎疫情的刺激和政策鼓励下,国内文旅行业积极变革,拥抱"云端",线上文旅事业呈现出繁荣的景象。

旅行创作者密集"上云",陪伴式直播成为旅行传播新常态。2020 年,旅行达人同比增长超 80%,其投稿量同步增长 50%。旅行达人全年发起 48 万场直播活动,在日均 1300 场的达人直播陪伴下,网友跟着主播看名山大川、赏城市风光,还在空间站上看地球,在直播间购买旅行服务。

演艺机构塑造"云上"影响力,"云端"舞台永不落幕。2020 年,演艺机构的抖音号同比增加 559%,投稿超过 60 万个,近三成账号投稿超 100 个。爆红的演艺视频涌现,在演艺机构蓝 V 账号发布的视频作品中,有近 200 个视频的播放量达 100 万次,45 个点赞量达 10 万次。其中,"中国评剧院"发布《评剧小课堂——戏曲眼神与情景》,评剧演员张琪在 20 秒内用眼神传达出 7 种心理活动,获得 318 万次播放量和 26 万余次点赞,引发众多网友的模仿和羡慕,如图 4-11 所示。

图 4-11　"中国评剧院"发布《评剧小课堂——戏曲眼神与情景》

3.夜游经济,丰富民众休闲体验

南方夜游景区热度高,网友夜间出行增多,夜游经济得到提高。抖音助推夜游景区走红网络。

抖音热门话题"大唐不夜城",2020 年新增 20 万个视频,播放量 15 亿次。上海市举办首个上海夜生活节,相关抖音话题"我爱夜上海"走红。为期两个月的"2020 年北京长城文化节"活动在八达岭长城进行,截至 2020 年 10 月 7 日,八达岭长城打卡视频超过 2 万个,累计播放量 400 万次。其中,"夜游大学堂""观看礼乐灯光秀"等活动成为抖音用户热议的游玩项目。

随着新冠肺炎疫情形势的缓解,节假日夜间出游热度回升,南方地区夜游景区优势突出。2020 年抖音视频夜间打卡热力分布图显示,南方地区多个知名景区吸引了大量游客夜间参观和打卡。据节假日期间每时热度变化趋势图显示,受新冠肺炎疫情影响,相比清明节和劳动节,2020 年国庆节期间国内疫情已经得到有效控制,网友外出夜游打卡热情复苏,夜间打卡热度陡增,达到了全天热度高峰。

4.乡村文旅,助力乡土中国振兴

近年来,农商文旅联动的"全域乡村旅游"方兴未艾,一批又一批的热门景区在抖音上涌现,点燃了网友的出游热情。

　　乡村旅游助力产业扶贫,成为脱贫攻坚的重要渠道。2020年,抖音平台上乡村旅游打卡点累计超过1000万个,其中热门乡村旅游景区覆盖了全国28个省份和地区。这些景区中,约七成热门景区位于南方,约三成热门景区位于北方,乡村游"南多北少"的特征显著。从地区分布来看,抖音热门乡村旅游景区共涉及526个地区,分布较为广泛。其中,有85个2019年摘帽的贫困地区和9个2020年刚刚脱贫的贫困地区,文旅产业的创新发展有效地刺激了当地的消费活力,为脱贫攻坚事业提供了强大的助力。位列我国前10的热门乡村旅游景区所属地区,如图4-12所示。

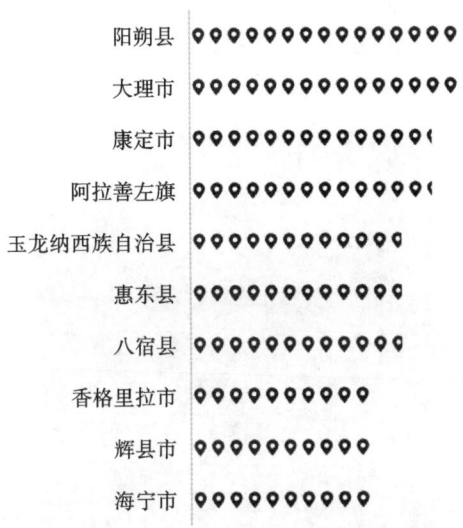

图4-12　热门乡村旅游景区所属地区 Top 10

　　康巴少年一夜爆红带动理塘文旅发展,映射城市居民对简单美好生活的向往。2020年11月,丁真在网络爆火。据统计,在抖音平台检索到"丁真"的热点话题接近100个,其中话题"丁真"的视频播放量突破30亿次。从"丁真"相关视频创作者的地域特征分析,北京、广州、上海、深圳等一线发达城市依次在榜,反映出城市居民对于乡村美好生活的向往。在理塘和自媒体平台的多轮互动和营销下,"理塘"热度迅速攀升,单日最高视频播放量一度超2亿次。

　　5."非遗"触网,推动传统技艺出圈

　　在新冠肺炎疫情防控大背景下,短视频平台以强大的用户规模、高度互动性及生动可视性等特点成为"非遗"传播的新方式。"非遗"重新回归大众视野,并收获了大批年轻粉丝。

　　数据显示,抖音"非遗"短视频观众中,年龄在18～41岁的占比84%,年轻群体的关注及互动给非遗传承创新增添了新的活力。截至2020年5月31日,1372个国家级非遗项目中,抖音上涵盖1318项,涵盖率 96%。在投稿量 Top50 的国家级非遗短视频中,传统戏剧门类项数占比最高,共有 18 个代表性项目入选,其中最受欢迎的剧种为黄梅戏,其次为豫剧及京剧。抖音话题"谁说京剧不抖音"共集纳视频 9.6 万个,总播放量 15.8 亿次,其中,京剧脸谱系列特效广受网友喜爱,全年使用超过 5600 万次。

非遗音乐也通过网络焕发出新的生命力。2020 年 4 月,抖音"看见音乐"计划推出首张非遗音乐专辑《国韵潮声》,融合了粤剧、江南丝竹、彝族山歌、蒙古族长调民歌等传统音乐元素和流行、摇滚、Hip-Hop、电子音乐等曲风,给音乐爱好者带来与众不同的体验,也给华语流行音乐增添了深厚底蕴,宣传海报如图 4-13 所示。非遗线上音乐会吸引超过 10 万网友围观,互动评论上万条。话题"dou 出你的国风范儿"共集纳 249 个视频,总播放量超过 3860 万次。

图 4-13　《国韵潮声》宣传海报

(三)社会性网络服务营销

社会性网络服务(Social Networking Services,SNS)是指帮助人们建立社交网络的

互联网应用服务。SNS营销是随着网络社区化而兴起的营销方式。SNS社区在中国的发展时间不长但成长迅速,SNS现在已经成为备受广大用户欢迎的一种网络交际模式,如网络聊天、交友、视频分享、博客、播客、网络社区、音乐共享、贴吧,以及国外的推特(Twitter)、脸书(Facebook,后更名为"元宇宙",Meta)等。SNS营销推广就是利用SNS网站的分享和共享功能,通过"病毒式"传播手段,将企业的产品推广到更多的人群中。

提升品牌知名度和扩大品牌影响力是SNS营销推广重要的营销价值之一。一般来说,知名SNS媒体都拥有数量庞大的用户群,这些用户里蕴含着众多潜在客户。旅游景区通过与这些知名SNS媒体进行合作,可快速提升自己的品牌知名度和扩大自己的品牌影响力。除此之外,SNS营销推广还有助于旅游景区管理者倾听来自消费者的声音,了解消费者的需求及意见,进行有针对性的改进,更好地满足消费者的需求,提升消费者对旅游景区产品与服务的满意度与忠诚度。因此,旅游景区需要思考如何运用SNS营销推广策略,抓住SNS的巨大商机,实现营销推广新的突破。

知识活页

互联网经济时代如何打造网红景区?[①]

网红经济是互联网发展的产物,网红景区通过网红群体或组织进行景区宣传,运用短视频和网络直播等多种媒体迅速打开景点知名度。"打卡"对中国年轻人而言并不陌生,年轻一代对于一座城市的认知,已经从官方打造的城市地标,转变成为由艺术家、设计师或者文化商业品牌所带来的独特的文化、城市生活和艺术体验。

1.网红营销可以为景区带来什么

(1)高速传播:用最短的时间、最短的路径抵达最多的目标客户。

(2)流量爆发:在KOL的影响下,流量指数级增长。

(3)品牌形象提升:促使景区形象年轻化,助力品牌形象优化。

(4)收入渠道拓宽:网红带货逻辑,增加景区特色产品销售渠道。

2.如何打造网红景区

无论是视频还是评论,都呈现出高品质和"真善美"的价值观。一千个平庸景区的宣传方式抵不过一个优质"网红"的传播效果,景区优质内容借助社交互动数据精准触达目标客群,才能使目的地营销具有效果。

永兴坊的"摔碗酒"、重庆的"轻轨穿楼"、厦门鼓浪屿的"土耳其冰激凌"、山东济南宽厚里的"连音社"和张家界的天门山等,这些网红景点的快速传播具有一定的偶然性、阶段性和营销性。网络热度并不能让一个景区长红不衰,一个景区的发展成熟,决不能仅仅靠营销和宣传,而必须要让旅游产品、后续服务和管理都跟上,包括文化主题、景观价值、优质的基础设施及服务水平、市场吸引力等,从而延长"网红"属性的存续时间。

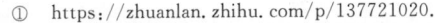

① https://zhuanlan.zhihu.com/p/137721020.

1)培育粉丝社群,善用营销渠道

营销人员应传递出更多具有体验价值的旅游信息,用市场喜爱的形式内容包装设计宣传资料,以寻求与顾客建立情感连接。同时,要活用抖音、微信、微博等新媒体传播渠道,精心策划创意营销活动,通过IP运营、热点营销,再加之文化赋能创造更多与潜在和现实游客互动体验的机会。景区IP是具有穿透力的特色主题,利用成熟IP打造IP运营链,选取热点事件引发关注、引用城市独有资源。

2)搭建共创平台,重视"草根"力量

事实上,抖音绝大部分的创意和智慧都来自民间,不仅仅局限于明星宣传,将"草根"力量加入旅游营销,实现营销话语权的转移。例如,丹寨万达旅游小镇全球招聘"轮值镇长",吸引网红参与,让网红成为代言人,并通过他们的影响力带动粉丝互动,让古法造纸、蜡染等地方文化遗产通过图片、视频进行分享,产生良好的推广效应。

3)网红景区打造——"旅游＋文化＋互联网"

在文旅融合的时代背景下,景区不仅要善于运用自媒体与网络直播手段,还要在精准营销的同时,深挖景区文化内涵。

(1)善用自媒体打造精准营销系统。

善于运用自媒体与网络直播手段,是现阶段网红发展的要求。移动视频在现阶段网红发展中承担重要角色,短视频或直播显然更受到粉丝关注。未来网红产业的创意策划、内容制作以及分发都将发生重大变革:专业创意团队、组织化生产、标准化作业,以及跨平台、多渠道内容分发,使网红触及用户更加广泛,快速生产成为可能,且避免了创意的枯竭和风格的单一。在专业机构崛起、团队运作成为主流的情况下,景区仅靠游客或粉丝的有意无意地传播而走红,具有随意性与不确定性,因此必须进行精准营销。

(2)善用网红品牌打造旅游目的地。

景区在借助外力进行专业化运作的同时,特别要重视那些营销网红,他们横跨公关、社交、新媒体和内容营销,产生巨大品牌传播影响力。运用网红人群作为品牌代言人,需要考虑网红人群形象与旅游目的地形象吻合。可见,景区要善于利用网红品牌进行营销模式变革,通过"场景化＋规模化"产生品牌效应,将口碑营销、品牌营销和体验营销等营销方式引入营销模式之中。

(3)善用内容营销打造文化个性。

网红经济根植于内容产业,网红生命力取决于内容本身。特色产品以及有文化含量的产品只有具备传播高附加值与文化底蕴,才能维持旺盛长久生命力。否则,刻意打造并无丰富内容的景区,很快就会因为游客、粉丝的失望而成为昙花一现的败笔。新奇特的景区容易成为网红景区,背后都有历史文化或创意的支撑。被网络视频热捧的重庆洪崖洞夜景和西安永兴坊"摔碗酒"习俗,就得益于当地独特的建筑格局和文化习俗。挖掘景区文化个性,要运用文化旅游、遗产旅游的思路,特别是要重视挖掘当地物质文化遗产与非物质文化遗产中具有鲜明个性的内容。

(4)善用全域旅游打造持久吸引力。

打造网红景区实际上是一场全员公关与全员营销:以全域旅游为导向,进行旅游品牌形象设计、旅游产品规划及要素包装、旅游目的地全域化氛围营造;突破区域局限,推动功能互补、特色突出、彼此融合的跨区域旅游线路,把休闲旅游、遗产旅游、红色旅游、康体旅游等主题串联起来,将整体旅游品牌打造成为网红品牌。

经济欠发达地区,旅游起步晚、基础设施比较薄弱的网红景区,更应实施全域旅游发展战略,完善基础设施与配套设施,提升服务质量,做到名实相符。此外,还要加强旅游购物管理,规范旅行社经营行为,建立健全旅游综合监管机制,为发展网红景区全方位保驾护航。

TOURISM

第三节　智慧景区与电子商务融合的发展模式

一、智慧景区的概念与内涵

(一)智慧景区的概念

智慧景区是基于新一代信息技术,为满足游客个性化需求,提供高品质、高满意度服务,而在旅游景区内对各种资源和信息进行的系统化、集约化管理变革。经过近几年的应用实践,本书认为:智慧景区是指利用云计算、互联网、物联网、遥感、3D、GIS、VR、AR等新技术,将景区的经营管理与服务高度智能化,使景区的旅游管理和服务高度在线化和数据化,实现景区、资源、游客、当地居民的和谐统一。因此,智慧景区使旅游服务的满意度持续提升,促使景区的经营和发展更加健康与和谐。景区能够通过智能网络对景区地理事物、自然资源、旅游者行为、景区工作人员行迹、景区基础设施和服务设施进行全面、透彻、及时的感知,对景区资源、景区工作人员和游客行踪实现可视化管理,并优化再造景区业务流程和智能化运营管理,从而提高对旅游者的服务质量。

（二）智慧景区的内涵

广义的智慧景区是指科学管理理论同现代信息技术高度集成，并与外界通过网络互联互通，实现人与自然和谐发展的低碳智能运营景区。这样的景区能够更有效地保护生态环境，为游客提供更优质的服务，为社会创造更大的休闲价值。狭义的智慧景区是指数字景区的完善和升级，只能够实现可视化管理和智能化运营，考虑较多的是管理效率；而广义的智慧景区能对环境、社会、经济三大方面进行更透彻的感知、更广泛的互联互通和更深入的智能化发展，考虑更多的是管理效益和服务效益。因此，狭义的智慧景区强调的是技术因素及应用，广义的智慧景区不仅强调技术因素，更强调管理、服务与环境生态因素，追求的是社会整体利益。

二、智慧景区的"智慧"体现

智慧景区的"智慧"主要体现在旅游服务的智慧、旅游管理的智慧和旅游营销的智慧三大方面。

（一）旅游服务的智慧

智慧景区从游客出发，通过信息技术提升旅游体验和旅游品质。游客在旅游信息获取、旅游计划决策、旅游产品预订支付、享受旅游和回顾评价旅游的整个过程中都能感受到智慧景区带来的全新服务体验。

智慧景区通过科学的信息组织和呈现形式让游客方便快捷地获取旅游信息，帮助游客更好地安排旅游计划并形成旅游决策。

智慧景区通过基于物联网、无线技术、定位和监控技术实现信息的传递和实时交换，让游客的旅游过程更顺畅，提升旅游的舒适度和满意度，为游客带来更好的旅游安全保障和旅游品质保障。

智慧景区推动传统的旅游消费方式向现代的旅游消费方式转变，并引导游客产生新的旅游习惯，创造新的旅游文化。

（二）旅游管理的智慧

智慧景区将实现传统旅游管理方式向现代旅游管理方式转变。通过信息技术，可以及时准确地掌握游客的旅游活动信息和旅游企业的经营信息，实现旅游业监管从传统的被动处理、事后管理向过程管理及实时管理转变。

智慧景区将通过与公安、交通、工商、卫生、质监等部门形成信息共享和协作联动，结合旅游信息数据形成旅游预测预警机制，以提高应急管理能力，保障旅游安全。智慧景区还将通过以上机制，实现对旅游投诉以及旅游质量问题的有效处理，以维护旅游市场秩序。

智慧景区依托信息技术主动获取游客信息，形成游客数据积累和分析体系，全面了解游客的需求变化、意见建议及旅游企业的相关信息，实现科学决策和科学管理。

智慧景区还鼓励和支持旅游企业广泛运用信息技术，改善经营流程，提高管理水平，提升产品和服务竞争力，增强游客、旅游资源、旅游企业和旅游主管部门之间的互动,高效整合旅游资源,推动旅游业整体发展。

(三)旅游营销的智慧

智慧景区通过旅游舆情监控和数据分析挖掘旅游热点和游客兴趣点,引导旅游企业策划相应的旅游产品,制定对应的营销主题,从而推动旅游业的产品创新和营销创新。智慧景区通过量化分析和判断营销渠道筛选效果明显、可以长期合作的营销渠道。智慧景区还充分利用新媒体传播特性,吸引游客主动参与旅游的传播和营销,并通过积累游客数据和旅游产品消费数据,逐步形成自媒体营销平台。

案例
介绍

黄果树——智慧景区与电子商务的融合发展

黄果树风景名胜区自 2012 年开始智慧景区建设,截至 2021 年 6 月,已建成了智慧调度指挥中心、智能可视化系统、免费 Wi-Fi 全覆盖和可视化决策平台。在电子商务方面,已建成官方门户网站、微信公众平台、自媒体平台官方账号和电子门票服务系统,游客在游览前、游览中和游览后所遇到的大部分问题可在线上平台得到解决。

1.智慧景区建设现状

1)智慧景区运营管理指挥调度中心

黄果树智慧景区运营管理指挥调度中心集成了黄果树景区所有的物联感知设备和业务管理系统,功能包括:智慧运营,用于日常运营的监督管控;智慧调度,用于应急指挥和工作调度;还有观光车调度、监控调度及大数据分析与决策支撑等。依托指挥调度中心的数据分析,可根据游客的年龄、来源地、性别、结构组成,利用大数据后台生成游客画像,制定景区的整体营销战略和推广策略,为游客提供定制化的旅游服务。在景区智慧调度指挥中心智慧管理显示大屏上,景区地理标志、自然资源、游客行为、景区工作人员行踪清晰可见,方便景区工作人员进行监管和调度。

2)智能可视化系统

智能视频可视化是一套集游客分流、安防、车辆管理、视频监控、救助系统、平安城市等子系统为一体的管理系统。240 余个摄像探头实现了景区全方位、全方面的覆盖,每个探头捕捉到的画面可通过景区铺设的网络高速公路及时传输到位于集团公司的数据中心,数据中心再对数据进行分类存储并映射到指挥中心 48 屏的屏幕上,从而为旺季现场指挥、车辆调度、游客分流起到了全面的辅助作用。

3)免费 Wi-Fi 全覆盖

景区免费 Wi-Fi 是 2014 年的建设项目,解决了游客在景区"上网难"的问题,特别是在旅游旺季,景区人特别多,移动网络速度非常慢。全面覆盖的免费网络为游客在景区内上网提供了便利,随时随地就可以发送朋友圈、短视频等,充分运用游客自发的自媒体优势,加速黄果树景区的宣传与推广。

4)可视化决策平台

黄果树智慧景区可视化分析决策平台,能够通过对黄果树景区的景观资源、游客

及票务情况、景区基础设施和服务设施等进行全面、透彻、及时的感知，实现对全景区运行状态的实时监控。直观、充分地展现黄果树景区整体态势，为景区管理者提高景区运行效益以及园区管理效率提供了数据决策支撑。科技感十足的景区三维可视化效果——丰富直观的数据分析展现形式、重点区域的监控视频矩阵、景区全体系的数据融合，整个景区态势一览无余。

2. 旅游电子商务系统

1) 建立官方门户网站

现在游客外出旅游前都会选择先在网上查询相关信息安排行程，黄果树景区也早就意识到这一点，建立了官方门户网站，打开网站，游客很容易根据自己的需要查询相关信息。黄果树官方网站的主页有七个模块，分别是首页、新闻资讯、精彩活动、走进黄果树、玩转黄果树、互动社区、预订中心，另外还有一个搜索框，游客可以非常快速地查找需要的信息，如图 4-14 所示。

图 4-14 黄果树官方网站页面

在黄果树官方网站，"首页"模块有黄果树景区内的各种美图循环自动翻转；"新闻资讯"模块可以看到景区动态、景区公告和世界旅游三部分，其中景区公告在实时更新；"精彩活动"模块主要是景区举办的一些活动，黄果树瀑布节和黄果树啤酒节，还有坝陵河低空跳伞赛、旅游标准化、"四创"专栏也放在了这边；"走进黄果树"模块分为自然黄果树、人文黄果树、体验黄果树、美图欣赏、视频欣赏，游客在这里除了能看到黄果树的自然美景，也可以了解到黄果树这边居民民族风俗，如布依族的"六月六"、丧葬习俗、蜡染等，屯堡特色餐饮、庙会、服饰等，滑石哨布依民俗村悠久的历史，黄果树奇石馆各种有特色的石头，黄果树景区内各种地质地理，名人与黄果树的渊源；"玩转黄果树"模块一打开就是交通指南，游客可以根据自己的出发地进行选择，相应的飞机、火车、汽车交通方式会弹出来，此外，还有主题游、自驾指南、旅游攻略、景区内酒店详情介绍、美食推荐、特色小吃介绍、休闲娱乐场所介绍；"互动社区"模块

是黄果树景区的官方微博和游客的问题解答;"预订中心"模块和飞猪平台对接,接入黄果树旅游旗舰店。

2)官方微信公众号与微信小程序

黄果树景区官方微信公众号为"黄果树景区",如图 4-15 所示,分为"门票预约""景区攻略""在线客服"三个模块,此外,"重要公告"也会在第一时间进行更新。"门票预约"模块可以预约贵州省景区门票、酒店和各种旅游产品,以及预订黄果树景区的直通车和进行订单查询;"景区攻略"即"黄果树攻略",可查询到黄果树最全攻略,进入"快行漫游"公众号"在线客服"模块,可以进入景区"自助导览"小程序和"官方商城",以及"在线客服"解答常见问题。

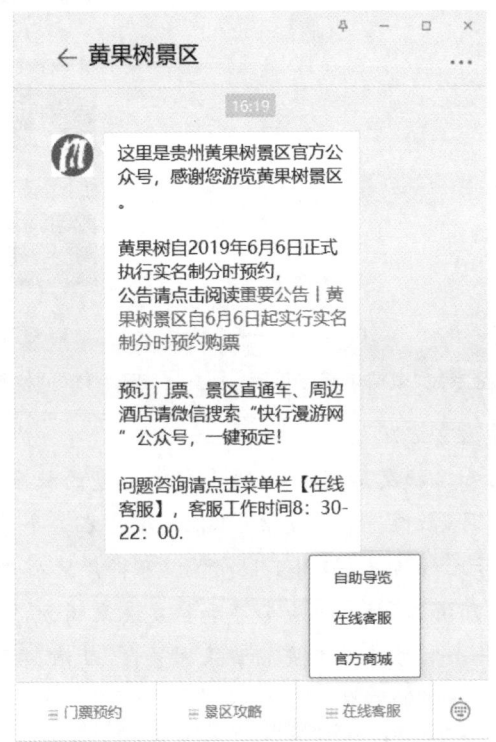

图 4-15　"黄果树景区"微信公众号页面

微信小程序"黄果树景区导览系统",如图 4-16 所示,在这里游客可以自助导览、门票预约、问题解答、咨询建议、花草识别,还能看到攻略指南和景区公告。除此之外,在景区概览模块,还能看到陡坡塘、黄果树瀑布、天星桥三个景区内各个景点的 AR 全景、景点介绍、视频欣赏、语音和文字讲解。

在景区售票处门口,工作人员会引导未购票的游客扫码进入"快行漫游"景区模块,如图 4-17 所示,进行线上购票,将人工售票窗口留给大学生、军人等特殊人群,以避免游客拥挤,特别是在旅游旺季,游客不用长时间地排队购票。此外,小程序还设有酒店、跟团游、自由行、限时特价、美食、攻略、多彩贵州、私人定制、新闻中心、活动中心、旅游商品、租车、景区导览等模块。截至 2021 年 6 月,只有"景区导览"模块和"自由行"模块游客可以使用,其他模块暂未开通。

图 4-16 "黄果树景区导览系统"微信小程序页面　　**图 4-17** "快行漫游"微信小程序页面

3）自媒体平台开通官方账号

新浪微博是我国知名社交网络媒体，是年轻人喜爱的社区交流平台，以小米手机为例，截至 2021 年 6 月，微博下载量达 31.4 亿人次。在这个平台上，新浪微博"安顺黄果树景区"官方账号比较活跃，如图 4-18 所示，可将景区公告、景区相关政策、景区活动大事记等及时告知游客，日常也会分享和转发黄果树景区的美景图片、视频和旅游攻略。同时，作为一个官方账号，"安顺黄果树景区"新浪微博除了宣传黄果树的美景，还经常参与社会正能量的宣传。

抖音是当今大家喜爱的短视频平台。抖音账号"安顺黄果树景区"，如图 4-19 所示，操作简单，一键登录即可浏览和分享，并能根据用户浏览视频停留时间计算用户喜欢的类型，然后给用户做同类型的视频推荐，无论是年轻人还是老年人都能在这里找到喜欢的视频推荐。"安顺黄果树景区"的抖音账号第一条视频发布于 2020 年 7 月 8 日，截至 2021 年 9 月，共发布 115 条视频，获赞 9.2 万，粉丝 1.4 万，点击"查看门店"链接，用户可以实现门票预订，在已有的 3452 条评价中，93% 的用户推荐此地。

快手也是当今较受欢迎的短视频平台，北京快手科技公司于 2015 年 3 月 20 日成立，起步比抖音早，2015 年快手一上线就受到了青年群体的热力追捧。快手账号"安顺黄果树景区"的第一条视频发布于 2020 年 5 月，目前，共发布 119 条视频，粉丝有 1565 位，这个平台以视频分享、景区宣传为主，不能预约购票，如图 4-20 所示。

图 4-18　"安顺黄果树景区"新浪微博页面

图 4-19　"安顺黄果树景区"抖音页面

图 4-20　"安顺黄果树景区"快手页面

4）门票电子化

去往黄果树景区，游客购票无需等待，免去排队时间，黄果树景区目前已实现多渠道线上购票，完成线上业务与国内主流 OTA 平台的无缝对接，实现景区门票电子化，如图 4-21 所示。除大学生、军人等特殊群体外，普通成人、老人、儿童在去往景区前都可以通过携程、去哪儿、微信小程序"快行漫游"等平台预订门票，购票完成后刷身份证和人脸识别进入景区和乘坐景区观光车，身份证只需刷一次，之后用人脸识别就可以进入各个景点。电子门票确保即使在旅游旺季，游客也可以快速进入景区，减少游客排队等待时间。

2019 年，黄果树景区完成了实名制分时预约售检系统建设和运行。分时预约和门票电子化项目的建设获得了游客的一致好评，极大程度缓解了旅游高峰期进景区排队拥堵的问题。同时，它也能精准监测人流量，便于景区制定相应应对方案，降低运营成本。

图 4-21 黄果树景区门票的携程购买页面

解析：

黄果树风景名胜区可以从以下几方面持续提高智慧景区与电子商务融合发展。

1. 让自媒体平台账号"活起来"，成为黄果树景区活招牌

微博、抖音、快手自媒体平台上的短视频要紧跟时代潮流，丰富视频内容，不仅仅局限于自然旅游资源、人文旅游资源和景区公告的宣传，还可以通过形象大使拍摄情景剧、搞笑的短片、美食分享等手段，以提高热度、瞬间抓住游客的眼球为目的，增加视频曝光率。

2. 景区内推出 AR 导航

黄果树景区规划面积 163 平方千米，全程游览时间可达 5 个小时。为提高游客游览效率，景区可以和地图软件合作，推出景区内的 AR 导航，提供精准定位和人性化智能语音播报。AR 技术可以让导航更加直观，通过导览系统实现 AR 导航准确无误到达目的地。

3. 增加景区内智能显示屏数量及信息量

黄果树景区可以在各个重要节点设置智能显示屏来和游客实现双向沟通，游客也可以通过景区同步智能显示屏上的信息实现自我调节和合理安排行程。

4. 合并景区微信公众平台

将多个微信公众平台合并为一个，可以使操作界面简单且实用，游客也可获得更

好的体验，还可增加景区旅游商品销售线上渠道，在景区官方微信小程序、抖音等平台开设旅游商品店铺，游客出游能在微信公众平台实现"吃、住、行、游、购、娱"一条龙服务，提高线上线下一体化体验，相应地，景区也能提高旅游商品销售量。

三、基于旅游电子商务的智慧景区服务系统

智慧景区旅游电子商务平台主要分为旅游管理、旅游营销和旅游服务三大功能模块。这三大体系中，旅游管理与旅游营销是景区建设的基础，是实现景区精细化服务的基本前提与重要保障，旅游服务是景区建设的最终目的。从某种意义上说，只有服务于游客的信息化应用才是智慧旅游景区。

基于旅游电子商务的智慧景区服务系统在结构上可分为三个层次：一是大数据中心，主要包括数据仓库和数据挖掘；二是平台支撑，主要有智慧景区服务系统平台和数据接口；三是服务应用，主要有网站、移动终端应用、论坛及其他形式。

(一)大数据中心

大数据中心是整个系统的数据基础，主要功能有数据仓库和数据挖掘。智慧化管理的各个层面的应用都是建立在对基础数据掌握和应用的基础之上。根据目前智慧景区建设的现状来看，多数景区已经能够根据规范来规划自己的大数据中心建设，这些景区之间的主要区别仅在于数据汇聚的来源多寡和数据资源的详细程度。

目前，景区能够获得并存储的数据主要有自身 GIS 地理空间数据、游客出入闸机数据、票务系统数据、景区游客分布数据。在电子商务平台上，能应用的数据主要有票务系统数据、游客查询数据、游客比例构成等。

数据挖掘是在数据仓库中，从不同来源的系统数据中提取潜在的有价值的信息，通过抽取、转换和装载，合并到新的数据整合仓库，为营销、决策、管理等多个系统提供数据支持。对于景区自身来讲，整合自有数据中心的数据和电子商务平台的数据，能够对其进行基础的数据分析和基础的游客喜好统计等，通过一定时间的数据积累，能够掌握一定时间内游客趋势变化情况、游客来源情况、游客需求等方面的内容，能够在一定程度上达到优化景区管理、满足游客个性化服务的要求。

(二)平台支撑

智慧景区服务系统的主体是一个电子商务服务和景区数据对接的系统平台，其主要优点为能够整合游客、景区、旅行社等各个方面的票务、旅游资源等信息，提供交流和销售的渠道，使游客获得实时且高质量的旅游信息，使景区能够获得一个稳定的销售渠道。

服务平台作为系统支撑，提供了整个服务系统的运维，通过技术对接、数据输入等不同的数据交换手段，从数据仓库获得信息资源，实现票务预订、产品销售、酒店预订等业务的推广。

服务平台通常采用面向服务架构，实现数据库信息共享，通过数据梳理和数据清洗，整合各应用系统的数据，实现平台和各业务系统无缝对接，提升运营效率。其网络

结构主要依托互联网,并通过其他手段对接景区局域网、小型专网等网络。

游客可通过电脑、手机和其他移动终端访问电子商务平台及拓展应用,如微门户、微信小程序等,根据自己的喜好获取相关信息;平台可根据用户请求调用数据仓库中的信息,反馈给游客并提供相应的服务。同时,还可以根据游客的访问情况,汇总到大数据中心,为数据挖掘提供数据支持。

(三)服务应用

旅游阶段可以划分为游览前、游览中和游览后。针对各个阶段的特点,服务应用的建设可以考虑如下内容。

1.游览前的服务应用

1)景区旅游信息

通过旅游电子商务平台,景区能够展示的旅游信息有游客量、客源信息、旅游行程、数字化地图、天气、GIS地理信息、旅游线路、游客服务设施等。

2)电子商务信息

它涵盖"食、住、行、游、购、娱"各环节景区能够提供给游客的支付方式、支付情况、配合电子商务所提供的服务。目前,如携程、飞猪等电子商务服务商,已经形成完整的电子商务支付体系,景区可以结合自身实际,自由选择自建系统或直接与第三方平台合作,构建符合自身需求的服务应用。

2.游览中的服务应用

游览中的服务应用主要包括移动端的数字地图导览和语音导览服务、客服咨询服务系统、电子票务系统。电子票务系统包括通过旅游电子商务平台预订景区门票、酒店住宿、交通票等,并且通过二维码扫描等实现自动检票过闸、酒店快捷入住等功能。

在以往的智慧景区建设中,不少景区通过在园区内设置二维码,通过扫码方式实现景点介绍,随着移动App的发展,逐渐出现了景区App自助导览。景区在智慧建设中,逐渐将导览和咨询系统相对接,积累出成熟的移动终端应用经验。

目前,部分设备服务商已整合出成熟的系统,能够通过接口和景区数据库及电子商务平台进行对接,实现凭二维码等方式直接入园。景区的数据中心可以将游客的入园信息通过闸机的管理系统及电子商务平台的票务系统采集到自己的数据仓库,或者利用第三方平台的用户数据分析,提供用户画像、客源地分析等分析报告。

3.游览后的服务应用

1)客户反馈分析

客户反馈分析是指通过电子商务平台和第三方平台的口碑评价分析等机制,对景区管理进行决策分析,提高运营能力。

2)客户体验发布

客户体验发布是指通过平台的交流互动渠道,如平台论坛、微博、微信及第三方旅游攻略网站,为游客提供一个相互交流体验的场所,旅游电商可以广泛收集游客的意见并进行相应的营销宣传。目前,携程、途牛、去哪儿等综合类的旅游电商都针对移动终端推出旅游网站和App,通过这类App进行旅游信息查询及写点评和游记等。

案例介绍

桂林景区智慧化建设与网络营销现状

1.桂林智慧景区建设现状

桂林市作为世界著名的风景游览城市和中国历史文化名城,拥有丰富且优质的旅游资源,旅游景区众多,截至 2019 年,桂林共有 5A 级景区 4 个、4A 级景区 39 个。为满足游客的个性化需求,提供高品质、高满意度的服务,当前桂林 4A 级、5A 级景区大多基于新一代信息技术对各种资源和信息进行了系统化、集约化的管理变革与智慧景区建设。

1)高速宽带网络基本建成

当前,桂林 4A 级、5A 级景区已经普遍接入了高速宽带网络,办公区域实现了高速宽带网络的连接,满足景区内部指挥调度、视频监控、应急管理等需求的局域网络也初步建成。游客服务中心等区域为游客提供了高速宽带网络接口,方便游客连接宽带网络,满足手机、电脑等终端上网需求。

2)核心区域实现 Wi-Fi 全覆盖

当前,桂林 4A 级、5A 级景区的核心区域已经实现了无线网络的免费全覆盖,如两江四湖·象山景区、独秀峰·王城景区的室内区域及芦笛景区、穿山景区的岩洞内部,游客在游览过程中可以方便快捷地将手机、电脑等终端连接上网,并能提供稳定的语音通话、网络通信服务。

3)移动通信信号实现全覆盖

当前,桂林 4A 级、5A 级景区除部分岩洞景观外,在景区主要出入口、游客中心、售票处、各主要景点、游步道等游客主要聚集区域及办公区域,均实现了 4G 信号的全覆盖,移动通信方便,线路顺畅。除 4G 信号外,部分景区,如两江四湖·象山景区局部区域已经实现了 5G 信号的覆盖,游客可以利用 5G 技术信号与景区无延迟互动交流。

4)视频监控实现全面覆盖与重点监控

当前,桂林 4A 级、5A 级景区已经实现了高清视频监控全面覆盖,对景区核心区域进行了重点监控,能实现视频图像的实时远程观看。除了景区自身对视频数据的保存处理外,还实现了视频数据与旅游行政主管部门信息系统的对接。其中,全部 5A 级景区和部分重点 4A 级景区视频监控信号已接入原国家旅游局平台,所有 4A 级景区都已经接入广西壮族自治区旅游发展委员会的视频监控平台。

2.智慧景区管理方面

1)景区进出车辆智能化管理

当前,桂林 4A 级、5A 级景区大多实现了对景区进出车辆的智能化管理。像芦笛景区、两江四湖·象山景区、叠彩山景区等通过对停车场的智慧化升级改造,不仅实现了对景区进出车辆车牌的自动识别、统计分析及车流状况、停车场空位信息的实时发布和车辆出入的快速引导,而且实现了车辆缴费的不停车及微信、支付宝无现金缴费等。

2)实时统计景区客流

当前,桂林 4A 级、5A 级景区大多已经公布了景区日最大承载量及瞬时承载量,并借助门禁系统、红外成像、手机信号分析、Wi-Fi 探针等技术基本已经实现了客流

的实时统计,以此来对景区内游客数量及售检票进行调节。同时,景区客流统计数据由广西壮族自治区旅发委进行统一管理,接入旅发委管理平台,并通过"广西游直通车"等平台对客流量统计数据进行公布。

3)景区内部管理办公自动化

当前,桂林 4A 级、5A 级景区内部管理办公已经全部实现了自动化,使用办公自动化软件、专业财务管理软件、OA 办公系统等来进行内部管理,实现了日常办公事务的在线处理。这有效解决了景区组织机构扩展带来的更新问题,辅助景区梳理了内部管理流程,建立了关键业务表单和流程固化制度,提高了办公效率。

3.智慧景区服务方面

1)实现以游客为中心的多渠道信息服务

当前,桂林 4A 级、5A 级景区已经实现了以游客为中心的包含线上与线下的多渠道信息服务。在线上渠道,各景区基本都建有自己的官方网站、微信公众号、微博等线上平台,部分景区如两江四湖·象山景区还开发了官方 App,均具备信息发布、行程规划、预约预订、电子讲解、导游导览、咨询建议和信息分享等功能,能够为游客提供方便、快捷、稳定、及时的信息服务。在线下渠道,各景区在景区入口处、游客集散地和主要活动区域基本都设有 LED 显示屏、电子发布栏或多媒体服务终端等设备,像独秀峰·王城景区与芦笛景区在游客中心还设有包含桂林旅游信息的智能触摸屏终端,能够动态发布天气、交通、重要公告、服务人员和车辆车位等信息,为游客在景区内的游览提供便利。芦笛景区的智能触摸屏终端如图 4-22 所示。

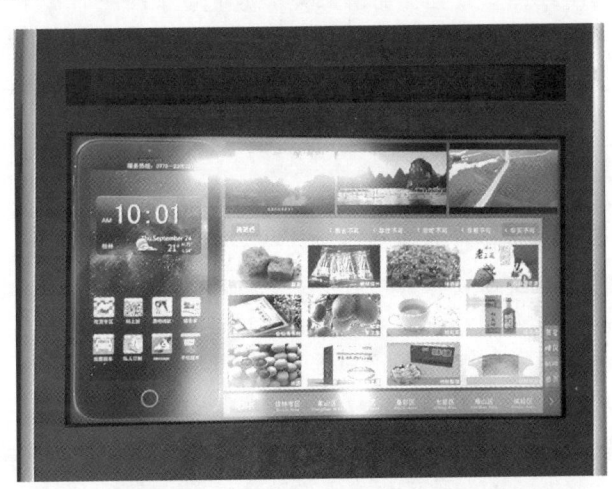

图 4-22　芦笛景区的智能触摸屏终端

2)多样化的智能终端提升景区服务

当前,桂林 4A 级、5A 级景区已经配置了多样化的智能终端,可以在游客游览的整个环节提供更为智能便捷的服务。在售检票环节,各景区提供了人工售票、自助机售票、景区官网售票、OTA 售票及旅行团在线办理等多种购票方式,满足了不同游客的购票需求,并提供了刷二维码、刷身份证和刷脸等方式来实现游客的快速入园。在导游导览环节,游客可通过景区公众号、官方网站、扫描二维码或无线团队讲解器等在景区内随时随地获取导游、导览服务。例如,"桂林七星景区"公众号为游客提供了景区的游览线路推荐及包括普通话、英语、日语、汉语在内的多语种的景点讲解;独秀峰·王城景区为游客配置了免费无线团队讲解器，提供全程的导游讲解服务。在体验服务环节，部分景区，如两江四湖·象山景区在游客中心配置了触摸显示屏，游客可体验景区内的 VR 导览服务，如图 4-23 所示；芦笛景区则借助岩洞内的景观为游客提供了虚拟影像表演。在结算环节，各景区内部普遍支持微信、支付宝、银联等线上支付手段。

图 4-23　两江四湖·象山景区 VR 游览触摸显示屏

3) 便捷多样的投诉建议处理解除游客的后顾之忧

当前，桂林 4A 级、5A 级景区的游客投诉渠道除了桂林市旅游投诉中心外，还提供了包括电话、邮件、官方网站、微信公众号、"一机游"平台、触摸屏等在内的多样化投诉建议受理通道，实现了完善的投诉处置和及时反馈，游客可以通过这些方式在线查询投诉建议的受理状态和处理结果，解除了游客游览的后顾之忧。

4. 信息安全保障体系初步形成

当前，桂林 4A 级、5A 级景区针对景区智慧化建设的信息安全保障体系已经初步建立，对景区智慧化建设过程中的运维及保障提供了必要的资源支持，制定了合理的安全运维规范，实施运维及保障项目管理，实现了定期对重要数据和信息系统的安全检查和风险评估，并对评估结果和运维记录进行监督、测量、分析和评审，定期实施改进升级，确保信息安全。

5. 网络营销系统

1) 多元化线上宣传渠道

当前，桂林 4A 级、5A 级景区的线上宣传渠道更为多元，除了通过景区自身的官方网站、微信公众号、微博等自有媒体渠道开展宣传营销活动外，还更多利用 OTA 平台、短视频、直播、电商平台等渠道开展互动营销活动。例如，两江四湖·象山景区、独秀峰·王城景区与格力集团合作，于 2020 年 9 月 19 日参与了"中国风·甲天下"格力电器全国巡回直播活动，格力电器董事长兼总裁董明珠在两江四湖·象山景区、独秀峰·王城景区进行直播带货，既宣传促销了格力产品，也向更多网友展现了桂林山水之美，起到了良好的宣传效果。

2) "一机游"平台助力景区营销

桂林市政府依托现有的桂林市大数据中心、旅游服务平台和旅游监管平台，与腾讯公司以公众号、小程序等为载体合作开发了"一键游桂林"平台。2018 年 3 月，

"i游桂林"正式上线。当前,桂林4A级、5A级景区已经全部入驻"i游桂林"平台,游客不用下载App即可查询桂林各景区门票价格、旅游攻略、交通住宿、旅游资讯、咨询投诉等信息,各景区则在服务游客的同时,聚集人气,宣传旅游景区产品、文化、资源等内容,通过与游客更为快捷及时的互动来强化景区营销。

解析:

智慧旅游不仅是一种管理方式,更是一种思维角度。桂林市旅游资源丰富,在智慧景区与电子商务融合发展中存在着明显的不均衡和景区差异。旅游部门通过信息化手段所获取的旅游综合数据缺少统一性指标,其中关键的旅游业务数据仅用于桂林市旅游主管部门网站上展示,应将这些数据脱敏后逐步应用于电子商务领域,以提高桂林旅游市场的精准营销能力。管理层的基础旅游信息库尚未能实现各景区的互联互通,这也在一定程度上影响了智慧景区建设进程。

当前,桂林4A级、5A级景区都成立了官方网站、公众号等平台,借助互联网尝试进行旅游市场的精准营销。但是,景区网络营销应不仅局限于网上票务销售,更要增加景点、周边交通、酒店智能服务等的深度介绍,以充分满足旅游者获取信息量的诉求。例如独秀峰·王城景区、两江四湖·象山景区等利用新媒体技术与手段进行宣传推广,但其在线营销的内容仍是主要围绕着传统旅游产品宣传及少量旅游资讯的推送,推广形式停留在景区风光宣传短片和重要景点图文介绍的传统形式上,公众号中也多以软文广告形式为主。这种景区智慧平台应逐步发展为真正的全方位的旅游资讯平台,进而实现信息的双向交互交流,即游客可从中获取充足且有吸引力的旅游信息,从而转化为用户,景区进而达到智慧旅游的营销效果。

四、景区旅游云电子商务平台体系的构建

(一)景区旅游云电子商务平台的特征

云计算是基于互联网相关服务的增加、使用和交付模式,通常涉及通过互联网来提供动态易扩展且经常是虚拟化的资源。云计算按照服务类型大致可以分为三类:基础设施即服务(Infrastructure as a Service,IaaS)、平台即服务(Platform as a Service,PaaS)、软件即服务(Software as a Service,SaaS)。旅游云平台提供的是一个海量旅游信息处理、信息交互和服务的平台,用户无需考虑终端的运算能力、存储能力、负载能力等问题,这些工作都将由云平台来完成,以实现资源共享和网络协同工作,从而极大地提高网络资源的利用率和平台运行效率,这些都直接影响着用户体验。基于旅游云构建的电子商务平台具有如下主要特征。

1.虚拟化

云计算将传统的计算、网络和存储资源通过提供虚拟化、容错和并行处理的软件,将其转化成可以弹性伸缩的服务。

2.弹性伸缩

云计算运用网络整合众多的计算机资源,形成技术存储模式,实现多种功能,包括并行计算、网格计算、分布式计算、分布式存储等。

3.提高工作效率

与原有的工作站单独计算的模式相比,云计算模式能在很短的时间内完成,实现效率的提升。

4.资源使用计量

云计算的服务是可计量的,付费标准是根据用户的用量收费。在存储和网络宽带技术中,已广泛使用了这种即付即用的方式。

5.按需自助服务

云计算具有规模大、用户多、安全可靠性高的特点,用户可按需进行自助服务。

6.经济性

在达到同样性能的前提下,组建一个超级计算机所消耗的资金很多,而云计算通过采用大量商业机组成集群的方式,所需要的费用与之相比要少很多。

(二)景区旅游云电子商务平台的总体架构

1.总体架构设计

智慧景区旅游云电子商务平台,主要由企业资源管理、零售业务处理、移动业务处理、核心订单处理、旅行社业务处理五个子系统组成,实现旅游产品的在线交易和旅游规划、资源、业务的一体化管理,如图4-24所示。该平台一方面通过提供多种服务方式,满足游客全程动态旅游信息服务需求,增强游客体验,提高游客满意度、舒适度,提升旅游景区的品牌形象;另一方面,可整合旅游信息资源,拓展景区周边中小企业的营销渠道,延伸旅游产业链,从而提高经济效益。

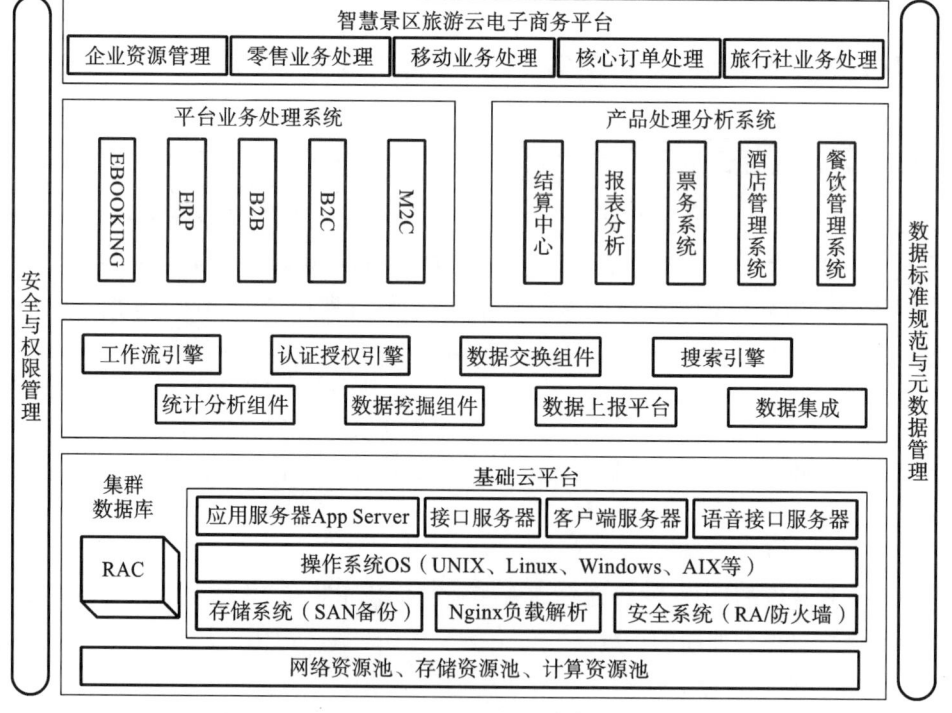

图 4-24　智慧景区旅游云电子商务平台总体架构

2.旅游云电子商务平台系统架构

基于旅游云的景区电子商务管理平台是由景区门禁系统、餐饮住宿系统、投诉处理系统、旅游咨询系统、交通管理系统、景区监控系统、营销系统及其他应用系统集成构建,如图 4-25 所示。根据系统平台所采集集成的数据,为景区经营管理制定相应的营销流程、销售流程、服务流程,然后实施整个活动,最后将活动中产生的数据、信息记录到数据仓库中,并且可以直接运用到电子商务平台服务中。

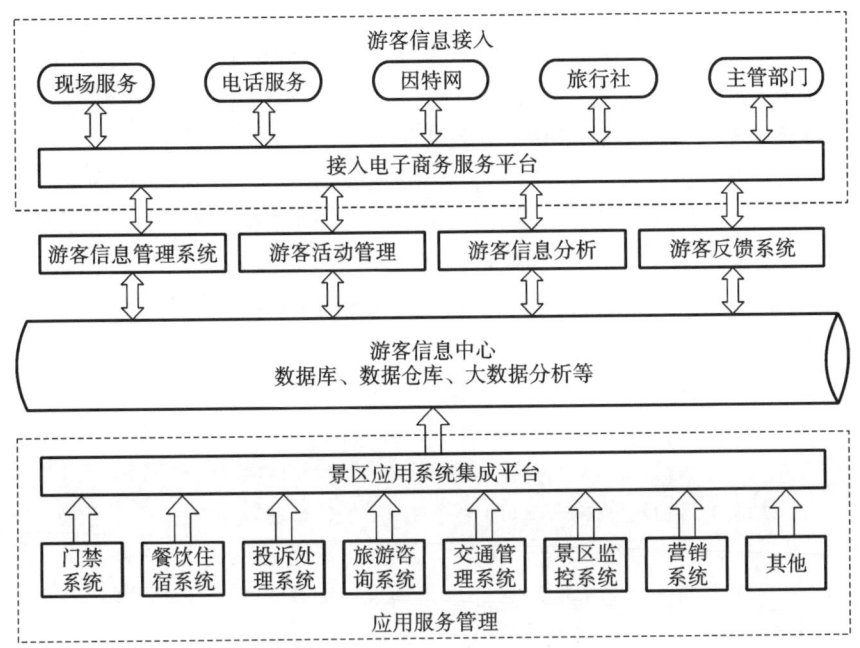

图 4-25　旅游云电子商务系统架构

(三)景区旅游云电子商务平台的关键技术

1.旅游云电子商务平台大数据采集技术

旅游云电子商务平台大数据采集技术主要是通过手工数据采集或动态数据采集方式,将组织所需的数据从下级统一采集到组织统一数据库中,并为组织的核心业务系统(旅游云电子商务平台)提供统一、集中的存储服务。统一布局,避免各个业务系统重复建设存储系统,并将多个专业系统的数据经过抽取进行整合,存储到整合数据库中,通过整合加工完成数据的统一管理,为更深入的数据分析及数据共享提供支持。

2.旅游云电子商务平台数据信息存储备份技术

基于旅游云的存储备份系统是由存储设备、网络设备、集群中间件、虚拟服务器、业务管理、公用访问接口及相应协议标准等多个部件协同作用共同组成的复杂系统。各部分以存储设备为核心,通过应用软件来对外提供数据存储服务。根据各部分逻辑功能的不同,基于云存储的在线备份系统由存储资源层、资源配置层、运行管理层、业务接口层四部分组成。数据安全通过层间加密和认证保证,达到数据不可抵赖性、可用性、完整性和保密性。

3.旅游云电子商务平台数据接口规范

这是指依托旅游景区一体化基础旅游云架构，建设采用 SaaS 模式、面向互联网和移动终端、开放的旅游开发平台。它可以确定旅游数据模型，确定数据采集规范，包括"食、住、行、游、购、娱"等数据采集规范；规范旅游云端数据信息存储、备份规范，解决互联网及终端服务平台的无缝接入关键技术，实现目的地景区资源移动互联网和移动终端的集成应用；和原有互联网数据系统互连互通，目的地一体化营销服务平台对接和支撑，多媒体信息移动平台展示、消息推送、移动导航在旅游业整合应用，多平台终端系统数据同步和标准兼容技术，移动设备和 PC 设备的移动订单业务流转处理，基于位置兴趣点搜索技术等。

4.旅游云电子商务平台数据分析可视化技术

旅游云电子商务平台数据分析可视化技术是指对数据库中的周期数据及信息交换提供的在线数据进行深加工处理。信息分析提供了统一的商业智能软件工具，不但支持综合信息平台的决策功能开发，也是其他信息系统的决策功能的统一开发平台。通过可视化技术，可将组织关键指标数据在平台上清晰直观地展示出来，并能根据指标、时间、组织结构（管理职能）生成三类报表，还可以在查询时任意组合指标，生成满足不同要求的报表，形成智慧旅游景区信息展示的窗口，以满足游客及相关人员的信息查询与共享需求。

本章小结

旅游景区电子商务是旅游电子商务的重要组成部分，是以景区为核心，通过先进的信息技术整合景区门票、酒店、餐饮、娱乐、交通、观光车、演出表演等各方面相关资源，为旅游者提供饮食、住宿、出行、游玩、购物、娱乐等全方位高质量的个性化旅游服务。

按照旅游景区电子商务网站的控制主体及所提供的业务内容，可以将旅游景区电子商务分为由销售方控制的第一方电子商务模式、由中介方控制的第三方电子商务模式和由旅游目的地政府主导创建的地方性旅游服务网站模式三大类。

旅游景区电子商务的发展意义：促进旅游资源整合，实现景区规模效益；降低景区运营成本，提高运营效率；满足游客个性化需求，提高旅游自由度。

我国旅游景区电子商务的发展趋势：商务模式将会继续创新；规模化经营将成为主要趋势；网站功能整合程度提高；移动自媒体将成为主要营销渠道。

旅游景区电子商务的营销模式：第一方电子商务模式、第三方电子商务模式、地方性旅游服务网站模式和其他网络营销推广模式。其中，其他网络推广营销模式包括搜索引擎营销、网络视频推广和社会性网络服务营销。

智慧景区的"智慧"主要体现在旅游服务的智慧、旅游管理的智慧和旅游营销的智慧三大方面。

基于旅游电子商务的智慧景区服务系统在结构上可分为三个层次：一是大数据中心，主要包括数据仓库和数据挖掘；二是平台支撑，主要有智慧景区服务系统平台和数据接口；三是服务应用，主要有网站、移动终端应用、论坛及其他形式。

Note

 讨论与思考

在线答题

1. 试比较第一方电子商务模式、第三方电子商务模式和地方性旅游服务网站的优劣势。

2. 列举你知道的景区旅游电子商务模式，结合某一具体旅游景区，详细介绍其使用的 2—3 种电子商务模式。

3. "网红打卡"时代，旅游景区如何运用新型网络营销推广模式？

4. 旅游景区智慧化建设的主要目标是什么？

5. 试分析景区智慧化建设与电子商务融合发展的原理及实施措施。

 案例分析

扬州瘦西湖吹响全国智慧景区建设"号角"①

智慧景区建设并非单纯的软硬件比拼，而是通过"互联网＋"技术带来诸多体验，让游客切身感受到便利和舒适，重视以人为本。扬州瘦西湖就通过深入运用智慧化的手段，发展智慧旅游、提供优质服务，更好地服务游客、满足游客、温暖游客。

扬州瘦西湖景区，大力推进旅游数字化，加快发展智慧旅游，形成智慧景区产业新格局，构建"旅游＋"大产业融合发展格局，全面提升大景区旅游业发展水平，推动大景区智慧旅游建设与品牌塑造；扬州瘦西湖景区切实提高认识，创新机制体制，把智慧旅游当作未来旅游管理与旅游发展的一个重要抓手，不断健全完善旅游公共服务体系，加强延伸拓展景区智慧旅游业，完善实现游客在景区内的便捷体验，让智慧旅游变得触手可及，推动丰富的游览前、游览中和游览后的"全景式、全链条、全程化"在线旅游服务。

作为国家文化旅游示范区，扬州瘦西湖景区近年来全面构建景区智慧旅游体系，在智慧服务、营销、管理上不断创新和探索，给游客带来别样体验。2018 年 9 月 6 日，由国内互联网和 IT 界权威杂志《互联网周刊》发起的"2018 智慧景区百强排行榜"评选结果出炉，扬州瘦西湖景区名列第五，上榜理由为：联合小米旗下"香蕉出行"推出导游管理系统、"互联网＋购票"、全覆盖免费 Wi-Fi、电商平台在线客服。扬州瘦西湖景区可谓实至名归，在购票、入园、营销、管理等各方面，线上和线下良性互动，领跑全国智慧景区建设。

1. 整合优势资源加强旅游体验

"资源大整合，景区大营销"理念已成为景区共识。扬州旅游营销中心整合"景点＋酒店＋餐饮＋演出＋温泉"等各种资源，推出"瘦西湖＋餐""瘦西湖＋船""瘦西湖＋大明寺""瘦西湖＋《春江花月夜》演出""瘦西湖亲子票""瘦西湖＋酒店"等多种套餐，塑造大景区品牌形象，满足游客的个性化、差异化需求。游客来到扬州不再只是

① 吴涛. 扬州瘦西湖推进智慧景区建设 一部手机全搞定［N/OL］. 扬州日报，2018-09-10（1）. http://js.rmsnet.com/video/d41592.html.

观赏五亭桥、白塔，而是更乐于主动去体验扬州慢生活，品尝淮扬菜，享受"三把刀"，感受"早上皮包水、晚上水包皮"的文化，真正实现"从早到晚的享受四时八节的变幻"，体验"他乡即故乡"的深度旅游。

2. 实时电子导游讲解、网上预约导游

参观景点时，因为没有专业导游讲解而无法了解背后的故事，往往会给游客带来不便和遗憾。而在扬州瘦西湖，这样的遗憾随着智慧旅游建设正在变得越来越少。扬州瘦西湖景区提供全覆盖免费 Wi-Fi，添加景区微信，可随时随地收听专业导游的讲解。目前，扬州瘦西湖还计划携手小米布局网约导游平台，对导游进行动态定位管理，让游客对预约的是哪位导游、在什么位置、什么时候能提供服务都能一目了然。

虽然不少游客选择自助电子导游，但是传统的人工导游是景区文化的重要组成部分，他们身着特色服装、对景区悠久历史文化的生动讲述、各自所具有的才艺，是电子导游不具备的，所以人工导游更受游客青睐。一到旅游旺季和节假日、周末，景区常常"一导难求"，由于导游讲解线路长，过去调度靠电话联系，游客根本不知道要等待多长时间，一般等上一两个小时也是常事。2017 年以来，景区加入业内首个网约导游服务平台——香蕉出行，游客游瘦西湖时不但可以在网上预约导游，还可以对导游服务进行点评。"通过导游智慧管理系统，实时查看每个导游到岗情况、行动轨迹、讲解时间，对导游的管理、调度更加科学高效。"

3. 手机一键控制灯光照明开关

扬州瘦西湖夜间的灯光亮化一直是景区夜游的亮点。景区采取现代科技照明技术，大量使用泛光灯、景观柱灯、LED 灯等，把景区装扮成层次分明、疏密有致、明暗相间的诗画长卷，营造出富有诗意的夜间景观。

据了解，以往都是人工管理夜间灯光，必须由工作人员到一个个亮化点去人工开关灯，由于景区面积很大，每次开关灯都非常烦琐。2018 年以来，扬州瘦西湖的工作人员对园区内的灯光进行了智能化控制改造。为保持景区环境，在改造过程中，景区摒弃了大面积的穿管布线施工，而是采用无线方式对整个景区内的灯光进行智能化控制。经过改造后，景区内的 21 个亮化点可以通过电脑或手机进行手动或自动控制，只要有网络，登录系统就能实现远程开关操作，大大降低了工作强度，提高了工作效率。

同时，这一灯光智能化控制系统还具有自动报警和监测功能，管理人员可以实时监测景观灯故障发生的地点和状态，为及时修复提供了有力的保障。

4. 购票、游园、娱乐一键搞定

无论是小长假还是"黄金周"，扬州瘦西湖的游客都一如既往爆棚，但旅游质量却不受影响，智慧旅游系统带来的便捷赢得游客一致好评。

景区专门开发了以扬州瘦西湖为核心的智慧旅游综合服务平台，全国首创将上千家线下传统旅行社业务往线上发展，突破单一的门票营销模式，实现了向全域旅游服务模式的转变。简单地说，就是分景区门票、酒店、餐饮、旅游线路四大类，给游客提供更多个性化产品和服务。

以往购票要排很长时间的队；如今一部手机，购票、游园、娱乐都能一键搞定。以往团队游客入园，旅行社需要提前通过传真或者电话确认，其中不免出现失误和错漏；导游在现场购买团队票时，也需要排队等待；如今，旅行社可以在平台上实时下

单,然后直接扫码快速入园。散客则可以通过"互联网＋"购买电子票,到景区电商窗口兑票或直接到入口通道扫码入园,也可以在售票大厅自动售票机上自助购票,或是通过微信"摇一摇"购票。总之,你能想到的便捷购票通道,扬州瘦西湖全部都有。

进入景区后,游客更可以感受到"互联网＋游园"的便利,从"观光"切实升级为"体验"。游客在景区内可享受全覆盖且免费的 Wi-Fi 网络,也可通过微信"摇一摇"的方式进入景区微信服务区,并使用导航功能快速前往各个景点,也不用发愁找不到卫生间了。游客还可下载 App,通过虚拟导游了解景点文化内涵。自驾而来的游客,还可通过服务号了解景区周边的停车场、餐饮及购物场所情况。

从统一管理营销中心的电商平台,积累游客大数据,再到利用后台数据分析,根据游客信息开展有针对性的旅游推介、旅游服务等,扬州瘦西湖景区逐步探索出了"互联网＋"新服务模式,并以此设立了电商平台在线客服,实时与游客保持互动沟通,并能针对游客的个性化需求,快速高效地解决游客咨询、诉求、求助等事宜。扬州瘦西湖景区不断加大软硬件投入,在购票、入园、营销、管理等各方面线上和线下形成良性互动,提升了游客游园的舒适度,成为智慧旅游景区建设的标杆。

智慧景区建设是旅游业发展的重要方向,在数字化时代的背景下,智慧旅游、智能游览是景区建设的必经之路。扬州瘦西湖景区通过"互联网＋"的技术,为游客带来更多的体验,让游客切身感受到便利与舒适,了解到景区重视以人为本。

全国智慧景区正在大批建设中,扬州瘦西湖利用智慧化的方式,更好地将景区贴近游客,满足游客的需求,在游玩体验上,更好地服务游客、温暖游客;在智慧建设的过程中,不断提升优质服务,大力推进旅游数字化,形成"智慧"景区产业新格局,构建"旅游＋"大产业融合发展格局。

扬州瘦西湖景区在智慧景区的建设上迈了一大步,推动了当地旅游业的发展,提升了当地旅游的品质服务,是我国智慧景区建设标杆。

思考题:

1.扬州瘦西湖景区为了更好地服务游客,采用了哪些新技术?

2.扬州瘦西湖景区为什么要探索新的电子商务模式?

3.从景区智慧化建设与电子商务融合发展的角度分析,扬州瘦西湖景区还可以有哪些改进措施?

实验四　旅游电子商务网站规划设计与列表使用

微课视频

一、实验目标

对旅游电商网站进行规划;

对旅游电商网站进行简单的设计;

了解网页制作列表的使用。

Note

二、实验内容

旅游网站的简单规划与设计；
在网页中制作列表。

三、知识准备

(一)典型的网站开发流程

规划站点：确立站点的策略或目标，确定所面向的用户及站点的数据需求。
网站制作：设置网站的开发环境、规划页面设计和布局、创建内容资源等。
测试站点：使用虚拟主机空间测试页面的链接及网站的兼容性。
发布站点：将站点发布到虚拟主机服务器上。

(二)HTML 简介

HTML 是 HyperText Markup Language(超文本标记语言)的缩写,是网页设计中最基本的标记语言,能够实现一个平台到另一个平台超文本的简单标记语言。网页制作人员在设计网页时,一定要遵循 HTML 语言的语法特征,不然在浏览器中无法正常打开。HTML 语言是 Web 网页开发的前提和基础,它能够通过一系列标签来定义网页中的具体内容,将网站的整体结构呈现在浏览器中,最终实现格式化的网站效果。HTML 语言以下特点:简易性、具有可扩展性、平台无关性。HTML 语言是所有 Web 技术的基础。基本网页代码如图 4-26 所示。

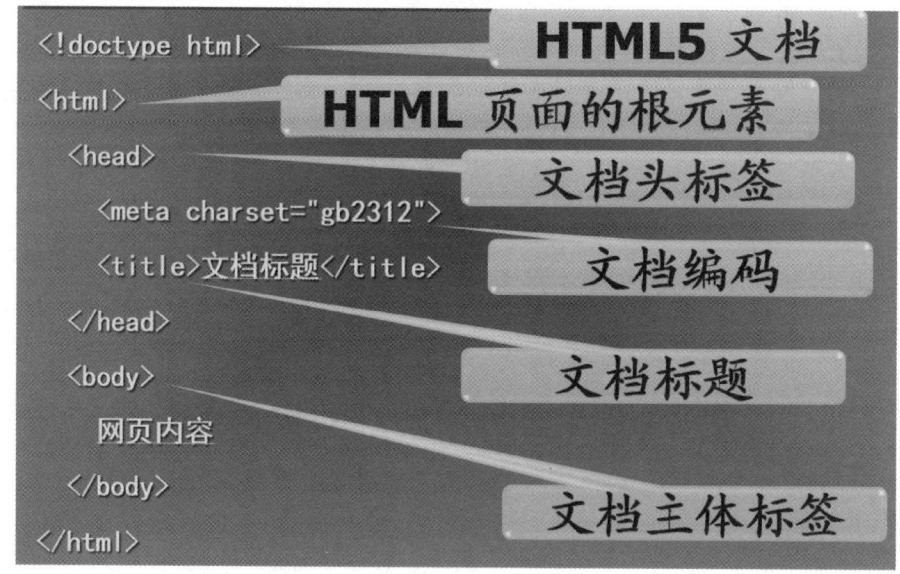

图 4-26　HTML 文档基本结构

HTML 代码规范:
(1)不是所有的标签都有属性。

(2)可根据需要使用标签的属性。

(3)标签名和属性不区分大小写,建议使用小写字母。

(4)HTML文件一行可以写多个标签,但标签关键字不能分两行写。

(5)属性的值都要加上""""(半角引号)。

(三)常用标签

1.注释标签<! __…__>

使用格式为:

```
<!--注释内容-->
```

2.换行标签

标记强制行中断从而下一行开始显示,并且在断行间不产生空行。
标记放在一行的末尾,其格式为:

```
文字<br/>
```

3.段落标签<p>…</p>

HTML的浏览器是基于串口的,用户可以随时改变显示区的大小,所以HTML将多个空格、回车视为一个空格,这是和绝大多数文字处理器不同的。HTML的分段由段标记<p>决定。<p>标记不仅使后面的文字换到下一行,还在两段之间产生一行空行。分段标记放在这段文字的末尾,其格式为:

```
文字<p>
```

分段标记也可以有多种属性,比较正常的属性格式为:

```
<p align="left|center|right">文字</p>
```

4.定位标签<div>…</div>

```
<div align="left|center|right">文本、图像或表格</div>
```

5.水平线标签<hr/>

```
<hr align="  " size="横线粗细" width="横线长度" color="横线色彩"/>
```

6.标题文字标签<h#>…</h#>

网页中的标题与文章中的标题的性质是一样的,它们都表示重要的信息。HTML提供6个等级的标题标签,分别是<h1>、<h2>、<h3>、<h4>、<h5>和<h6>,从<h1>到<h6>重要性递减。其基本语法格式如下:

```
<h# align="left|center|right">标题文字</h#>
```

该语法格式中n的取值为1到6,align属性为可选属性,用于指定标题的对齐方式。

7.超链接-锚点标签<a>…</a>

链接到同一目录内的网页文件,格式为:

```
<a href="目标文件名.html">热点文本</a>
```

8.列表

列表分为无序列表和有序列表。带序号标志(如数字、字母等)表项的列表,是有序

列表;带符号标志表项的列表就是无序列表。

1)无序列表

无序列表用<UL>开始,以</UL>结束,中间的列表条用<LI>来指导,无需用</LI>来结束。无序列表的标记格式如下:

```
<ul type=" disc|circle|square">
   <li type="符号类型 1">第一个列表项
   <li>第二个列表项
</ul>
```

2)有序列表

有序列表以</OL>结束,中间的列表条目用<LI>来引导,无需用</LI>来结束。有序列表的标记格式如下:

```
<ol type="符号类型" start=# >
   <li type="符号类型 1"> 表项 1
   <li type="1|A|a|I|i"> 表项 2
</ol>
```

四、实验步骤

(一)规划网站,可以采用画图的方法实现

(1)确定网站内容,所面向的对象等。

(2)确定网站主要功能。

(3)确定页面主色调。

(4)确定页面大体布局,如图 4-27 所示。

图 4-27　网页示意图

(二)网站设计制作

(1)打开记事本,新建 HTML 文档,可以用学号命名。

(2)输入如下网页框架内容。

```
<!doctype html>
<html>
  <head>
    <meta charset="gb2312">
    <title>......</title>
  </head>
  <body>
  </body>
</html>
```

(3)设计表格控制页面头部布局,输入如下内容。

```
<table align="center"bgcolor= "yellow">
<tr>
<td width="200"><img src="images/logo.png"width="100"height="100"/> </td>
<td width="200"><a href="#"><span>首页</span></a></td>
<td width="200"><a href="reg.html"><span>注册</span></a></td>
<td width="200"><a href="aa.html"><span>登录</span></a></td>
<td width="200"><a href="#"><span>短租指南</span></a></td>
</tr>
</table>
```

(4)用同样的方法设置页面主体部分,如下所示,注意列表的使用。

```
<table align="center">
<tr>
<td><a  href="12.html"><img  src="images/桃源度假酒店 1.jpg"width="198"height="146"/></a>
<h3>民宿 1</h3>
<p>桂林逸居桃源度假酒店</p>
</td>
<td>
<a href="34.html"><img src="images/云庐 1.jpeg" width="198"height="146"/></a>
<h3>民宿 2</h3>
<p>阳朔喜岳·云庐酒店</p>
</td>
```

```html
<td>
<a href="56.html"><img src="images/胜地 1.jpeg" width="198"height=
"146"/></a>
<h3>民宿 3</h3>
<p>阳朔胜地酒店</p>
</td>
<td>
<a href="78.html"><img src="images/云庐 2.jpeg" width="198"height=
"146"/></a>
<h3>民宿 4</h3>
<p>丽江古城四合院</p>

    </td>


                <td bgcolor="#E0EEEE">
                <h2>优选民宿</h2>
                <ol type="1">
                   <li> 乌布小镇
                   <li> 鸟语花香
                   <li> 花千树
                   <li> 依山民宿
                   <li> 河畔城堡
                   <li> 隐享·玖号别苑
                   <li> 湖畔小屋
                   <li> 东漓古宿
                 </ol>
                </td>
                </tr>
                </table>
```

第五章
酒店电子商务

学习引导

　　酒店电子商务是指通过现代网络信息技术实现酒店商务活动各环节电子化的过程,其具有时空性、聚合性、个性化和经济性等特点。酒店电子商务系统是一个集成系统,包括硬件系统和软件系统。酒店电子商务网络营销是以互联网为基础,利用数字化信息和网络媒体的交互性来达成酒店营销目标的一种酒店网络营销方式,是酒店电子商务的核心内容。酒店电子商务主营业务模式包括多维度单售酒店业务模式、"酒店＋机票"模式和"酒店＋联票"模式。酒店电子商务网络推广策略主要有酒店自建网站推广、搜索引擎推广、社会化媒体推广、微信推广、电子邮件推广和"病毒式"推广。

学习目标

1.了解酒店电子商务的概念、特点和发展现状。
2.了解酒店电子商务网络营销的概念、功能和特点。
3.熟悉酒店电子商务系统的构建。
4.掌握酒店电子商务网络营销的主营业务模式和推广策略。
5.思考探索如何将新媒体应用于酒店电子商务网络营销的推广。

思维导图

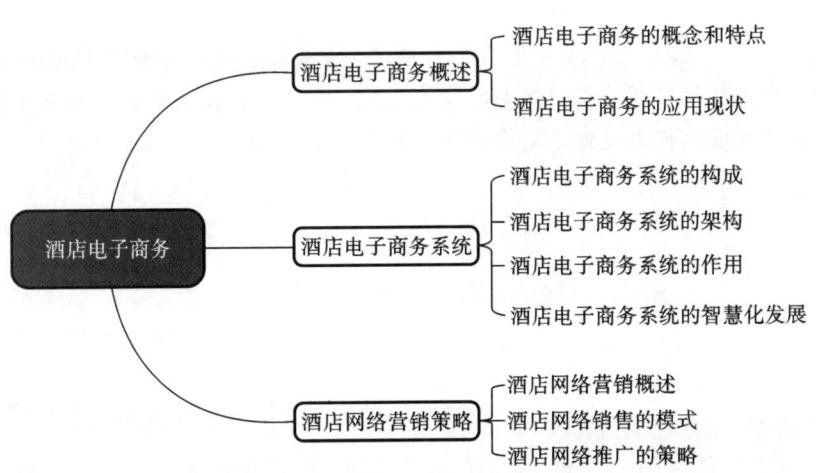

 导入案例

"互联网＋"重构酒店行业产业链①

目前,互联网对酒店的渗透主要体现在行业整体链条的销售环节。酒店传统的客流来源主要是由企业客户、旅行社团客、散客等构成。随着互联网及移动终端的应用和普及,酒店在线预订成为主流,酒店从依托优势地段保证客源变为通过互联网进行流量导入来招揽客流,改变了传统的酒店行业产业链,如图 5-1 所示。

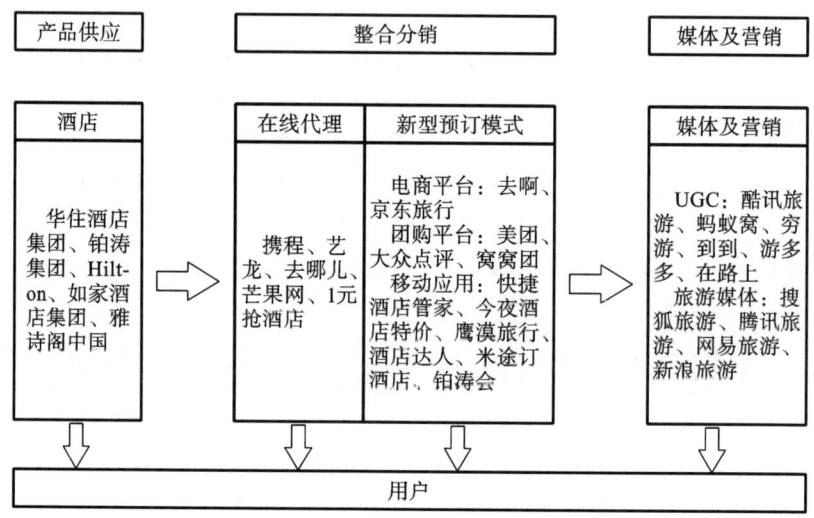

图 5-1 酒店互联网产业链

成熟的互联网销售渠道给酒店行业带来了巨大的生机。比如,携程、去哪儿等提供的在线旅游服务平台,美团、大众点评等的团购预订模式,马蜂窝、穷游等媒体营销UGC,还有腾讯旅游、网易旅游等旅游媒体的助力,都让酒店行业的销售渠道日益多元化。而移动互联网的快速发展也催生了酒店行业 O2O 的巨大机会,很多酒店集团都开始采用移动端直销渠道,如掌上如家、铂涛会等。

解析:

随着现代网络信息技术在酒店行业的应用,以及互联网与移动终端的发展与普及,酒店从内部管理到外部销售都将发生质的变化,这给酒店带来了机遇与挑战。那么,酒店行业应如何通过电子商务改善其内部经营管理与市场营销呢?

① 前瞻产业研究院《2021—2026 年中国酒店行业发展前景与投资战略规划分析报告》.

第一节　酒店电子商务概述

一、酒店电子商务的概念和特点

(一)酒店电子商务的概念

酒店电子商务是指通过现代网络信息技术实现酒店商务活动各环节电子化的过程,包括通过网络发布、交流酒店基本信息和商务信息,以电子手段进行酒店宣传、促销、开展酒店服务、进行电子交易,也包括酒店内部流程的电子化及管理信息系统的应用等,是电子商务在酒店行业中的具体体现。例如,7天连锁酒店是我国第一家开拓酒店电子商务的经济型酒店,成立伊始,7天连锁酒店就把企业核心竞争力的方向锁定在电子商务上。7天连锁酒店的创始人郑南雁是计算机专业出身,曾创办电脑软件公司和任职携程旅行网,并于2005年创办了7天连锁酒店。自创办伊始,郑南雁就与其团队建立了IT电子信息技术平台,并不断创新,使之演变成为酒店的核心竞争力。目前,我国经济型连锁酒店纷纷建立了电子商务网站,如城市便捷酒店、锦江之星、如家酒店、汉庭酒店、格林豪泰酒店等。

从技术基础角度来看,酒店电子商务是采用数字化电子方式进行酒店信息数据交换和开展商务活动。从应用层次来看,酒店电子商务可分为两个层次:一是面向市场,以市场活动为中心,包括促成酒店交易实现的各种商业行为,如网上发布信息、网上公关促销、市场调研、网络洽谈、网上咨询、网上交易、网上支付、售后服务等;二是利用信息技术整合管理酒店内部资源、优化酒店内部管理与外部联通的流程,实现酒店信息化管理,即酒店管理信息系统。酒店电子商务一方面最大限度地优化订房模式,满足来自不同渠道的消费者的定房需求,另一方面酒店管理信息系统涵盖了酒店管理的方方面面,如中央预订系统、物料计划管理系统、电务管理系统、中央报表系统等。

(二)酒店电子商务的特点

酒店电子商务不仅指酒店电子交易,而且还包括应用现代网络信息技术手段进行商业性信息发布、传递、交流酒店信息的活动。酒店电子商务是将信息技术和手段应用在酒店经营管理与市场营销各环节,其运营成本低、用户范围广、无时空和地域国界的限制。因此,酒店电子商务具有以下特点。

1. 时空性

网络无国界,互联网用户遍及全球,使信息可以在世界各地传播与共享。酒店行业可以利用网络的许多增值服务,如全球分销系统使酒店预订信息或相关信息能与世界各地的客户共享,突破了地域时空的限制。酒店在线预订功能可以提供24小时不间断的服务,使酒店产品可以随时随地地在线销售,各酒店可以向世界各地的客户提供酒店销售信息与预订服务。

2. 聚合性

传统酒店面向游客的产品和服务是提供住宿即可。但是，采用电子商务的酒店可利用互联网推广方式将酒店信息资源、服务资源、客户资源集中起来，同时连接整合旅游业的上下游产业，如集合金融服务机构、旅游营销机构、航空公司等企业形成一个巨大的产业链条。酒店网络平台实现了酒店的供求消息、信息更新、在线预订功能的整合聚集效应，酒店和客户之间可以充分利用 B2C 的交易方式进行买卖。

3. 个性化

旅游业的电子化发展，出现了各种新兴旅游方式，由传统的观光旅游到旅游文化体验的转换，旅客的组团方式也向个性化的自助游方式转变。酒店行业作为旅游发展的三大支柱产业之一，对于其满足散客、大客户的多种预订需求也提出了更高的要求。电子商务的高效率在线预订功能可以适应这种多样化的预订需求。

4. 经济性

区别于传统的实体经济，网络经济是因采用电子商务模式而出现的一种新型虚拟经济。著名的网络经济法则——Metcalfe 法则指出，互联网的价值等于节点数的平方，在互联网中，当用户的数量增加时，用户之间的交易机会将以成倍的速度增加，网络总的交易机会相当于互联网节点数目的平方，每一位新的用户将会给其他网络用户带来额外价值。如今，电子商务运用于旅游酒店，为全球的旅游者和旅游企业所使用，信息资源会随着网络节点的增加而被广泛利用，共享的人也越来越多，体现出酒店电子商务发展的巨大潜力。

知识活页

中国在线酒店预订市场渗透率存在增量空间[①]

《2021 年中国酒店业发展报告》显示，截至 2021 年 1 月 1 日，全国住宿业设施总数为 44.7 万家，酒店业的设施和客房数分别占我国住宿业的 62% 和 95%。餐饮业务在近年来的发展更是不言而喻。Consultancy 发布的《2021 年网络消费者趋势报告》中指出，新冠肺炎疫情加速了消费者在线消费的习惯，我国约有 61% 的消费者进行在线购物。

从在线住宿预订行业渗透率来看，在线渗透率呈逐年递增态势，如图 5-2 所示。数据显示，2019 年中国在线住宿预订渗透率为 40.50%。相较于机票/火车票市场 80%～90% 的在线渗透率，目前中国在线住宿预订在线渗透率还是相对较低，在线酒店预订市场提升空间广阔。

在 2020 年 6 月酒店集团应用 App 月活跃用户规模 Top10 榜单中，酒店独立 App 端用户规模差距较大。首旅如家以 152.46 万人月活位居榜首，居于第二名的华住酒店月活为 82.76 万人，第三名格林酒店为 63.39 万人，如表 5-1 所示。

① 前瞻产业研究院《2021—2026 年中国酒店行业发展前景与投资战略规划分析报告》。

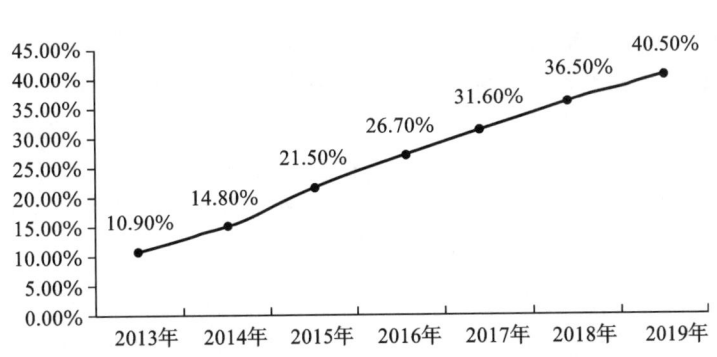

图 5-2 2013—2019 年中国在线住宿预订行业在线渗透率

表 5-1 2020 年 6 月酒店集团应用 Top5 榜单

排　　名	应 用 名 称	月度活跃用户规模（万人）
1	首旅如家	152.46
2	华住酒店	82.76
3	格林酒店	63.39
4	锦江酒店	37.76
5	东星会	13.06

二、酒店电子商务的应用现状

信息技术最早被用于大型酒店集团的中央预订系统（Center Reservation System，CRS）。国际上最早的中央预订系统是由假日酒店集团（Holiday Inn Inc.）于 1965 年 7 月建立的假日电讯网（Holier-I），这是电子商务最早应用于酒店的形式。美国喜来登集团的 Reservation 中央预订系统于 1970 年开通，1976 年完成它的 1000 万次预订，1983 年在中东设立它的第一家电脑预订中心办事处。电子商务网络的运用使喜来登酒店业务迅速上升。目前，喜来登的 CRS 办事处已遍布全球。假日酒店集团、喜来登集团的网上电脑预订系统与美国希尔顿集团的 Hilton 电脑预订系统、法国雅高的 PROLOGIN、华美达的 ROOMMFINER、顺领的 Sterling Hotel & Resorts、环球的 World Hotel & Resorts 等都属于当今世界上运用网络预订处理的最大的酒店集团预订系统，利用网络管理是这些酒店集团有效控制客源市场的有力工具。

自 2000 年互联网广泛运用到酒店信息管理系统以来，酒店信息管理系统分别运用于酒店网上办公、酒店决策支持系统、酒店的安全门禁信息系统、酒店客房预订系统等。

我国酒店行业对计算机信息技术应用及实行网络管理起步较晚，20 世纪 80 年代，国内几家著名酒店才开始建立计算机管理系统，当时都是引进国外较成熟的酒店管理软件。但由于这些系统价格昂贵，采用英文界面等原因，因而使用面不广。例如，1984

年上海锦江饭店引入美国 Conic 公司的计算机管理系统,用于酒店的预订排房、查询、客户账务处理。随着我国计算机行业的发展,我国酒店行业在吸收国外先进软件管理系统的同时,逐渐开发出各种适合我国国情的酒店管理信息系统。例如,采用云计算技术的住哲云 PMS 酒店管理系统,是酒店管理、运营、营销一站式服务软件。相对于进口软件的高价格,国内酒店管理系统普遍价格便宜、性能好、适合我国国情,因此极大地促进了我国酒店管理信息系统的普及应用,并有效地提高了我国酒店行业的竞争能力和服务水平,促进了我国酒店行业的发展。

全球分销系统(Global Distribution System,GDS),是应用于民用航空运输及整个旅游业的大型计算机信息服务系统,由美国 Sabre 公司于 1960 年创立,全球旅游业的酒店预订 GDS 的占有率为 50%,加入 GDS 等于直接与全球 50 万家旅行社签订了订房合作协议。就整个酒店行业的运用程度上来看,最初加入 GDS 的大多是星级标准较高且运作实力较强的酒店,发展到 20 世纪 90 年代,随着互联网科技革命,中国共有 168 家酒店加入 GDS 预订。随着 GDS 的兴起,部分中小型独立的酒店集团也逐步加入 GDS。目前,酒店用户端的数字化进程不断加速,在独立 App 端、微信小程序和其他私域,流量用户运营水平很大程度会决定未来酒店集团市场竞争的成败,越来越多的酒店开始研发自有的 App 或微信小程序,用以维护自有渠道的客户。未来,我国在线住宿预订行业提升空间依旧广阔。

知识活页

中国在线住宿预订行业交易规模迅猛增长①

快速增长的旅游人数带动在线旅游行业的发展,在线住宿预订是在线旅游中的重要组成部分,在线住宿预订行业同样发展迅速。

1. 在线住宿预订行业产业链

在线住宿预订行业上游由酒店集团等组成,如华住酒店集团、锦江集团、铂涛集团、首旅集团等,众多的酒店商家提供丰富的住宿资源;中游由各分销商组成,如携程、美团点评、同程艺龙、去哪儿等;下游则是用户,如图 5-3 所示。

2. 在线住宿预订行业现状

间夜数是指酒店出租的房间数与出租天数之积,是酒店经营情况的重要指标。我国在线住宿预订间夜数从 2013 年的 2.1 亿间夜增长至 2019 年的 9.6 亿间夜,复合增长率为 28.64%,如图 5-4 所示。

我国在线住宿预订行业交易规模迅速膨胀,我国在线住宿预订行业交易规模从 2013 年的 568.0 亿元增长至 2019 年的 2734.7 亿元,复合增长率为 21.7%,如图 5-5 所示。

① 李晨. 2018 年中国在线住宿预订行业交易规模达到 2283.1 亿元,同比增长 25.5%[EB/OL]. (2019-09-10)[2021-08-21]. https://www.huaon.com/story/465414.

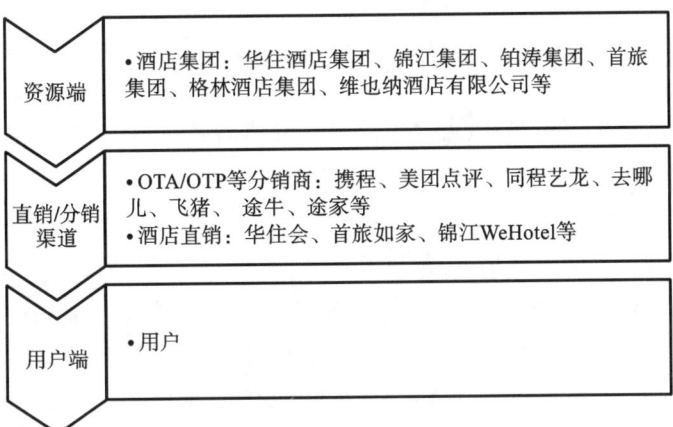

图 5-3 在线住宿预订行业产业链

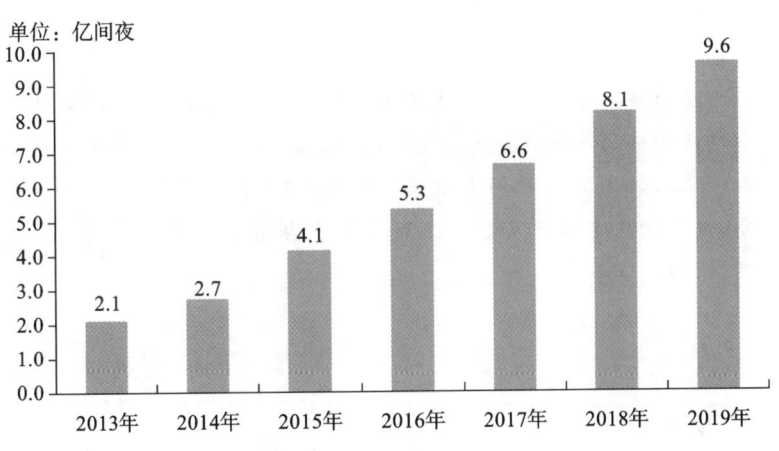

图 5-4 2013—2019 年在线住宿预订行业间夜数

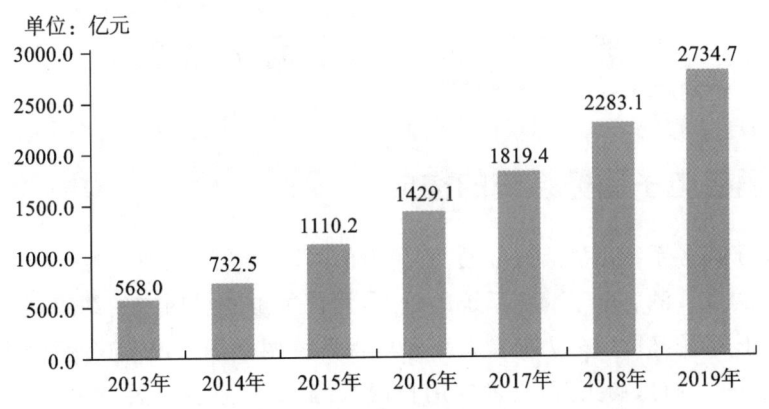

图 5-5 2013—2019 年中国在线住宿预订行业交易规模

Note

3. 在线住宿预订行业发展趋势

1）在线旅游产业链进一步融合

在线旅游行业近些年投资并购不断，在线旅游平台纷纷注重线下业务，收购线下旅行社、酒店等上游旅游产品供应商，在线旅游产业链进一步融合。

以携程为例，在交通上，收购了现代运通公司、海岸航空服务公司、天海邮轮，投资一嗨租车、易到用车等；在住宿方面，投资华住酒店、首旅建国酒店、途家，入股汉庭酒店、如家酒店、7天连锁酒店等；在餐饮方面，投资订餐小秘书；在旅游方面，收购翠明国旅、永安旅游、香港华闽旅游，投资太美旅行，控股华远国旅等；在综合方面，携程还战略投资旅游百事通、华远国旅等。

2）旅游企业国际化发展

随着我国的出入境旅游的规模扩大，特别是前些年在政府的大力支持下，出入境旅游政策逐步放开，虽然2020年新冠肺炎疫情的暴发及随后的疫情常态化管理一定程度上影响了出入境旅游的发展，但旅游企业未来的国际化发展必将是一条长远的道路。因此，一些大型在线旅游平台早已展开国际化的布局发展，不仅收购国内优质资源，还深耕国际业务，致力于抢占国际市场。在线旅游平台借助企业收购将业务发展到线下，掌控线下资源。

TOURISM

第二节 酒店电子商务系统

一、酒店电子商务系统的构成

酒店电子商务系统由酒店外部网、酒店内部网、酒店管理系统、电子商务站点、数据库五个部分构成。酒店电子商务系统的建立，用户能够不受时空的约束，实现查询、预订等功能。该系统又可以分为前台系统和后台系统两个子系统：前台系统主要负责酒店的各项业务的预订、购买等，是面向用户的系统；后台系统主要负责酒店的客房、餐饮、库存管理等，是面向酒店内部人员的系统，如图5-6所示。

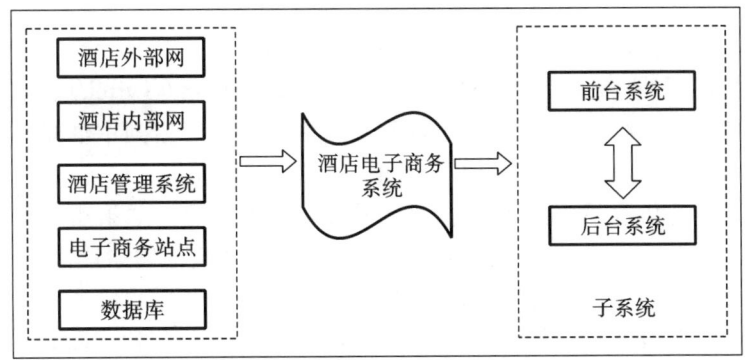

图 5-6　酒店电子商务系统

二、酒店电子商务系统的架构

越来越多中国酒店企业跻身于世界酒店管理前列,酒店行业或者企业的创新转变与高质量发展十分重要。营销是其产品投向市场的直接反应窗口,网络对于营销的影响不言而喻,因而其网络营销的架构十分重要。开展酒店电子商务必须有一个完整的系统,即电子商务系统。该系统是一个集成系统,包括硬件系统和软件系统。硬件系统是网络基础,是开展商务的平台;软件系统则包括酒店的所有应用软件,如网站、内部信息系统及酒店与其他合作伙伴企业之间的信息系统等。

(一)硬件系统

酒店电子商务系统中的硬件系统是指组成酒店电子商务体系的物理设备的集合,包括计算机硬件系统、网络设备系统等。

1. 计算机硬件系统

计算机硬件系统包括服务器主机(数据服务器和应用服务器等)、部门工作机等,其中服务器主机是影响系统整体性能的主要因素,在选择时需要考虑其速度、存储容量和并行处理能力等技术指标。服务器选择的第一考虑因素应该是稳定性,其次是运算速度,稳定性能保证电子商务系统的顺利工作,而运算速度则是电子商务系统高效能的表现。

在选择硬件系统时,应该综合考量酒店规模和资金实力,既不为了节省开支而购买劣等产品,也不盲目去购买最先进、功能最强大的硬件产品。便宜的劣等产品可能会因为无法承受长时间的运作而故障频发,从而影响酒店企业的正常业务运转,而过分高档的产品则既增添了酒店资金,又造成了产品功能的极大浪费。最合理的选择应该是购买那些既能满足酒店现状和中短期发展需要,又具有良好的升级和扩容能力的硬件产品。另外,硬件产品与酒店软件系统的适宜性及其厂商的售后服务质量也应该作为在选购硬件产品时重点关注的因素。

2. 网络设备系统

网络设备决定着网络间的关联方式,主要包括中继器、集线器 HUB、交换器、路由器、虚拟机、负载均衡器、网络打印等基础设备,以及防火墙等安全设备。它们不但影响数据的传输速度,而且对计算机网络的整体性能,甚至对酒店电子商务整体功能的发挥

都起着至关重要的作用。中继器是最简单的网络互联设备,能够对网络信号进行复制、调整和放大,延长网络的长度,增加传输的距离。集线器 HUB 是一个具有多个连接端口的设备,它是一种能够提供多带口服务的放大器。交换器(Switch)是连接多网段的一种网络连接设备。对于小型酒店而言,网络互联一般需要用到中继器和交换器。而路由器(Router)能连接多个逻辑上分开的网络,实现网络间信息的传输,具有判断网络地址和选择路径的功能,能在不同的网络间建立灵活的连接。如果酒店集团的各成员酒店分布在不同地方,就可以利用路由器将各个成员酒店的网络连接起来,实现资源共享。防火墙是一种处于酒店与外界网络之间、控制网络内外的信息交流并加强网络安全防范的访问控制机制。典型的酒店电子商务系统的网络架构如图 5-7 所示。

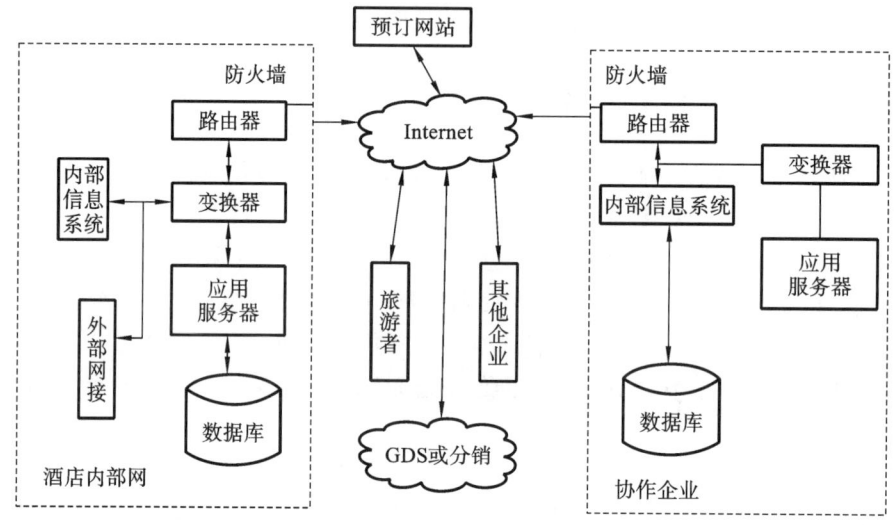

图 5-7　酒店电子商务系统的网络架构

(二)软件系统

　　酒店电子商务的软件系统是一个集成整体,与其他制造业电子商务系统不同,虽然没有物流,但一个预订业务的处理要涉及酒店的内部信息系统。因此,从业务处理的角度来说,酒店电子商务软件系统涉及网站的商务处理软件、前台(或后台)信息系统软件、电子分销信息系统软件、协作型信息系统软件、客户关系管理软件及公安局报户口软件等,软件系统的架构如图 5-8 所示。在有些酒店的电子商务系统中,其网络订单无法接入到前台信息系统,这种电子商务属于不完全电子商务,需要设计订单接入接口,才能成为完全电子商务。第三方认证系统是酒店用于电子采购的商务处理软件,尤其是酒店集团,每天的电子采购量很大,相互的电子结算需要第三方认证系统支持。

　　硬件系统和软件系统基本形成了酒店电子商务系统的架构,硬件系统是电子商务系统运行的平台,软件系统是电子商务系统业务处理的平台。在酒店电子商务系统整体设计中,关键是电子商务应用软件的设计,即预订网站中的商务处理软件,然后是系统的整合工作。围绕订单的管理、确认等工作涉及客房销售的电子商务必然要与前台信息系统整合,围绕采购的电子商务主要与后台信息系统整合以及和财务管理系统整合。

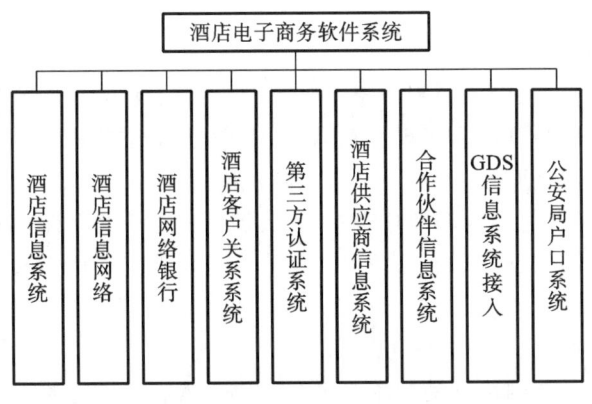

图 5-8 酒店软件系统的架构

三、酒店电子商务系统的作用

如今,随着网络应用技术的普及和人们经济水平的提高,客户对酒店服务质量的要求也越来越高,他们希望酒店能够提供更便利、更快捷和更个性化的服务。在经济全球化的大趋势下,酒店面临着全球市场越来越激烈而残酷的竞争,国际大品牌连锁酒店大举进入我国,如法国雅高集团、香格里拉集团、希尔顿集团、万豪集团、凯悦集团等。竞争加剧了信息技术在酒店行业的广泛应用和迅速发展。信息技术为酒店带来了管理创新的突破口,如提供战略发展机会、与合作伙伴建立联系,以提高酒店的经营效益和顾客满意度、创建竞争优势、支持酒店走向全球市场。具体来说,酒店电子商务系统主要有以下几个方面的作用。

(一)利用信息,实现辅助经营决策

酒店行业是服务性很强的旅游企业,要在激烈的市场竞争中生存与发展,就必须提升服务,通过对酒店内外部的信息进行采集、整理与筛选,得出有价值的信息,提高服务的效率,同时将其作为经营决策的依据。首先,酒店人员可以通过网站、信息系统、电子分销等渠道,利用分析、调查、访谈等手段大量收集原始信息,收集信息要根据具体情况选用合适的方式,以尽可能确保信息的准确可靠。其次,酒店人员可以利用旅游管理信息系统,采用智能化信息处理流程,对获得的信息进行深加工,筛选出有价值的信息。最后,就是将这些信息及时地送到需要它们的部门,通过充分而正确地使用这些信息来辅助酒店的经营管理决策,从而为酒店创造价值。

酒店收集和处理信息的主要方式包括以下几种。

(1)利用互联网收集信息。

(2)利用信息网站或商务网站收集信息。

(3)利用信息系统分类和处理信息。

(4)利用移动网络收集信息。

(5)利用传统媒体收集信息。

(6)利用电子分销系统收集和处理信息。

（二）利用网络，实现网络营销

酒店可以通过网站、电子分销系统、全球分销系统、搜索引擎等开展全方位的网络营销。网络营销可以帮助酒店实现关系营销、个性化营销或一对一营销。酒店可以与某个细分客户群体建立联系，为他们量身定制各种服务，甚至可以与每一位客户建立长期关系，通过沟通了解他们的个性化需求，为其提供一对一的个性化服务。

网络营销是一种借助信息通信技术和多媒体技术来实现目标的营销方式。它能够使酒店的营销活动跨越时空、提高营销效率，并可以节约营销的成本费用，同时有效地满足旅游市场的散客化、个性化服务要求。

互联网是酒店开展网络营销的主要平台，目前，酒店电子商务网络推广策略有网站推广、搜索引擎推广、社会化媒体推广、微信推广、电子邮件推广和"病毒式"推广等。利用网络开展营销，可以达到以下几个方面的经营目的。

（1）吸引国际游客，并参与国际预订系统，建立国际客户资料库。

（2）为游客设计个性化的服务组合，充分整合当地其他旅游服务资源，实现打包服务。

（3）利用电子邮件等方式，维持长期客户和忠诚客户关系，实行差异化服务。

（4）有利于深入分析客户需求，挖掘潜在客户。

（5）与其他酒店结成营销联盟或建立互动式战略伙伴关系，如建立酒店联盟预订系统、分时度假联盟等。

（6）扩大营销的受众面，全天候、不受时空限制地提供信息服务。

（7）有利于开展电子商务，实现全方位的商务电子化。

（三）利用信息系统，实现业务管理流程电子化

信息系统是酒店主要的 ICT 应用，通过信息系统应用可以优化酒店的业务流程。如酒店目前的接待流程、排房流程、结账流程、客房服务流程、餐饮服务流程、财务管理流程均有对应的信息系统处理，避免了手工操作的过程烦琐、效率低下和错误率高等问题，也简化了酒店员工的工作。同时，信息系统方便客户一次性结账，减少客户等待时间，提升了服务水平。因此，信息系统不但改善了业务流程，也提高了管理效率，它有助于酒店员工对工作实施有效的控制，改善酒店的产品与服务质量，提高服务与管理效率。从经营管理的角度，业务流程电子化主要表现在以下几方面。

（1）预订管理流程的电子化：包括订单、确认、统计表单等。

（2）登记流程的电子化：包括客人登记、开房、账单、结账等。

（3）客房管理流程的电子化：包括房间打扫、消耗品、迷你吧、客房设备等。

（4）消费流程的电子化：包括记账、转账、联系单等。

（5）结账流程的电子化：包括部分转账、记账、冲账、销账、结账等。

（6）AR 账务的电子化：包括记账、佣金结算、清算、转账等。

（7）设备管理流程的电子化：包括计划检查、计划维修、报修、账单等。

（8）餐饮服务流程的电子化：包括点菜、加菜、配菜、结账等。

（9）采购流程的电子化：包括计划、申请、验货、结账、付款等。

目前，酒店信息系统的功能还在不断完善，这对酒店业务流程提出了更高的要求，

因而出现了酒店业务流程重组的概念,如预订业务流程重组、销售业务流程重组、营销业务流程重组等,这些重组主要考虑网络业务,有利于酒店电子商务服务品质的提升。

(四)利用电子化媒介,实现服务流程电子化

服务是酒店永恒的话题,高质量的服务是酒店立足和不断发展的基础。在信息化时代,电子商务网站不仅是酒店服务的窗口,更是服务的延伸,它能帮助酒店实现酒店服务流程电子化,实现快捷服务,提高服务质量,为客户提供全方位的信息服务和更温馨的人性化服务。在酒店经营中,服务流程电子化主要体现在售前、售中和售后等环节中。

1. 售前服务

售前服务是酒店在客户入住前提供客户的包括咨询、预订等内容的信息服务。酒店通过网站或搜索引擎等电子渠道,以视频、图片、文字等形式向潜在客户展示酒店的产品和服务信息,使潜在客户不但能够了解到最新、最全面的酒店信息,而且能根据他们的需要检索到自己感兴趣的产品信息。通过电子媒介,酒店能为潜在客户提供咨询服务,为常客提供新产品信息服务。通过与客户进行沟通互动,快速响应客户咨询,解答客户的疑问,可以提升酒店的服务形象。此外,酒店可以通过网站、计算机预订系统、全球分销系统等开展预订服务,满足客户以最方便、快捷和低成本的方式预订客房、餐饮、会议、娱乐等产品和服务的需求。

2. 售中服务

酒店在客户住店期间向客户所提供的服务是售中服务,它是酒店提供的最重要的对客服务。酒店可以通过内部信息系统、网站、大堂触摸屏、客房电视、移动手机等方式为住店期间的客人提供及时完善的互动信息服务。

客户进入酒店后,需要的服务包括自助入住登记服务、客房送餐服务、上网服务、环境查询服务、商务处理服务等,智能化可以减少客户的等待时间,为其提供便捷服务。在客户住店期间,客户可以以自助的方式,通过酒店内的信息设备查询各种信息,包括消费信息、周边旅游交通信息、天气预报、消费信息等。另外,酒店客房智能化系统能为客户带来全方位的安全和结算服务,如客房内的"迷你吧"系统能够实现客房消费的自动输入和结算,使客人方便地查询消费信息,自动入账,简化客人的退房结账过程。

3. 售后服务

售后服务是客户关系维系的主要环节。在客户离店后,酒店需要通过各种方式与客户保持联系,了解他们的消费感受和消费偏好,这就是售后服务。它是酒店对客服务过程不可缺少的重要组成部分。客户离店后,酒店需要主动与客户联系,了解客户在住店期间的感受及诉求,这些售后服务可以通过移动手机和网站互动等通信技术来实现。

酒店售后服务的主要对象是大客户、重点客户和近期有消费潜力的客户,它能提高客户对酒店的满意度,帮助酒店树立良好的品牌形象。售后服务的主要作用就是提供一个能让客户与客户之间、客户与酒店之间及时沟通交流的平台,这有利于酒店不断地改进其产品与服务水平。酒店可以利用电子邮件向客户发送促销信息,通过网络社区让客户畅谈对酒店服务的感受和评价,以及利用网络或移动手机进行售后跟踪服务,及时获得反馈信息。所有这些方式的售后服务都将有利于酒店提升形象,并进一步实现个性化的对客服务。

四、酒店电子商务系统的智慧化发展

随着各种移动通信技术和酒店电子商务的不断发展和深入，酒店电子商务系统正在向着开放式、智慧化的方向发展。智慧酒店电子商务系统相比传统的系统有很多价值的创造，具有全面物联、充分整合、协同运作、激励创新四个特点。智慧酒店电子商务系统在酒店的发展使旅游的物理资源、信息资源得到高度的系统化整合和深度开发激活，其实质是对酒店信息化水平的全面提升，并服务于客户、政府和酒店自身。

（一）流程智慧化

传统的酒店电子商务系统技术框架包括五个层面：以电脑为销售终端的基础设施平台；以销售数据为核心的数据层；以统一消息平台、应用整合门户为核心的公共支撑服务层；以支付和结算管理为核心的应用服务层，以电话、代理商网点为核心的界面技术层。由于5G网络、大数据、云计算等信息技术的发展，酒店电子商务系统迎来了一个新的发展，即酒店电子商务系统的智慧化发展，最明显体现在近年来如雨后春笋般的智慧酒店的建设。智慧酒店是指利用现代计算机技术，融合统一的通信技术、现代控制技术、现代建筑艺术，并进行有机地优化组合，通过酒店内各类信息的自动感知，及时传送和数据挖掘分析，实现酒店"食、住、行、游、购、娱"旅游六大要素的电子化、信息化和智能化，最终为旅客提供舒适便捷的体验和服务，如图5-9所示。

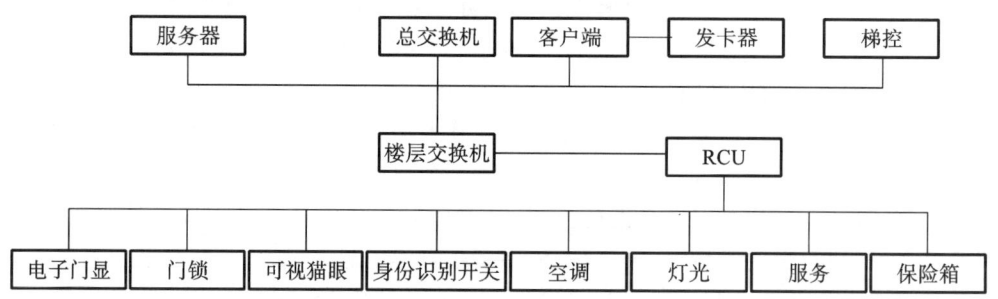

图5-9　智慧酒店客房终端管理

信息技术的应用向客户提供了一个投资合理、安全节能、高效舒适、便利灵活且人性化的新一代智慧酒店，大幅度提升了消费者体验、优化了酒店管理流程，提高了酒店工作效率并降低了其管理与运营成本，从而显著提升了酒店的综合竞争力，帮助酒店行业达到经营能效和用户体验的多重目标。酒店服务流程智慧化可以使客户从"登记入住—外出活动—互动体验—休息—就餐—退房"整个过程都可以享受到科技带来的无穷便利和乐趣。

按照对酒店电子商务体系的不同主体进行划分，智慧化酒店电子商务系统也可以分为前台系统和后台系统。前台系统的智慧化主要体现在智慧酒店营销系统，后台系统的智慧化主要体现在智慧酒店管理系统。

酒店服务是指从酒店的客户需求出发，通过信息技术提升整体体验和品质使酒店的客户在接受酒店服务的整个过程中都能感受到智慧旅游带来的全新服务体验如信息获取、旅游计划决策、住宿和餐饮的预订与支付、享受旅游体验和售后评价等方面。

知识活页

VR 酒店全景看房——VR 全景给你前所未有新体验①

酒店电子商务为旅游、差旅人士选择酒店提供了便利,但由于酒店提供的房间信息不充分,展示图片与实际情况存在感受差异,导致客户在入住时体验差、满意度低的状况。这一直是酒店行业面临的难点,制约客户体验的提升。

而虚拟现实(VR)全景影像不会像照片一样通过包装使得房间变得更美,VR 体验最大程度上保证了视频的真实性,使消费者有机会在入住前体验酒店前台、客房服务等真实情景。

1. 洲际酒店推出 VR 宾客体验

洲际酒店集团与 HTC 达成战略合作,推出虚拟现实(VR)宾客体验服务,成为中国首家为宾客提供数字娱乐体验的国际酒店集团。洲际酒店集团携手 HTC 率先在北京、上海和三亚的部分酒店打造专属虚拟现实(VR)空间。所有入住酒店的宾客都可在酒店的 HTC Vive 专区体验该服务。HTC Vive 独有的沉浸式空间定位虚拟现实(VR),让宾客可在逼真的虚拟空间内自由行走,洲际酒店 VR 选房视觉图片如图 5-10 所示。

图 5-10　洲际酒店 VR 选房视觉图片

2. 携程研发 VR 选房服务

携程近期上线了 VR 选房服务,让用户能提前了解酒店的室内外分布,选择心仪的楼层和房间,更有室内实景 VR 效果展示,让用户身临其境地了解室内设施,满足用户的个性化需求。通过 VR 选房服务,用户在预订酒店时,入住日当天 10 点后,在订单页面可以点选"我要选房",通过互动信息从不同维度筛选房间。除了基本的楼层、房型、房价乃至房号等信息以外,通过 VR 技术,用户能身临其境地感知房间内的 720°全景甚至室外风景。此外,通过引入数字化室内地图,更方便用户掌握房间位置信息。

---

① 搜狐网.VR 酒店全景看房,VR 全景给你前所未有的体验——全景智慧城市[EB/OL].(2017-08-28)[2021-09-24].https://www.sohu.com/a/167764545_813306.

3.阿里旅行实现 VR 选房

阿里旅行已有一批酒店率先实现了 VR 360°全景在线选房,包括三亚的哈曼、国光豪生、凤凰岛等数家奢华度假酒店等。在房型的全景影像中,有房间正中、窗户边、洗手间浴室等若干个 VR 视角点,用户进入一个视角点,便能开启"上帝视角",转动手机,身临其境地 360°转动观看,对客房的全貌和细节一目了然。

解析:

VR 体验服务一旦在酒店行业中普及,有望带领酒店行业的用户体验实现从"订酒店"到"订房间"的跃升,可以更好地满足用户的个性化需求。VR 选房无疑为酒店行业引入新思维、新技术,也为革新服务场景提供了新思路,以及探索酒店行业用户体验升级的新方向。

TOURISM

(二)管理智慧化

从宏观上看,智慧酒店通过与公安、交通、工商、卫生、质检等部门形成信息共享和协作联动,结合旅游信息数据形成旅游预测预警机制,提高应急管理能力,保障用户的旅游安全,实现对用户投诉及旅游质量问题的有效处理,维护旅游市场秩序。智慧酒店将实现传统酒店管理向智慧管理转变,通过信息技术,可以准确地掌握用户的旅游活动信息和酒店的经营信息,实现旅游业监管从传统的被动处理、事后管理向过程管理和实时管理转变。

从微观上看,智慧酒店依托信息技术,主动获取用户信息,形成用户数据积累和分析体系,全面了解用户的偏好变化、意见建议及旅游企业的相关信息,实现科学决策和科学管理。智慧酒店增强了酒店行业广泛运用信息技术的水平,改善了市场营销与酒店内部管理流程,提高了酒店经营管理水平,进而提升了酒店服务竞争力。

(三)关系智慧化

智慧酒店通过物联网、无线技术定位和监控技术,实现信息的传递和实时交换,让用户的旅游过程更顺畅,提升了旅游的舒适度和满意度,为用户带来了更好的旅游安全保障和旅游品质保障。酒店电子商务系统营销使得酒店与用户的关系更加亲密,智慧酒店通过科学的管理流程和呈现形式让用户方便快捷地获取酒店相关信息、目的地信息及其想要获取的相关旅游资源的信息,帮助用户更好地安排旅游计划并形成旅游决策。通过酒店电子商务系统、餐饮电子商务系统等连接智慧旅游的终端驳接工具(电脑、手机、平板电脑),能让潜在用户足不出户完成网上咨询服务,如查询观光信息(景点、周边餐饮、住宿、文化活动)、网上预约(网上支付最新演出、电影的门票,预订座位)和网上购买服务(各种优惠券、电子导游书),还可以定制私人旅游线路,合理安排个人日程,最大化地利用旅游时间。酒店也将通过 5G 网络、终端、

Note

云应用升级电子商务系统以提供更加多元化、个性化的服务,如刷脸入住和退房、超高清观影、云电脑、云游戏、VR 划船健身、目的地指引、个性化推送信息,用户能够根据自己的需要选择性消费,使得双方的关系朝着更为紧密的方向发展。智慧酒店的应用还将推动传统旅游消费方式向现代旅游消费方式转变,引导用户产生新的旅游习惯,创造新的旅游文化。

知识活页

全球首个 5G 智慧酒店①

2019 年 4 月 16 日,深圳华侨城洲际大酒店、深圳电信、华为签署 5G 智慧酒店战略合作协议,联合启动全球首个 5G 智慧酒店建设。在酒店大堂,利用"5G＋AI＋LOT"技术,不仅可以给用户提供更快速和安全的互联网接入,而且还能让用户体验刷脸入住和退房的"秒级"畅快体验,提升服务效率和安全性。

同时,在前台大厅配置智能机器人,可以为用户提供信息查询、目的地指引、机器人送货等服务,增强交互体验和服务质量,如图 5-11 所示。

图 5-11　酒店智能服务机器人

此外,住宿体验上,5G 网络能与 4K/8K、VR/AR、云应用、AI 等技术及设备相结合,给用户提供超高清观影、云电脑、云游戏、VR 划船健身、个性化推送等丰富体验,满足用户商务办公、工作会议、娱乐休闲等不同场景需求。

深圳华侨城洲际大酒店将 5G 网络、终端、云应用首次引入酒店商用场景,为行业开启了 5G 科技应用在高端酒店的先河,5G 云应用设备见图 5-12。

---

①　案例集锦:这些国内外智慧酒店,你最 pick 哪个?［EB/OL］.（2020-11-13）［2022-09-26］. https://zhuanlan.zhihu.com/p/291395052.

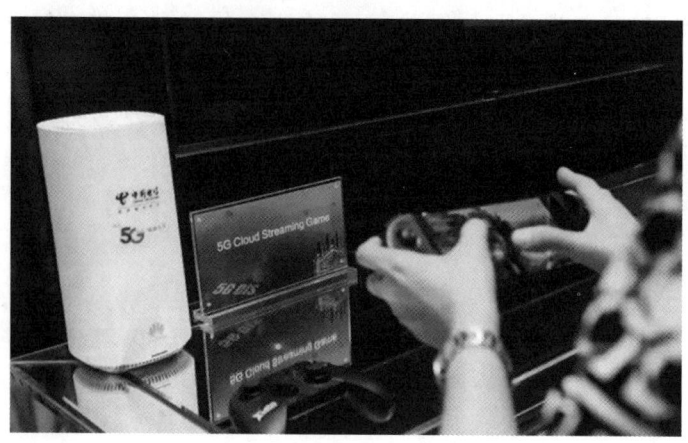

图 5-12　酒店的 5G 云应用设备

第三节　酒店网络营销策略

一、酒店网络营销的功能与特点

网络营销是酒店电子商务的核心内容，是以互联网为基础，利用数字化信息和网络媒体的交互性来达成酒店营销目标的一种酒店网络营销方式。简单地说，是以互联网平台为核心，以网络用户为中心，以市场需求认知为导向，整合各种网络资源去实现酒店营销目的的一种行为。

酒店网络营销是酒店销售渠道的网络延伸，网上销售渠道建设不限于网站自身，还包括建立在综合电子商务平台的网上商店及与其他电子商务网站不同形式的合作等。

（一）酒店网络营销的功能

1. 开拓渠道和推广品牌的功能

酒店的网络营销通过构建企业网站和小程序等手段，利用第三方分销系统或网上专业电子商务平台等作为酒店在互联网上的营销平台，并对它进行一系列的推广运作，树立企业在互联网的品牌形象，达到客户和公众对企业的认知与认可。

2. 整合资源和整体规划营销的功能

酒店可以将网络作为平台，对自己所拥有的众多营销资源进行整体营销规划，通过

确立有效的营销策略,并将分散的资源进行有机整合,以优势的竞争力达到营销的最佳效果。

3.销售和预订的功能

酒店可以及时地向客户提供在未来一天或者某一阶段客房的预订情况及房价。客户则可以随时随地根据自己的出行计划或预算安排,结合自己通过网络所查阅到的有关酒店产品或服务的介绍及酒店的预订状况等信息,选择入住酒店与房客类型、在网上选择房间和预约办理入住登记手续。

4.发布信息的功能

酒店集团利用网络销售渠道发布各种优惠活动的信息,促销信息可以说是无孔不入,有些酒店或者酒店集团甚至会给自己的促销活动设置一个专门的网页,并且通过首页的"促销信息"模块链接或者通过外部的搜索引擎直接引导客户进入该页面,将信息传递给目标人群,包括客户、潜在客户、媒体、合作伙伴等。

5.增进沟通和完善服务与管理的功能

酒店在网络销售界面中都会设置"联系我们""宾客服务""社区讨论"等模块,公布自己的各种联系方式,对于客户提出的建议或意见,酒店可以更快速应答回复,从而达成双方互动。

(二)酒店网络营销的特点

现代化互联网技术特别是移动网络技术可以让酒店电子商务营销不受时空限制,随时随地满足消费者的消费需求。网络信息技术具有即时性、信息表现方式的多样性及便捷性等特征,因此,与传统的营销模式与营销方式相比,酒店电子商务的网络营销具有市场全球化、产品个性化、价格公开化和渠道直接化的特点。

二、酒店网络销售的模式

(一)多维度单售酒店业务模式

该模式主要是通过不同的平台采取不同营销手段销售酒店产品,其实现方式有两种。第一种是酒店在自己的线上渠道销售。例如:在酒店的小程序、公众号等推出专题宣传,进行特定时段的升降价;在淡季时开展房价折扣优惠,推出连住套餐、提前定购优惠、会员专享等活动;在旺季时,适当调高酒店价格,推出多种房型、组合套餐(会员充值赠送、定购房间赠送自助餐饮)等。第二种是酒店在其他分销平台上进行酒店房价、餐饮的销售。这种销售方式对于酒店而言,虽然增加了酒店的业务业绩,但是在一定程度上造成酒店对于第三方平台的依赖。

国内一些酒店不仅拥有自有的官方网站、手机 App 和小程序及相应的会员销售模式,同时也与同程、美团、去哪儿、高德地图等第三方分销平台合作。但是由于各个平台综合实力不同,导致同一种房型在不同平台价格参差不齐,甚至出现平台销售价格低于酒店官网对高级会员的售价,这影响了酒店自身营销平台的推广建设效果。

知识活页 ≫

国外知名酒店预订网站[①]

1. 猫途鹰（Tripadvisor）

Tripadvisor 是世界上最大的旅游网站，翻译为"到到网"。该网站提供的服务包括酒店和航班预订、短期出租、餐馆、旅游信息、旅游指南、旅游评论和旅游意见、互动旅游论坛等，并免费向用户提供大部分旅游相关信息，其收入来源主要靠商业广告。

2. 好定网（Hotels）

Hotels 是亿客行公司（Expedia Inc.）旗下网站，提供在线和电话预订酒店房间服务，网站上有包含约 1.9 万个地点的超过 14.5 万家酒店、民宿、公寓和其他类型的商业住宿信息。

3. 缤客网（Booking）

Booking 成立于 1996 年，是一家荷兰在线住宿预订门户网站，该网站由 Priceline 拥有和经营，提供超过 41 种语言服务，每天处理超过 55 万间客房预订服务。

4. Travelocity

Travelocity 是美国第六大旅行社和第二大在线旅游服务商，也是世界上成立最早的在线旅游公司，拥有者为 Sabre Holdings Corporation。根据 Sabre Holdings Corporation 的数据报告，Travelocity 主要业务为各种旅游票务、行程代销，上游是航空公司、酒店等旅游供应商，定位是在网站上提供数百家航空公司、数千家酒店与船务、租车及度假套餐（Last-minutes Vacation Packages）代理服务，本身不提供行程规划服务。由于机票、饭店等价格利润空间高，Travelocity 的线上经营可以省略传统中间代理商利润，只要通过折让部分佣金降低票价，就可以促使消费者到网站上定购，因而获利空间较大。

5. Priceline

Priceline 是一家在线旅游服务分销商，是全球最大在线酒店预订领导品牌，是由美国人 Jay Walker 于 1998 年创立。它帮助用户购买机票和预订酒店、住宿、租车、旅游保险及提供旅游指南等信息。它并不是旅游服务的供应商，而是分销商，属于典型的以提取佣金为利润的网络旅游经纪公司。

（二）"酒店＋机票"模式

该模式主要方式有两种：一是酒店设立旅游网站或者酒店小程序、App，提供酒店和机票的同时预订；二是酒店在 OTA 分销平台推出自己的组合套餐，平台往往会根据时间

---

① http://www.kguowai.com/news/277.html.

和大数据资料进行特色营销，并提供"酒店＋机票"模式的商务套餐，以及自由行服务、签证服务、用车服务和量身定制旅游线路服务等。例如，去哪儿网对"酒店＋机票"模式采取了两种线上营销策略：制定酒店联合定购、分开定购限时关联折扣优惠，如图 5-13 所示。

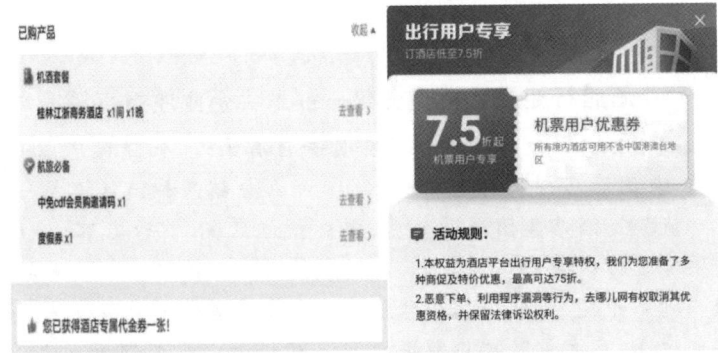

图 5-13　去哪儿网的"机票＋酒店"分时定购优惠

这种模式的发展目标建立在高度信息化的基础上，该模式下网站的盈利模型则由网站、各网点、上游的旅游企业（各地分社及合作旅行社、航空票务代理商、目的地酒店）和网民市场构成，其目标市场主要为观光和度假游客。这种模式的网站建设及信息系统的建设成本较大，后期的维护成本也较大，适应于大中型酒店、分销平台向拼团的散客、自助游散客及商旅客人提供旅游产品和服务。

(三)"酒店＋联票"模式

该模式主要方式是第三方平台在其销售网站、官方 App、酒店小程序等营销渠道推出的组合套餐，由于 OTA 平台具有强大的资源、信息、价格优势，其推出的组合套餐不仅没有增加经营成本，反而吸引了许多具有刚性出游需求的线上消费者。例如，美团在五一假日推出了"住宿＋景区门票""住宿＋餐饮""住宿＋交通""住宿＋演出门票"等联票，如图 5-14 所示。

图 5-14　美团的"酒店＋联票"定购优惠

对于酒店而言，销售业绩是第一位的，但是长期效益更加重要。近年来，"酒店＋联票"模式受欢迎程度显而易见，因此，酒店可以根据自己的规模、特色与经营实力探索建设自己的网络销售推广渠道，逐步摆脱依赖第三方平台销售的局面。

知识活页

酒店行业销售渠道分化——龙头企业注重直销布局①

酒店行业的直销主要依靠会员等自有渠道，代销渠道以 OTA 为主。目前，我国酒店行业的下游可分为直销和分销两种销售模式。

直销是酒店集团通过会员、中央预订系统、前台散客、协议客户等自有渠道进行销售，如国内的三大酒店集团——锦江、华住、首旅，均建立官网并独立开发 App、微信小程序等。自有渠道的客户黏性较强，对品牌的忠诚度高，且大量客源与数据的沉淀有利于公司内部资源共享和高效运营，但是建设投资成本较高，会员培养也需要一定的时间。自有渠道直销更加适合规模较大的连锁酒店集团。

分销渠道主要包括 OTA、旅行社、团购等线上线下代销，目前适合于酒店销售。OTA 主要包括携程、同程、去哪儿等。OTA 可以充分利用互联网的便捷性和流量优势，向酒店输送大量客源。但随着佣金费日益上涨，OTA 渠道成本有所提升，艾瑞咨询显示，目前 OTA 的佣金比例已经提高至 15％以上。因此，OTA 酒店预订主要应用于品牌知名度较低的中小酒店，以及需要迅速引流的新开业的连锁酒店。

连锁酒店重视自有渠道，OTA 主要瓜分尾部市场。不同模式的特点决定了两种渠道在大型酒店和中小型酒店下游销售方式的分化，形成了"龙头公司以直销为主、尾部市场主要依靠 OTA"的行业格局。根据艾瑞咨询，2020 年我国大型酒店主要依靠直销，自有渠道销售比例为 85％～90％；而长尾的中小型酒店则以代销为主，OTA 销售渠道占比为 80％～90％。目前，OTA 佣金比例普遍在 15％以上，而三大酒店集团的 CRS 导流费用均在流水的 9％以下，龙头集团自有渠道的建设有效对抗了 OTA 代销的高佣金率，优化了连锁酒店的成本。

1. 直销渠道

龙头集团发力会员体系建设。2019 年底，我国酒店集团前三名依次为锦江、华住、首旅，CR3 达到 40.8％，CR10 为 59.8％，市场集中度较高，龙头效应显著。三大酒店依靠先发优势积累的规模效应，以及不断优化升级的技术支撑，积极拓展会员体系。2019 年锦江、首旅、华住会员数分别为 2.0 亿人、1.2 亿人、1.5 亿人，同比分别增长 10％、7％、28％，其中锦江的会员规模最大，华住的增速最高，如图 5-15 所示。

① 东方财富证券.酒店行业：产品结构持续升级，轻资产扩张助力龙头集中[EB/OL].(2021-03-08)[2021-09-29].https://baogao.store/71079.html.

Note

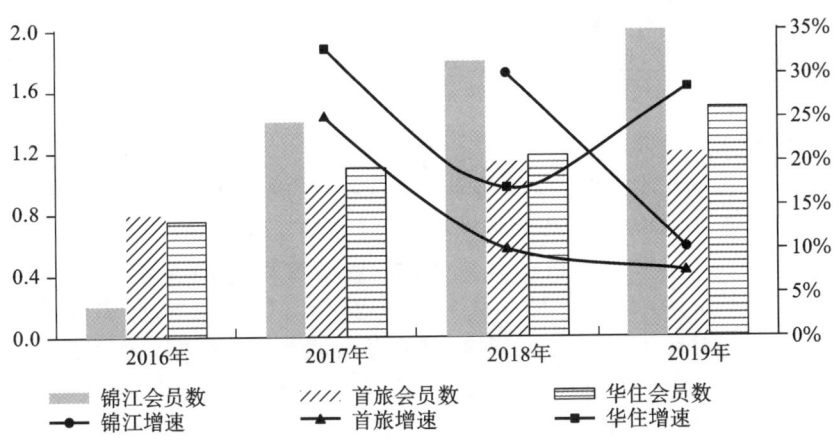

图 5-15 2016—2019 年锦江、首旅、华住三大酒店会员数及增速

大型酒店着力会员建设的目的在于提高用户黏性和品牌忠诚度；达成集团内数据共享，从而提高经营效率；同时对抗 OTA 的高成本，有效控制渠道费用。通过多年的会员培育，龙头企业近年来保持着较高的直销占比，2019 年华住和首旅自有渠道贡献的间夜量占比分别为 85％和 76％，而高直销占比也保证了连锁酒店集团对于 OTA 平台的强议价能力，如首旅酒店 2019 年 OTA 佣金率为 10.5％，明显低于 15％的行业普遍水平。

华住、首旅自有 App 位居酒店及综合旅游预订 App 的活跃度排名前十。规模优势叠加疫情后消费者对品牌卫生安全的信任，推升了酒店集团自有 App 的活跃度。易观千帆最新数据显示，2021 年 1 月在酒店预订及综合旅游预订 App 的活跃度排名中，三大连锁酒店集团旗下的自有 App 华住会、首旅如家、锦江酒店分别位列第 5 名、第 9 名、第 13 名。而 OTA 由于拥有除酒店外的机票、景区等旅游业综合预订服务，活跃用户数量（Monthly Active User，MAU）普遍更高，其中携程、去哪儿、飞猪位列前三。值得注意的是，爱彼迎（Airbnb）等短租民宿平台活跃度高涨，彰显了近期我国民宿市场的火热。

2. 代销渠道

酒店预订行业寡头垄断局势凸显。在酒店预订领域，目前 OTA 主要争夺中小型酒店的分销渠道，呈现明显的寡头垄断格局，2019 年以订单和间夜量计的 CR4 分别为 92％和 93％。美团在酒店预订市场已经占据半壁江山，2019 年订单和间夜量占比分别达到 51％和 49％；携程系（携程、去哪儿、同程艺龙）市占率位居第二，订单和间夜量占比分别为 44％和 42％。美团由于拥有更广阔的休闲娱乐生态圈，顺应了酒店需求从旅游场景向生活方式的转变，不断深耕本地市场，在酒店预订行业中后来居上。

OTA 积极布局行业内及旅游业上下游整合并购。龙头在线旅游公司除了对尾部市场的抢夺，还积极进行 OTA 平台收购以扩大市占率，并投资布局旅游业的整个价值链。以携程为例,陆续收购艺龙、去哪儿、同程(同程与艺龙于2017年底合并)、途牛等OTA平台后,公司规模及市占率稳步跃升,并相继投资出行票务、旅游社交等泛旅游领域,打通大旅游业的广泛资源。

携程作为中国OTA龙头企业,2017—2019年营业收入稳步增长,分别实现营收268亿元、310亿元、357亿元,同比分别增长39%、16%、15%。2019年净利润增至70亿元,同比增长530%。2020年受新冠肺炎疫情影响,前三季度营收同比下降51%(134亿元),业绩同比减少185%,转亏43亿元。近年来,携程的营收结构逐渐从交通票务向住宿预订倾斜,住宿预订的占比已由2017年的35%提升至2019年的38%,交通票务的占比由2017年的45%下降至2019年的39%。

解析：

渠道持续分化,酒店龙头更加重视会员建设和自有销售渠道。由于酒店集团会员的高用户黏性和对品牌的高信任度,以会员体系为主的自有销售渠道对于后疫情时代业绩的恢复贡献更大。会员用户能够为集团提供更加稳定的复购,因此大型酒店集团将进一步绑定会员与集团品牌,加大自有渠道建设,提高风险承受能力。

三、酒店网络推广的策略

网络推广的基本目的在于让尽可能多的潜在用户了解并访问网站。通过网站获得有关产品和服务等信息,为最终形成购买决策提供支持。获得在线搜索、酒店预订与口碑网站上的高排名,已经成为各大酒店的主要营销手段。

常用的网络推广工具和资源包括搜索引擎、分类目录、电子邮件、网站链接、在线黄页、分类广告电子书、免费软件、网络广告媒体等。同时根据网站所处的阶段,可以分为网站发布前的推广策略,网站发布初期的推广策略、网站发展期和稳定期的推广策略等。常见的网络推广策略主要有以下六种。

(一)酒店自建网站推广

网站推广是一个系统的综合过程,需要网站本身的质量、网站受众定位、搜索引擎定位、关键词定位,以及相关网站定位等多方面的配合。酒店网站内容可以分为三类：基本信息型、多媒体广告型、电子商务型。酒店网站是酒店开展网络营销的重要场所,因此规划和建设一个有效而又适用的网站对于网络营销非常重要。酒店在网站建设中应遵循以下原则。

1.系统性原则

一个好的方案可以让网站制作变得更简单。网站建设前应充分了解客户的需求及企业文化等基本情况后,设计出符合企业的方案。互联网经济又称为"眼球经济",因此要达到吸引眼球的目的,就要在页面设计上形成独特的艺术风格,艺术风格要体现酒店的文化、主题、产品和品牌的特征。

2. 完整性原则

网站是企业在互联网上的经营场所,应该为用户提供完整的信息和服务:网站的基本要素合理、完整;网站的内容全面、有效;网站的服务和功能适用、方便;网站建设与网站运营维护衔接并提供支持。

3. 友好性原则

网站的友好性包括三个方面的内容:对用户友好,满足用户需求,获得用户信任;对网络环境友好,适合搜索引擎检索(SEO优化),便于积累网络营销资源;对经营者友好,网站便于管理维护,提高工作效率。

4. 简单性原则

在保证网站基本要素完整的前提下,尽可能减少不相关的内容、图片和多媒体文件等,访问路径逻辑清晰化,便于用户以尽可能少的点击次数和尽可能短的时间获得需要的信息和服务,增强用户的体验度。

5. 适应性原则

网站的功能、内容、服务和表现形式等需要适应不断变化的网络营销环境,网站应当随着形势的发展和客观要求的变化及时地进行调整和改变,应具有连续性和扩展性。

6. 权威可读性原则

网站是一个展示平台,任何用户的访问都是带有目的性的,因此要求网站内容可读性强、真实、有权威性,实现线上和线下一致性原则。

(二)搜索引擎推广

酒店通过一些知名的搜索引擎推广自己的网站,即利用用户对搜索引擎的依赖和使用习惯,在其检索信息的时候将酒店网站推送给潜在目标客户。搜索引擎营销的基本思想是让用户发现酒店并通过点击进入酒店网站或网页寻求信息,并产生商业价值。

研究显示,依赖搜索引擎搜索过夜的商旅住宿及个人住宿的比例分别是81%和67%,同时,大部分用户在查找资料时,只查看前三页的内容。酒店可选择的搜索引擎有搜狐、新浪、百度等知名的搜索引擎。酒店应提高自身在搜索引擎中的排名,让用户方便进入。酒店商家可通过合理的关键词布局、网站内容规律性更新、友情链接等方法来提高在搜索引擎里的排名。同时也要注意措辞和选择好引擎,并注意定期跟踪营销效果,做出合理的修正或补充。

另外,一些旅游搜索类网站也是酒店进行搜索引擎推广的主要方式,如携程旅行网、去哪儿网等。这些网站不仅能够大大提升酒店在浏览者面前出现的机会,而且能为酒店企业提供高投资回报率的网络营销服务及精准的效果评估工具。

想要进行良好的搜索引擎推广,就需要确定酒店的目标层次,并根据目标层次采取措施行动,常见层次主要有存在层、表现层、关注层、转化层等。

1. 存在层

存在层的含义就是让网站尽可能多的网页被搜索引擎收录,即增加网页的搜索引擎可见性,这是搜索引擎营销的基础。

2.表现层

表现层是指让网站不仅能被主要搜索引擎收录,还要获得靠前的排名。如果用户输入主要关键词检索时,网站在搜索结果中的排名靠后,则有必要利用关键词广告、竞价广告等形式作为补充手段来实现这一目标。

3.关注层

关注层是指提高网站访问量的目标,实现这一目标需要从整体上进行网站优化设计。

4.转化层

转化层是指能够实现网站的最终收益,转化层是前面三个目标层次的进一步提升,在搜索引擎营销中属于战略层次的目标。

(三)社会化媒体推广

社会化媒体营销是利用社会化网络,如在线社区、百科或者其他互联网协作平台媒体来进行营销推广、公共关系和客户服务的一种方式。微博、抖音是一个基于用户关系的信息分享、传播及获取在线社区,用户可以通过 Web、WAP 及各种客户端组建个人社区。例如,酒店以微博作为营销平台,在搜狐、腾讯等网站上注册微博,网友和粉丝等都是潜在的酒店营销对象。微博营销最常用的方法是"关注＋转发"的抽奖活动,通过关注增加了粉丝数量,通过转发加速了信息传播的效果,且营销费用低。酒店通过更新本企业的微博内容,可以向网友传播企业和产品的信息,并与网友们进行充分的互动交流,从而树立良好的企业形象和产品形象。

知识活页

微博的发展历程和用户属性[①]

微博诞生于 2009 年 8 月,是一款信息社交媒体平台,比微博出现更早的博客是美国的 Twitter,Twitter 在 2007 年的时候就已经较为成熟,且获得了各种奖项。Twitter 的成功令国内一些创业者看到了希望,仿照 Twitter 的中文网站不断出现,最终,最接近 Twitter 的"饭否"于 2009 年脱颖而出,但迄今为止,国内最成功的是新浪微博,新浪微博以爆发式的增长速度,于 2014 年在美国纳斯达克挂牌上市。

2020 年的统计数据显示了微博用户的年龄分布、地域分布和商业生态圈,具体如下。

1.微博用户的年龄分布

从年龄分布数据来看,大部分微博用户年龄集中在 20～35 岁,占比 81.94％;超过 35 岁比例较低,为 18.06％,如图 5-16 所示。这说明微博是一个不断追求热点的新潮平台,用户群体偏年轻,营销可以多结合实时热点,以更符合年轻人的口味。

---

① 创推学苑.简析微博的发展历程及人群画像,适合做什么样的营销？[EB/OL].(2019-04-30)[2021-10-27].https://www.bilibili.com/read/cv2554984.

Note

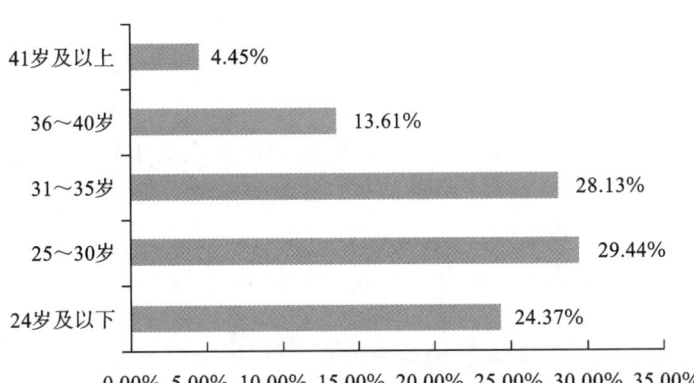

图 5-16 微博用户年龄分布

2. 微博用户的地域分布

从地域分布上可以看出,微博用户主要集中于一线城市,如图 5-17 所示。其人均收入较高,消费能力也相对好,所以微博营销会更注重品牌,不少知名品牌都会在微博注册官微,提升自己的品牌影响力。

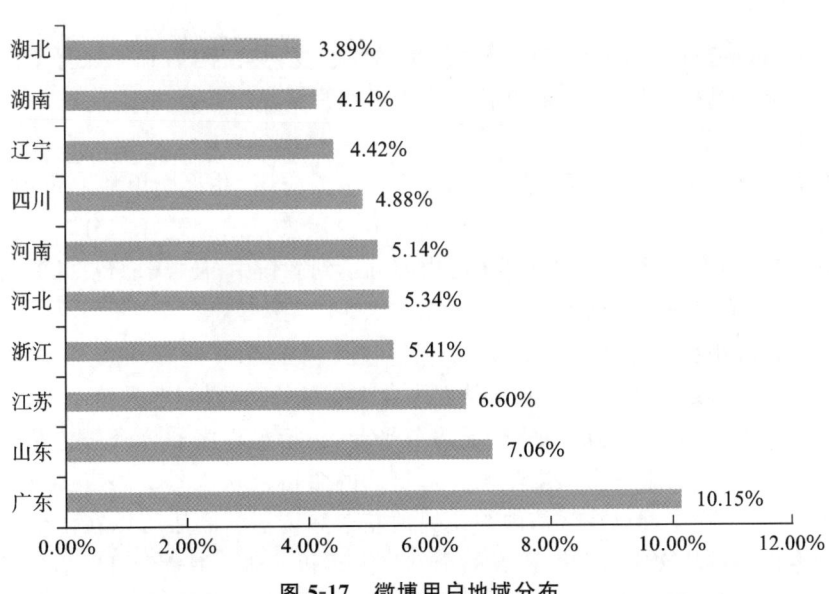

图 5-17 微博用户地域分布

3. 微博商业生态圈

微博商业生态圈可以分为内容、用户和产品三个维度。微博兼具媒体与社交属性,其商业模式的核心在于通过内容(明星、企业、达人产生的热点内容及自身扶持的垂直领域内容)来吸引用户(流量),并通过产品实现流量变现。

TOURISM

Note

（四）微信推广

2021年的统计数据表明：微信是中国活跃用户最多的社交软件，每天大约有10.9亿用户打开微信，3.3亿用户进行了视频通话；有7.8亿用户进入朋友圈，1.2亿用户发布朋友圈；有3.6亿用户阅读公众号文章，4亿用户使用微信小程序。微信迅速发展的趋势和受广大手机用户的青睐、好评使企业对其重视起来。微信用于营销的优势在于庞大的客户数量，营销成本低廉，可精准定位更加真实的客户群。它的上述优势让其在营销行业中发展起来，酒店餐饮也为之心动。常见的微信推广主要有以下五种方式。

1.漂流瓶

微信营销的特点就是快速送达的实时声音信息，再搭配以文字和图片，能起到很好的宣传效果。如今随着微信功能的开拓，商家开始借助"漂流瓶""朋友圈"等进行营销，形式多样，有助于吸引消费者。用户可以发布语音或者文字然后投入"大海"中，如果有其他用户"捞"到则可以展开对话。

2.位置签名

酒店可以利用"用户签名档"这个免费的广告位为自己做宣传，附近的微信用户就能看到酒店的信息。

3.二维码

消费者可以通过扫描识别二维码身份来添加朋友，关注酒店企业账号。酒店则可以设定自己品牌的二维码，用折扣和优惠来吸引用户关注。

4.开放平台

通过微信开放平台，应用开发者可以接入第三方应用，并将应用的Logo放入微信附件栏，使用户可以方便地在会话中调用第三方应用进行内容选择与分享。例如，"美丽说"的用户可以将自己在"美丽说"中的内容分享到微信中，使"美丽说"的酒店产品不断得到传播，进而实现口碑营销。

5.公众号与小程序

微信公众平台是腾讯公司在微信基础平台上新增的功能模块，是给个人、企业和组织提供业务服务与用户管理能力的全新服务平台，包括小程序和公众号。在微信公众平台上，每个人都可以用一个QQ号码打造自己的微信公众账号。酒店可以建立自己的微信小程序，小程序可以在微信内被便捷地获取和传播。酒店可以在微信平台上实现和目标客户群体的文字、图片、语音的全方位沟通和互动。消费者可以通过微信平台及时反馈产品信息，商家也直接通过微信平台及时解决消费者的疑惑，提升品牌形象。使用微信小程序进行网上酒店预订与选房界面如图5-18所示。

（五）电子邮件推广

电子邮件推广是在用户事先许可的情况下发送个人电子信件的一种推广方式。酒店通过电子邮件，可以把酒店的电子刊物、电子广告等直接发给客户。电子邮件推广是一个针对有效客户进行推广的好办法，但前提是需要掌握电子邮件营销的三要素：客户许可、通过电子邮件传递信息、信息对客户有价值。使用电子邮件推广时必须要得到基于客户的许可，基于客户许可的E-mail营销可以消除滥发邮件的弊端，具有减少广告

图 5-18　微信小程序网上选房界面

对客户的滋扰、增加潜在客户定位的准确度、增强与客户的关系、提高品牌忠诚度等优势。然而,开展电子邮件营销还面临三个基本问题:向哪些客户发送电子邮件、发送什么内容的电子邮件及如何发送这些电子邮件,这三个基本问题可以归纳为电子邮件营销的三个基础问题。

1.技术基础

技术基础,即从技术上保证客户加入、退出邮件列表,并实现对客户资料的管理、邮件发送及效果跟踪等功能。

2.资源基础

资源基础,即在客户自愿加入邮件列表的前提下,获得足够多的客户邮箱地址资源是邮件推广发挥作用的必要条件。

3.内容基础

内容基础是指电子邮件的内容必须对客户有价值才能引起客户的关注。因此,电子邮件营销应注意在提供有价值信息的前提下才可附带一定数量的商业广告。

总而言之,电子邮件营销方式的关键在于准确寻找目标客户,并在此基础上建立客户数据库。这样酒店才能跟客户建立直接而及时的一对一的联系。同时,这种方法还有利于酒店与酒店将来、现在和过去的客户建立一种持续的联系。

(六)"病毒式"推广

所谓"病毒式"推广,是指通过客户的口碑宣传网络,使得企业的信息像"病毒"一样传播和扩散,利用快速复制的方式向数以千计、数以百万计的受众传播,实现裂变效应,是一种以短片、活动等方式在全球网络社群发动的营销传播活动。美国著名的电子商务顾问 Ralph F. Wilson 博士将一个有效的"病毒式"营销战略归纳为以下六项基本要素。

（1）提供有价值的产品或服务。

（2）提供无需努力地向他人传递信息的方式。

（3）信息传递范围很容易从小规模向很大规模扩散。

（4）利用公共的积极性和行为。

（5）利用现有的通信网络。

（6）利用别人的资源进行信息传播。

虽然一个"病毒式"营销战略不一定要包含所有以上要素，但是包含的要素越多，营销效果可能越好。

微电影是很多上网用户喜欢的内容之一，一则优秀的作品往往会在很多同事和网友中相互传播，在这种传播过程中，浏览者不仅欣赏了画面中的内容，也会注意到该作品所在网站的信息和创作者的个人信息，这样就达到了品牌传播的目的。除此之外，常见的"病毒式"营销的信息载体还有抖音视频、免费电子邮箱、电子书、节日电子贺卡、在线优惠券、免费软件、在线聊天工具等。

知识活页

万豪的 2021 年贺岁广告——微电影①

万豪旅享家 2021 年春节推送了一组过年的微电影广告。万豪的新闻稿将其微电影广告描述为：片中，辣目洋子又一次大胆突破，一人分饰三角，以真实饱满的实力演技为观众演绎了春节日常中有趣、诙谐的故事。万豪旅享家 2021 年春节微电影广告海报如图 5-19 所示。

图 5-19　万豪旅享家 2021 年春节微电影广告海报

对于这一系列微电影广告，万豪国际集团亚太区忠诚计划与合作伙伴副总裁 Julie Purser 是这么说的："春节对于中国人有着特殊的意义，我们希望在这个全家团圆、辞旧迎新的重要节日里，通过万豪旅享家新春贺岁

① https://3g.163.com/dy/article/G2964BVT0511JI3H.html.

短片进一步与会员们创造情感共鸣、传递真挚的新年祝福,为新的一年积蓄积极向上的正能量。"

微电影凭着更具吸引力、更具亲和力、更具可看性、更具传播力的优势,一经推出便受到了投资商的青睐,并吸引了众多消费者。微电影在宣传上避免了广告这样生硬的宣传方式,而是采用了一种更加柔和的、将品牌信息融入故事情节中的方式,使观众在潜移默化中接受企业品牌。

TOURISM

本章小结

　　酒店电子商务是指通过现代网络信息技术手段实现酒店商务活动各环节电子化的过程,包括通过网络发布、交流酒店基本信息和商务信息,以电子手段进行酒店宣传、促销、开展酒店服务、进行电子交易,也包括酒店内部流程的电子化及管理信息系统的应用等,是电子商务在酒店行业中的具体体现。

　　酒店电子商务具有时空性、聚合性、个性化和经济性四个特点。

　　酒店电子商务系统是一个集成系统,包括硬件系统和软件系统。硬件系统包括计算机硬件系统、网络设备系统等。软件系统包括网站的商务处理软件、前台(或后台)信息系统软件、电子分销信息系统软件、协作型信息系统软件、客户关系管理软件及公安局报户口软件等。

　　酒店电子商务网络营销是酒店电子商务的核心内容,是以互联网为基础,利用数字化信息和网络媒体的相互性来达成酒店营销目标的一种酒店网络营销方式。

　　酒店电子商务主营业务模式有:多维度单售酒店业务模式、"酒店+机票"模式和"酒店+联票"模式。

　　酒店电子商务网络推广策略有:酒店自建网站推广、搜索引擎推广、社会化媒体推广、微信推广、电子邮件推广和"病毒式"推广。

讨论与思考

1. 酒店电子商务系统包括哪些?
2. 举例说明酒店的几种网络销售模式。
3. 从游客的角度分析华住会官网的人性化服务体现在哪些方面。
4. 比较酒店网络销售的代销渠道与直销渠道的优劣。
5. 选择一个熟悉的酒店,为其设计一系列网络推广策略及相应的产品销售模式。

在线答题

Note

纽约 Yotel 酒店的智慧服务建设①

Yotel 是一家连锁品牌酒店，纽约 Yotel 酒店坐落在纽约第十大道，被称为美国十大高科技酒店之一。下面简要介绍纽约 Yotel 酒店的几个主要智慧服务产品的应用。

1. 太空舱智能客房

酒店设计风格新潮，进入酒店有一种置身于太空的感觉，到处都体现了高科技产品的应用，给人们带来不一样的智慧服务体验。酒店前台就是"太空任务控制中心"，酒店客房就像一个个太空舱，Yotel 的创始人西蒙·伍德罗夫 2002 年乘坐头等舱飞往夏威夷的途中萌生了建造飞机头等舱式酒店的念头，智能客房的设计让住客有一个太空式的体验旅行，如图 5-20 所示。

图 5-20　纽约 Yotel 酒店太空舱智能客房

2. 行李机器人 YOBOT

住客的行李处理是否有序、敏捷，是影响酒店大堂秩序的主要原因，尤其是接待团队客人的时候。纽约 Yotel 酒店首次把智能机器人应用到酒店的行李处理程序中，引起了不凡的影响，如图 5-21 所示。

纽约 Yotel 酒店采用世界上有史以来第一个机器人行李处理程序，行李机器人 YOBOT 矗立在酒店大厅的玻璃窗后，负责为住客提供寄存行李、提取行李服务。在住客办完入住手续后，机器人 YOBOT 会拿起行李，并将它安全地存储在抽屉墙中的一个抽屉里。

不管是手提电脑还是金银珠宝等含有贵重物品的行李，机器人 YOBOT 都会为住客放入专门的储物箱里，同时帮住客看守储物箱。机器人每天 24 小时值班，这会

① 陆均良,沈华玉,朱照君.旅游电子商务[M].2 版.北京:清华大学出版社,2017.

让住客十分放心自己物品的安全性。机器人一般是低调地背对着旁人，一言不发地挥舞着长达 3 米的机械手臂，灵活地在被玻璃隔断的行李间里的 117 个储物柜之间移动。

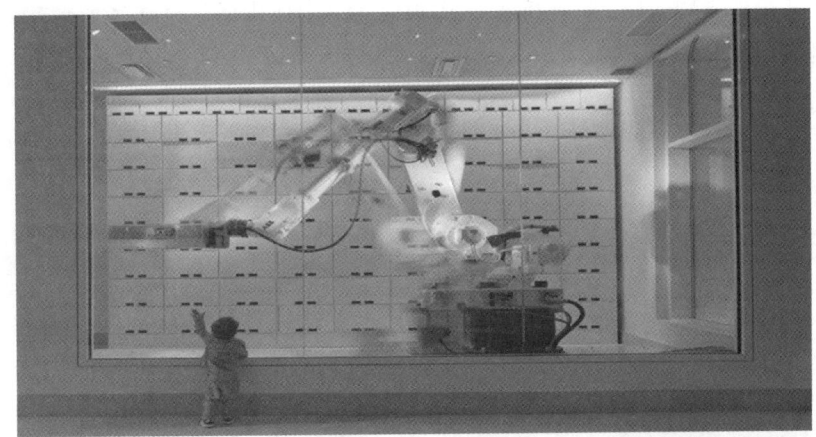

图 5-21　纽约 Yotel 酒店的行李机器人 YOBOT

3. 自助结算系统

除了机器人，人们还可以在 Yotel 酒店体验许多其他高科技的应用。酒店的一层大厅既没有服务经理帮住客办理入住、退房手续，也没有笑脸盈盈的服务生跟住客打招呼。大厅里只有 ATM 机一样的一排服务器，闪烁着屏幕欢迎住客，邀请住客像在银行取钱一样，在自助服务机上办理住宿手续。与此同时，大厅的语音播放系统会代替服务生，自动播放早已准备好的"欢迎光临"等录音。房门钥匙会通过自助服务机传递到住客手上，也不需要服务生带着住客走上楼，直达电梯会将住客送达住宿的楼层。大厅的自助结算系统如图 5-22 所示。这些系统既能办理入住登记和退房，又能进行其他消费结算，满足了住客的个性化需求。

图 5-22　大厅的自助结算系统

4.人性化客房

酒店客房的设计集放松、提神、交流和休息于一身，所有客房都挂满了紫色情绪照明灯，客房内设豪华寝具，配有几乎无声的加热和冷却系统、提神的季风雨淋浴间，以及内嵌平板电视、多个电源插座和 iPad 接口的"科技墙"，为住客的数码设备提供各种便捷的服务。在 Yotel 旗下所有酒店，所有客房和公共空间都免费提供超强 Wi-Fi，方便住客轻松上网。为了给住客提供更加人性化的睡眠服务，客房还有住客通过按钮控制就可以调节尺寸的电动床，床还可自动调整成看电视与睡觉两种模式，如图 5-23 所示。

图 5-23　酒店的人性化客房

当住客想打扫房间时，圆盘形状的清洁机器人会第一时间帮忙清扫，无需呼唤楼层的清洁工。清洁机器人就像小孩子的电动小汽车一样，甩动圆盘下方的清洁海绵条，"嗡嗡"地在房间的地板上来回打转。

5.商务会议及休闲

Yotel 特色酒店共 23 层 339 个睡眠舱，每间面积约 11 平方米，分单人间和双人间，其中还包括三间 VIP 两舱套房。VIP 客房均设有工作站、免费 Wi-Fi 和能转换成台球桌的会议室风格桌。会议室是多功能的，既可以举行商务会议，又可以为住客提供休闲服务。会议室还为住客提供了一个免费的无线会议电话，为有需要的商务住客提供便捷的讨论场所。

6.露天吧台

酒店还为住客设置了带有游泳池和健身房的宽阔的露天吧台，晚上的露天吧台气氛很棒，视野也不错，喝个饮料，随便找个人聊天都很方便，吧台在设计风格中融入了娱乐、激动和惊喜的元素。露天吧台的外景如图 5-24 所示。

此外，纽约 Yotel 酒店还将虹膜扫描感应器开房门等技术运用到酒店中。新一代的网络和高科技的应用，使 Yotel 特色酒店成为名副其实的智能酒店，为住客提供了在客房、大堂、会议室等环境的真正的高科技体验。

图 5-24 Yotel 特色酒店的露天吧台

纽约 Yotel 酒店的智慧服务管理可以减少入住步骤、缩短办理时长、提高效率、节省人工成本,同时也大幅提升了服务效能及用户体验。

思考题:

1.试分析酒店智慧服务管理对酒店电子商务的促进作用有哪些。

2.智慧酒店的目标客户群体是哪些? 如何针对这一群体选择酒店电子商务网络营销策略?

实验五 旅游电子商务网站登录实现及 CSS 应用

微课视频

一、实验目标

了解网页制作表格和图像的使用;

了解简单表单的使用;

能够利用 CSS 对网站进行简单设置;

能够对网站进行简单维护。

二、实验内容

网页制作表格和图像;

利用表单实现简单登录界面;

利用 CSS 实现简单样式设置。

三、知识准备

(一)常用标签

1. 图像标签\<img\>

```
<img src="图像文件名" alt="替代文字" width="图像宽度" height="图像
高度"  border="边框宽度"/>
```

用图像作为超链接热点：

```
<a href="URL"><img src="图像文件名"/></a>
```

2. 表格

一个表格以\<TABLE\>表示开始,以\</TABLE\>表示结束,表格的内容由\<TR\>\<TH\>\<TD\>标记来定义,它们必须成对使用。\<TR\>\</TR\>说明表格的一行,表格有多少行,就有多少对\<TR\>\</TR\>;\<TH\>\</TH\>用于定义 HTML 表格中的表头单元,说明表格的列数和相应栏目的名称;\<TD\>\</TD\>定义 HTML 表格中的标准单元格。其命令格式为:

```
<table border="n" width="x|x%" height="y|y%">
(<TABLE border=n bordercolor=color width=x height=y cellspacing=
i cellpadding=j>)
  <tr><th>表头 1</th><th>表头 2</th><th>…</th><th>表头 n</th></tr>
  <tr><td>表项 1</td><td>表项 2</td><td>…</td><td>表项 n</td></tr>
……
</table>
```

其中,border 用来定义表格边框的粗细、单位像素;bordercolor 定义表格的边框色;width 定义表格的宽度,其取值可以为像素或百分比;height 定义表格的高度,其取值可以为像素或百分比;cellspacing 定义单元格的间距;cellpadding 定义单元格的边距。

另外,通过在\<TABLE\>、\<TR\>或\<TH\>标记内设置 align、bgcolor 的属性可定义表格或单元格的对齐格式和背景色。通过在表格标记内加上\<TH rowspan=行数\>或\<TH colspan=列数\>,可合并相邻以创建满足不同需要的表格。

若要给表格加上标题,可使用标记:\< CAPTION align = 对齐方式 \>标题\</CAPTION\>。

(二)表单

表单是网页上用于输入信息的区域,能用来收集和传递信息到服务器。由表单控件接收信息的输入,由表单的 action 属性把信息传递到服务器。

表单标签:

```
<form name="表单名" action="URL" method="get|post">
...
</form>
```

Note

其中，action 属性用于指定接收并处理表单数据的服务器的 URL 地址；method 属性用于设置表单数据的提交方式，其取值为 get 或 post；name 属性用于指定表单的名称。

表单元素：＜input/＞控件基本语法格式：

```
<input type="表项类型" name="表项名" value="默认值"/>
```

其中，name 属性用于定义控件的名称；value 属性用于定义于控件中的默认文本值；type 属性的取值及其配合使用的属性如下，如表 5-2 所示：

```
type="text|password|radio|checkbox|image|reset|submit|button|
file|hidden"
```

表 5-2　type 属性

type 值	显示状态及功能描述	配合使用的属性
text	单行文本输入框	maxlength 属性：允许输入的最多字符数。 readonly 属性：该控件内容为只读，不能编辑修改。 size 属性：控件在页面中占有的宽度。 例：＜input type＝"text"name＝""value＝"张三"maxlength＝"6"readonly/＞
password	密码输入框	maxlength 属性，size 属性。 例：＜input type＝"password"name＝""size＝"40"/＞
radio	单选按钮	checked 属性：在页面加载时就默认选定。 例：＜input type＝"radio"name＝"gender"id＝"a"/＞＜label for＝"a"＞男＜/label＞
checkbox	复选框	checked 属性：在页面加载时就默认选定。 例：＜input type＝"checkbox"name＝""checked/＞
submit	提交按钮	disabled 属性：第一次加载页面时显示为灰色，不能使用。 例：＜input type＝"submit"disabled/＞
image	图像的提交按钮	disabled 属性。 例：＜input src＝"sun.jpg"type＝"image"name＝""/＞
reset	重置按钮	disabled 属性。 例：＜input type＝"reset"name＝""disabled/＞
button	普通按钮	disabled 属性。 例：＜input type＝"button"name＝""disabled/＞
file	出现一个文本框和一个"浏览…"按钮，是用来填写文件路径或通过"浏览…"按钮选择文件	例：＜input type＝"file"name＝""/＞
hidden	隐藏域不可见	例：＜input type＝"hidden"name＝""/＞

(三)CSS 样式设置

定义内部样式表:在 HTML 文档的＜body＞标签之上插入一个＜style＞…＜/style＞标签对,在其中定义样式。

行内样式:

```
<标签 style="属性:属性值;属性:属性值 …">
<body style="font-size:16pt;background:green">
```

链入外部样式表:链入一个 xxx.css 外部样式文件,通过＜link＞标签的 href 属性实现。例如:

```
<head>
<link rel="stylesheet" href="样式表文件名.css" type="text/css"rel=
"stylesheet"/>
</head>
```

三种写法的优先级别:优先级遵循就近原则,内联样式优先,而链入式和内嵌式样式的优先级看位置,即在选择器相同的情况下越往后优先级越高。

四、实验步骤

设置页面底部,注意用 CSS 设置效果。

```
<div style="width:80%;height:70px;background:blue">
    <p align="center"> 客服电话:400-847-6666</p>
    <p align="center">Email:2778128770@126.com</p>
</div>
```

注册页面的设置,注意表单的使用。

```
<!doctype html>
 <html>
  <head>
   <meta charset="gb2312">
   <title>会员注册表</title>
  </head>
  <body >
<div align="center">
<div style="width:300px;height:300px;background:#8FeC8F">
   <h2>注册</h2>
   <form name="reg" action="" method="post">
<p>账号:<input type="text" required autofocus name="userid" id=
"userid" placeholder="您的账号"></p>
```

```
    <p>密码:< input type="password" required name="pass" id="pass"
placehold="您的密码"></p>
    <p>性别:<input type="radio" name="sex" value="男" checked>男
        <input type="radio" name="sex" value="女">女 </p>
    <p>电子邮箱:<input type="email" required name="email" id="email"
placeholder="您的邮箱"></p>
    <p>生日:<input type="date" min="1990-01-01" max="2013-3-16" name=
"brithday" id="brithday"></p>
    <p>年龄:< input type="number" name="age" id="age" value="25"
autocomplete="off" placeholder="您的年龄"></p>
    <p>
         < input type="submit" value="提交"/>
  
    <input type="reset" name="reset" value="重写"/>
    </p>
      </form>
    </div>
      </body>
    </html>
      |
```

第六章
旅游商品电子商务

学习引导

　　旅游商品是指旅游者在旅游活动中排除商业目的而购买的,以当地旅游资源为基础而开发的具有独特吸引力的有形商品。本书所研究的旅游商品是广义的旅游商品概念,包括旅游纪念品、工艺品、农副产品及游客购买的生活类工业品等。对于旅游商品而言,它不仅与传统商品性质相关联,还与传播旅游地文化形象相关联,这意味着要把旅游商品电子商务营销一同规划到旅游电子商务中。电子商务营销模式的出现,可以让旅游商品销售工作与信息化技术发生紧密联系,通过电子商务平台,旅游商品销售网络的覆盖范围能够迅速扩张,如何找出旅游商品在发展电子商务时存在的问题并制定高效电子商务营销策略,成为旅游从业者需要面对的重要问题。

学习目标

1. 了解旅游商品的概念、分类方式与具体分类。
2. 理解旅游商品电子商务的重要性。
3. 掌握旅游商品网络营销方法。
4. 了解旅游商品电子商务的新技术使用。

思维导图

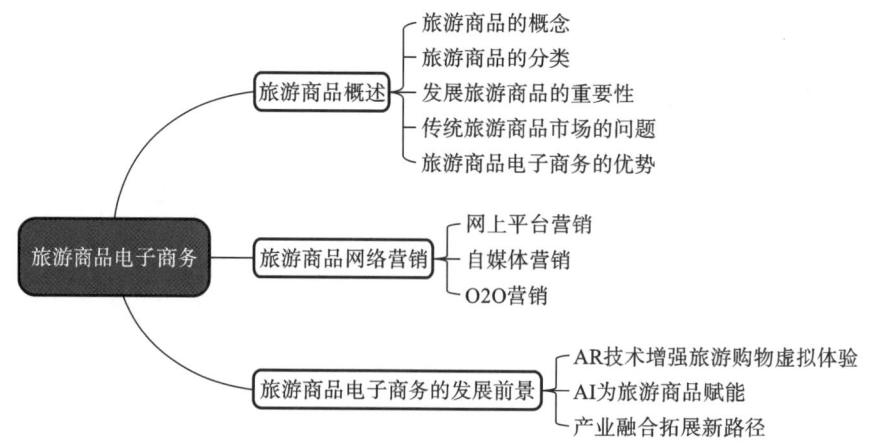

导入案例

旅游商品销售的电子商务解决方案

江苏旅游商品网由江苏省文化和旅游厅主办、13市旅游局协办,汇集江苏全省13市各类旅游商品资源。网站对江苏旅游商品进行详细分类,包括旅游工艺品、旅游交通装备、旅游数码设备、旅游箱包、旅游服饰、旅游营养保健品、土特产等,网罗江苏省全省千余件特色知名旅游商品与百余家生产加工企业信息。

为便于商品检索,网站设置了不同的信息查询路径,可以按旅游商品类型分类查找商品,也可以根据13市分类查询详细的企业和商品信息。网站同时开设有政策导向、产业新闻、行业动态、最新资讯等信息栏目,可以全面了解我国旅游商品产业动态、新闻导向,见图6-1。

图6-1 江苏旅游商品网首页

江苏旅游商品网拥有功能完备的产品数据库系统、商品查询系统、产品发布系统、形象展示系统、咨询服务系统等,通过这些系统可以为旅游消费者和会员企业提供便利,为江苏旅游商品的市场推广服务。

解析:

江苏旅游商品网以提供旅游商品信息咨讯为纽带,充分调动各江苏旅游商品研发基地的服务功能,通过商品的研发、设计、生产等优势,提升江苏旅游产品的核心竞争力,进而带动江苏旅游商品产业的发展和繁荣,促进江苏省地域旅游经济的快速增长。随着旅游业的飞速发展,我国旅游商品开发与经营处于多元化发展格局,传统的旅游商品营销的局限性日益凸显。面对广阔的市场需求和个性化的旅游消费者,旅游商品应如何开展电子商务活动?

第一节　旅游商品概述

一、旅游商品的概念

在旅游业中,旅游商品是旅游六要素"食、住、行、游、购、娱"中"购"的重要环节。旅游商品的消费是旅游总消费中重要的一部分,旅游商品的发展也是旅游业发展的关键要素之一。由于旅游商品的消费主要为弹性消费,所以促进旅游商品消费可以成为旅游经济新的增长点,也是增加旅游地社区居民收入的重要手段。那么,何谓旅游商品呢? 旅游商品的外延和内涵随着旅游业的发展在不断扩大,学术界对旅游商品的概念尚未达成共识,研究者们从不同角度、不同侧重点给出了定义。

(1)郭鲁芳、吴儒练认为,旅游商品是旅游者在旅游准备阶段、旅游过程中,以及旅游结束返程途中出于非商业和非投资目的而购买的、以旅游用品和旅游纪念品为主体的一切实物商品。

(2)苗学玲认为,旅游商品是指由旅游活动引起旅游者出于商业目的以外购买的,以旅游纪念品为核心的有形商品。它包括旅游前购买的物品和旅游中购买的商品。

(3)邹树梅认为,旅游商品即旅游购物品,是指旅游者在旅游活动过程中所购买的以物质形态存在的实物,如旅游纪念品、工艺品、土特产品、日用品等。

(4)卢凯翔、保继刚则从三个维度定义了旅游商品:在需求者维度下,旅游商品是指旅游者在旅游活动中所购买的有形商品;在供给者维度下,旅游商品是指由旅游生产系统供应的,具有"旅游"内涵的有形商品;在商品流通维度下,旅游商品是指在面向旅游者开放的市场上流通的有形商品。

世界旅游组织关于旅游购物支出的定义为:旅游购物支出是指为旅游做准备或者在旅途中购买商品(不包括服务和餐饮)的花费,其中包括购买衣服、工具、纪念品、珠宝、报刊书籍、音像资料、美容及个人物品、药品等,不包括任何一类游客出于商业目的而进行的购买,即为了转卖而进行的购买。

从上述定义中我们不难发现,旅游商品具有以下几个特征:一是非商业目的,即旅游者购买旅游商品是用于自己消费或者馈赠之用,而非其他商业目的;二是在属性上,即旅游商品具有实物形态;三是购买的异地性,即旅游商品是旅游者在旅游目的地所购买的,而非其客源地。

结合上述特征,旅游商品是指旅游者在旅游活动中排除商业目的而购买的,以当地旅游资源为基础而开发的具有独特吸引力的有形商品。这一界定之下的旅游商品有广

义和狭义之分。广义的旅游商品种类多、范围广,根据其自身的性质和特点,可分为纪念品、艺术品、文物、装饰品、土特产、日用品、零星用品、旅游食品等。而狭义上的旅游商品是人们在通俗意义上所说的旅游纪念品。一般来说,旅客不会把在旅途中购买的日用品、零星的,包括地图等用品和在旅游过程中所食用的罐头、面包、零食等旅游商品作为旅游纪念品。因此,旅游纪念品可以归纳为凡是游客携带方便、富有地方特色、在旅游结束后作为纪念、欣赏或馈赠的,如杭州龙井茶、苏州双面绣、北京景泰蓝、萧山花边等工艺品及土特产一类的旅游商品。

二、旅游商品的分类

(一)按照流通形式分类

旅游商品按其流通形式,可划分为导购旅游商品和自选旅游商品。导购旅游商品往往是作为旅游行程中有意安排的购物对象;自选旅游商品是旅游者在旅游目的地市场上自己选购的旅游商品。

(二)按照用途分类

旅游商品按其用途,可划分为消耗性旅游商品、旅游用品和旅游纪念品。消耗性旅游商品是指旅游者在旅途中购买的日常生活中有实际用途,能够代替一般生活用品功能的、具有一次性消费特点的旅游产品;旅游用品是指旅游者为实现特定的旅游目的地需要所购买的旅游过程中使用的商品;旅游纪念品是指旅游者在旅游过程中购买的具有区域文化特征、富有民族特色、具有长期纪念意义和收藏价值的一切物品。

(三)按照原材料分类

旅游商品按其原材料,可划分为植物性旅游商品、动物性旅游商品和矿物质旅游商品。植物性旅游商品是以植物性原料制成的旅游商品,如根雕、盆景、竹艺品、木艺品等;动物性旅游商品是以动物原材料制成的旅游商品,如皮制品、毛织品、动物性工艺品等;矿物质旅游商品是以矿物质原材料制成的旅游商品,如陶瓷制品、金银饰品、宝石玉器等。

(四)按照标准化程度分类

旅游商品按其标准化程度,可划分为标准性旅游商品和非标准性旅游商品。标准性旅游商品标准可以制定成明确的生产质量标准,人们可以客观地评价其商品质量状况;非标准性旅游商品标准难以制定成明确的生产质量标准,其商品质量高低主要以主观评价为主。

(五)按照属性分类

旅游商品按其旅游属性,可划分为旅游纪念品、旅游工艺品、旅游用品、旅游食品和其他旅游商品。

旅游纪念品是指各种各样的标有产地地名、产地的人或事物特征作为商标的产品，或以旅游景区的文化古迹或自然风光为题材，并利用当地材料等制成的商品。

　　旅游工艺品是以旅游目的地的文化古迹或自然风光为题材，利用当地特有材料等制成的设计新颖、工艺独特、富有纪念意义的艺术品，如丝织品、刺绣、陶瓷、金属工艺品、漆器、工艺画等。

　　旅游用品是指在旅游活动中购买的具有实用性和纪念性相结合的生活用品，包括旅游服饰和旅游日用品两类。旅游服饰就是指本地制造的具有地方和民族特色的绸缎、呢绒、棉毛、皮革和皮毛等；旅游日用品是在旅游过程中必需的日用品，如毛巾、打火机等。

　　旅游食品是指旅游者在旅途中随身携带、食用或瓶装、匣装、袋装和其他软硬包装的食品，如土特产品、方便食品、快餐食品、风味食品等。

　　其他旅游商品是指除以上四种商品之外的其他旅游商品，如文物商品及其复制品等。

三、发展旅游商品的重要性

　　2020 年 12 月 31 日，国家统计局发布公告显示，经核算，2019 年全国旅游及相关产业增加值为 44989 亿元，占国内生产总值（GDP）比重为 4.56%。在旅游业内部，旅游购物规模最大，增加值为 14077 亿元，占全部旅游及相关产业增加值比重为 31.3%。旅游购物继续成为在全部旅游及相关产业增加值占比最大的部分。

　　旅游商品不仅是旅游收入的重要组成部分，还具有文化传播及情感交流功能，而且旅游商品的精美造型及文化内涵在一定程度上是展示旅游目的地的标识和具有情绪价值的旅游体验物化表征，是旅游目的地吸引力的组成部分，也是重要的旅游宣传营销载体。旅游商品的开发可直接利用城乡现有的科技工艺及劳动力，有利于扩大就业，带动相关产业发展，为旅游目的地居民带来较好的经济收益，缓解就业压力及社会矛盾；有利于游客了解当地历史文化、自然景观、工艺水平及社会经济发展，提高旅游目的地知名度和旅游形象；有利于保护和促进传统民间手工艺，唤醒民众保护传统文化的意识。

知识活页 >>

从故宫文创产品的走红观其在旅游环节的重要性[①]

　　众所周知，"食、住、行、游、购、娱"是旅游的六要素，六要素缺其一，旅游就不够完整。随着旅游业的发展，六要素中，购物的环节扮演着越来越重要的角色。因为，从游客的角度，去某一个非惯常居住地旅游，一般希望给亲朋好友带一些特色的旅游商品；从景区以及社会的角度，一个景区特色的文创产品可以使景区摆脱单一的门票经济模式，提升游客的体验，也是无形中为自身做了营销，而景区中所蕴含的文化也能被代代传承。

　　① https://www.sohu.com/a/249760869_822716.

　　景区的文创产品如何才能吸引游客的眼球呢？首先,要创意独特、品质精良。当然,还需要策划好、营销好,缩短景区文化与现代生活之间的距离,注重文化性与实用性的结合。除此之外,文创产品的趣味性、互动性也是吸引游客的重要因素。如今的旅游市场,游客逐渐成熟,对旅游商品的要求越来越高,在设计文创产品时应在注重产品文化属性的同时,强调创意性及功能性才能满足游客的需求。故宫的爆款文创产品"朝珠耳机"、"朕知道了"胶带、"故宫日历"等就是充分将文化与日常生活用品联系的成功案例,如图6-2所示。

图6-2　故宫文创产品宣传广告

　　故宫博物院院长单霁翔就曾给出对于文创产品开发的十点体会:
　　(1)以社会公众需求为导向;
　　(2)以藏品研究成果为基础;
　　(3)以文化创意研发为支撑;
　　(4)以文化产品质量为前提;
　　(5)以科学技术手段为引领;
　　(6)以营销环境改善为保障;
　　(7)以举办展览活动为契机;
　　(8)以开拓创新机制为依托;
　　(9)以服务广大观众为宗旨;
　　(10)以弘扬中华文化为目的。

四、传统旅游商品市场的问题

(一)旅游商品收入占旅游总收入的比例小

旅游商品消费在属性上属于弹性消费,小可以等于零,大可以无上限,其弹性大小

取决于当地旅游商品业的特色和发达程度。世界各地都把旅游商品作为旅游业发展的重点领域，一些成熟的旅游目的地，游客的旅游购物花费在游客总花费中所占的比例可以达到70%以上。在国际上，旅游商品收入在旅游业总收入中的比重已成为衡量一个国家旅游业发展程度的重要标志。

从我国旅游商品业的发展情况来看，虽然多年来旅游商品业一直呈现出持续增长的势头，游客旅游购物花费占旅游总支出的比例逐年提高。但总体来看，目前世界旅游发达国家旅游商品的收入占整个旅游业收入的40%~60%，我国还有一定差距，这严重地影响了国家和地区旅游业的整体发展。因此，发展旅游商品成为国家和地区全面发展旅游业的关键所在。

（二）旅游商品销售渠道不足

传统旅游商品的销售，依赖游客的现场选择，主要是通过以下途径进行：一是旅游景区、景点的旅游商品零售商在景区、景点内或附近的购物区设点销售；二是在旅游集散地设有零散的旅游商品购物商店或专营柜台销售旅游商品；三是旅游商品生产企业自行设置的销售点销售。销售渠道拓客较难，旅游商品市场难以与宏观市场对接。

（三）旅游商品市场信息不对称

在旅游商品市场交易过程中，旅游企业和旅游者交易双方所拥有的信息数量不等，跟旅游者比较，旅游商品的供给者即旅游企业往往拥有更多旅游市场的信息，从而形成了旅游商品市场的信息不对称。在旅游商品市场上，旅行企业与旅行企业之间、旅行企业与旅游者之间的信息不对称导致的博弈行为会引发一系列旅游市场乱象。旅游商品销售商为了保证客源，一方面可能存在不正当地给旅行社导游和司机回扣的行为，另一方面，又可能存在压低商品进价、抬高商品售价的现象，这必然损害旅游者的切身利益，使旅游者买到质价不符或假冒伪劣商品。旅游销售的不规范导致旅游商品市场秩序混乱，使旅游商品市场处于一种萎缩状态，这在很大程度上制约着我国旅游经济的发展。

五、旅游商品电子商务的优势

旅游商品电子商务的出现，拓宽了旅游商品的销售渠道，降低了旅游企业与旅游者之间的信息不对称程度，并借助技术实现智慧化管理，在一定程度上解决了旅游商品市场的一系列乱象。随着移动互联网、物联网技术、云计算的发展，中国网上消费的规模空前壮大。人们越来越习惯通过网络渠道购买商品，以网络技术为基础的电子商务活动以其便利性、快捷性的特点使广大游客的消费方式实现了质的改变，同时也带来了旅游商品销售模式的变革。种类多样的旅游商品因其独特性和纪念性正在被广大消费者所喜爱，相应地带动了旅游商品销售业的发展。随着网络的普及，电子商务逐步渗透到人们生活中的每一个领域，网络平台已成为旅游商品销售的重要渠道。

知识活页

旅游商品由传统营销向网络营销发展的可能性和必然性①

1. 网络硬件设施、网络交易税收、用户安全和权益政策法规的完善

近年来,电信市场越来越开放,旅游商品网络营销不再受到过高的电信费用制约。第三方支付平台进一步完善,用户迅速增长,支付宝用户的增长速度已远远高于同期中国网民的增长速度。智研咨询发布的《2020—2026年中国电子商务行业市场经营风险及投资前景分析报告》显示:截至2020年3月,我国网络购物用户规模达7.10亿人,2019年交易规模达10.63万亿元,同比增长16.5%。在用户规模增长的同时,线上购物所花费的金额也越来越多。数据显示:2019年,全国网上零售额达10.63万亿元,其中实物商品网上零售额达8.52万亿元,占社会消费品零售总额的比重为20.7%。高速增长的网购人群为旅游商品网络销售提供了广阔的发展空间。

2. 网购交易人群与旅游目标人群特征的一致性

据调查,网购人群从年龄结构层次划分,主要集中在18~35岁;从性别划分,网上购物人数女性远远大于男性;从职业划分,全职工作的占到52.3%。从消费者所选择的购物网站来看,有87%的网民选择在淘宝商城购物。由此可看出,网上购物人群多为年龄在18~35岁的高学历、高收入群体,而旅游商品消费人群多为工作稳定的高素质人群,二者目标群体的相似性使网上销售旅游商品变得可能,且网络销售能通过互联网对分散的消费人群进行集聚,降低了实体店的经营成本。

3. 网络营销交互式个性化的营销特点

学者梁学成依据旅游商品的特性对旅游商品进行界定,将旅游商品分为四类,即旅游专用品、旅游必需品、旅游纪念品、旅游奢侈品,如表6-1所示。

表6-1　旅游商品分类

旅游商品类型	举　　例	生 产 方 式	销 售 方 式
旅游专用品	服装、鞋帽、箱包等	主要是中小企业采用分工协作式	厂家指定代理商
旅游必需品	食品、医药、保健品等	主要是国家特许经营的企业	厂家定点销售或委托代理商销售
旅游纪念品	挂件、土特产等	采取集聚协作等多种经营方式	由中间商采取批发、零售
旅游奢侈品	艺术品、古董等	民间作坊或国家指定企业生产	厂家直销为主

① 周瑞雪,杨含,王露瑶,等. E时代旅游商品网络营销探究[J]. 现代商贸工业,2014,26(7):160-162.

过去，由于各地旅游商品具有民族性和地域性的特点，因此，旅游商品一般仅在旅游目的地销售，游客一般无法事先了解商品信息，购买后又无法享受售后保障，所以此类商品的出售变得更为困难。目前，互联网性能、质量的非直观感觉显示程度高，可以通过展示商品图像、功能等实现旅游商品供需双方的有效沟通。另外，互联网上采用的是消费者主导的、非强迫性的营销方式，避免了实体店推销员强势推销的干扰，旅游商家可以通过信息提供与交互式沟通，与消费者建立长期良好的关系。

4. 智能手机的普及

在短短的十几年内，手机的主要功能已经由通话、短信等简单应用发展成为一个集通信、办公、学习、生活、娱乐、休闲等为一体的高智能网络终端设备。智能手机高速的网络、丰富的网络应用、触摸式大屏幕、不断完善的计算机操作系统，加上丰富的信息内容，已经有越来越多的用户选择使用智能手机。海量的手机上网用户也为旅游商品的网络营销打下了坚实的客观基础，形成非常庞大的潜在客户群体。

TOURISM

通过旅游商品电商模式，游客不但可以很方便地查询、订购旅游目的地的名优特产、旅游商品，还能获得安全支付、快捷的物流、完善的售后服务等保障，这样建立起来的旅游商品电子商务平台，集中解决了旅游购物中的诚信、配送、质量服务等传统旅游商品市场无法解决的难题，为游客、企业和政府之间搭建了便捷沟通的电子通道，旅游商品电商模式成为旅游购物新的发展方向。归纳起来，旅游商品电商模式具有以下几个方面的优势。

（一）购物的便利性

以前，地域性、季节性等外在因素对旅游商品的销量影响较大。基于网络的各种新型商业模式的兴起，不受时间、地点的限制，消除了时空对商品交易的局限，为消费者购物带来了很大便利。游客只需要借助一台电脑或手机便可以随时随地购买商品，不必亲自到实体店进行选购。通过网络平台，旅游者可以更快速地获得准备购买的商品的详情，从而在客户端或网站上广泛地进行质量、价格等多方面的比较，择优购买。

（二）方便快捷的信息服务

生动直观的网络信息，既可以快速更新，又可以重复使用。旅游商品的电商销售模式与传统销售模式相比，第二大优势在于其方便快捷的信息服务能力。在信息爆炸时代，网络已逐渐演变成人们获取信息的重要渠道。在日常生活中，人们对于网络的依赖程度越来越高，因此旅游商品经营者应该以此为契机，通过网络渠道和各大电商平台向广大旅游者介绍旅游商品，宣传其文化内涵，激发游客的购买欲望。

(三)销售成本较低

由于旅游商品电商销售模式是以网络为媒介进行，所以它不受时空等其他客观因素的限制，从而可以在很大程度上节省旅游商品宣传成本、门店费用及其他各项开支。同时，旅游商品经营者借助电商平台直接与旅游者进行交易，减少了旅游商品的流通环节，降低了成本。由此可见，旅游商品采用电商销售模式在很多方面都可以降低其销售成本。旅游者还可以凭借商家对旅游商品的直播、详情展示，更为直观充分地了解商品，最终在直播现场下单，提高了交易效率。

案例
介绍

山西特产沁州黄小米的电商购买①

途牛旅游网零售平台负责人此前可能并没有想到，在途牛特产频道上线刚刚度过一周年的 2020 年 3 月，这个定位"高品质出行伴侣"，为旅途中的游客解决礼物选购、携带麻烦、托运超重等问题的频道，已然成为新冠肺炎疫情影响下，途牛寻求机会中最"热闹"的新战场。

途牛有经过了积淀和考验的服务和运营经验，有成熟的途牛旅游特产频道、"苔客"等平台和社群渠道等，同时，途牛还有基本遍布全国的随往地接社网络，覆盖全球的供应链与合作伙伴。借助这些资源，途牛深入产地源头采购优质商品和特产进行线上售卖，以探寻新冠肺炎疫情影响下游客在旅行过程中购买优质商品和特产的新机会。

1. 旅游特产、"苔客"全面发力，频道日销量环比上涨最高达 571%

作为市场份额持续领先的在线度假旅游企业，途牛 10 多年来吸引了庞大的会员用户和流量，此前对旅游特产频道、"苔客"社群等运营和探索也为这次的全员自救打下了坚实的基础。

随着旅游业与移动互联网产业的融合发展，利用微信群、朋友圈、小程序等移动社交平台进行社群营销成为途牛营销推广的一大特色。2019 年 3 月，途牛推出"苔客"App，如图 6-3 所示，旨在打造社群电商平台，注册店主可使用自己的推广码在社交平台进行特价产品的分享、销售并获取收益。借助"途牛海报工具"小程序，店主还可制作产品海报一键分享至微信朋友圈，加大产品销售的人群覆盖。

2. 地接社的"转身"：乡间地头推广最优特产，品质媲美"牛人专线"

2016 年，为给游客提供高品质的目的地服务，途牛在厦门开设了首家随往地接社。2019 年，随往地接社全年累计服务出游人次超 37 万，综合满意度增至 97.94%，其接待的"牛人专线"产品也凭借住宿、交通、美食升级、行程透明等优势赢取了众多游客的信任，随往地接社的金牌导游们更是以极高的服务满意度获得了众多用户的认可。

① 国际在线. 疫情下的新机会 途牛"旅游特产"携"苔客"热卖目的地特产[EB/OL]. (2020-02-21)[2021-09-22]. https://baijiahao.baidu.com/s? id=1659132635564594877&wfr=spider&for=pc.

Note

由于此次新冠肺炎疫情的影响，途牛遍布全国的 30 家随往地接社工作被按下了"暂停键"，地接社的导游、计调等工作人员几乎均处于"赋闲"在家的状态。在随往地接社事业部的统筹下，员工们一边自嘲"被失业"，一边积极"转身"，各地地接社都把目光转向了各自家乡的优质特产上。一方面，推荐家乡的特产可以让待业的"牛人们"换一种身份再次上岗；另一方面，深入特产产地，可以帮助更多的农户、果农等把好的货物通过途牛特产频道卖出去；此外，助农的同时，也为更多响应抗疫号召主动被"困在家中"的用户推广了一手的优质产品。

福建的随往地接社开始上山张罗竹笋，东北的随往地接社回村征集起了大米，山西的随往地接社挨家挨户问着黄小米的情况，海南的随往地接社跟着果农到山上实地考察芒果……不仅如此，习惯了做旅游的"牛人们"还纷纷从零开始，做起了特产的宣传小达人，如图 6-4 所示。

图 6-3　途牛"苔客"App　　　　　图 6-4　山西特产——沁州黄小米通过"苔客"开售

凭借着旅游人吃苦耐劳和随往地接社的推广，目前不少地方盛产已经通过途牛平台送到了很多城市居民的餐桌上。部分产品上线短短 3 天，单个微信群的特产销量就突破了千份，其中，2020 年 2 月 12 日，海南贵妃芒上线当晚售出 4468 斤；2020 年 2 月 16 日，沁州黄小米和兰州甜百合售出 3113 斤，产品优异的品质更是好评如潮。以海南的贵妃芒为例，为了确保果子的美味和新鲜度，途牛工作人员甚至跟着当地农民在山上摘果子到深夜，挑选自然熟的芒果进行采摘，并且通过人工分拣挑出果形最好的果子给客人发货，"除了甜，没有其他缺点"成了客人对这款产品的一致好评。

"我们可能很难像其他成熟的电商平台一样有很大体量和很高的运输效率,但我们能够做到的是:像采购'牛人专线'那样严控品质、确保一手资源。目前,海南贵妃芒果、山西沁州黄小米、甘肃兰州甜百合已整装待发,接下来东北的正宗稻花香大米等也在筹备中。"途牛旅游网相关负责人表示,更多的产品正陆续上架到旅游特产频道,进一步丰富客人在频道中的选择。

"目前,有更多的优质产品上架,销量也能够看到比较明显的迅速提升。受物流还没有全面恢复等影响,用户收到商品的时间会稍有延后。我们希望,在用户无法外出旅游的当下,更可以足不出户地安心享受到我们为大家提供的来自不同目的地的优质产品。疫情散后,我们也同样会以持续地为用户服务的心,为大家的出游提供更多优质的产品和服务。"途牛旅游网相关负责人表示。

解析:

根据《2018年度移动旅游发展及消费白皮书》数据显示,97%的游客会在旅游过程中购买当地商品,艺术品、纪念品、保健品、食品等最受游客欢迎;83%的游客表示,旅游特产的消费在其整体旅游消费中占比达到20%~30%;超过一半的游客会在旅游归来后,在网上对自己喜爱的特产进行回购。规范的旅游商品电商模式有效地解决了传统营销宣传不到位、交易不诚信、商品售后无保障等问题,利用网络平台对商品推广、质量、购买、售后等问题进行实时有效的监管,对分散的旅游商品购买人群加以聚集,解决了游客不用再为选购礼物而发愁,也不用再面对携带麻烦、托运超重这些问题,有利于加快旅游商品经济的发展,提升旅游商品目的地形象,有利于树立品牌形象,最终促进整个旅游业的发展。

第二节　旅游商品网络营销

一、网上平台营销

旅游商品通过网络平台开展营销最大的优势在于其庞大的用户群体。国内知名的网络平台有百度、淘宝、腾讯等,这三者分别属于搜索平台、电子商务平台和社交平台。本章重点介绍以百度为例的搜索平台、以淘宝为例的电子商务平台和以腾讯为例的社交平台的常用旅游商品的网络营销方式。

(一)搜索引擎营销

百度是全球最大的中文搜索引擎网站。巨大的搜索流量给百度带来了商机,百度逐步将这些流量商业化,推出了搜索流量、网盟流量、行业流量、品牌流量等相关服务,因此百度如今已不仅仅是一个搜索引擎,其产品和服务已覆盖社区、游戏、软件、电商、营销等众多领域。搜索引擎在本书前文已有介绍,本节主要从旅游商品网络营销角度介绍百度网盟推广和百度知识营销相关内容。

1. 百度网盟推广

网盟是指网站的广告联盟，是精准投放广告的一种。网盟会根据广告主的行业，分析互联网用户 cookies，判断是不是广告主的目标客户，并把广告主的广告推送到相应的行业网站上，收费模式有 CPC 等模式。百度网盟推广是我国最大的网络联盟体系，目前能够覆盖我国超过 95% 的网民，每日约有超过 80 亿次的展现机会，以 60 万家联盟网站为推广平台，通过分析网民的自然属性（地域、性别）、兴趣爱好和特定行为（搜索和浏览行为），借助百度特有的受众定向技术帮助企业主锁定目标人群，当目标受众浏览百度联盟网站时，以固定、贴片、悬浮等形式呈现企业的推广信息，如图 6-5 所示。

图 6-5 精确锁定目标人群

旅游商品经营者依托百度网盟推广能够以丰富多样的创意形式，将旅游商品推广信息主动地在网民的上网时间、页面空间、移动设备上实施精准、多频次的展示推广，锁定更多目标人群，从而获取访客、促成订单、挽回流失客户，有效提升旅游商品的销售额和品牌知名度。

知识活页

网盟推广与搜索推广的关系

搜索推广是将企业的推广信息展示在搜索结果页面，而网盟推广则是以文字、图片、动画等多种创意形式展现在加入广告联盟的网站上。百度网盟是百度搜索引擎营销的延伸和补充，突破了仅在网民搜索行为中实施影响的限制，在网民搜索行为后和浏览行为中全面实施影响，覆盖了网民更多的上网时间，对网民的影响更加深入持久，有效帮助企业提升销售额和品牌知名度。网盟推广和搜索推广相结合，能够形成对潜在目标客户的全程、全方位深度影响，帮助企业收获更好的营销效果。

2. 百度知识营销

知识营销是指通过有效的知识传播方法和途径，将企业所拥有的对用户有价值的知识，包括产品知识、专业研究成果、经营理念、管理思想及优秀的企业文化等，传递给潜在用户，促使其形成对企业品牌和产品的认知，且将潜在用户最终转化为用户的过程和各种营销行为。百度知识营销能很好地将客户商业推广效果与用户浏览体验相结合，是基于百度知识系流量的内容驱动、场景原生的知识营销平台。

"百度知道"作为全球最大的中文互动问答平台，流量优势明显，日均 PV（Page View，页面浏览量）4.1 亿、问题总数 4.7 亿、累计贡献知识人数 1.3 亿、活跃用户 1.2 亿，是目前见效较快、投资回报率较高的平台,具有原生营销、口碑营销、影响决策等营销作用。

　　旅游商品经营者可以通过"百度知道"回答用户问题,传播企业具体的业务范畴、旅游商品的相关介绍;通过软性广告,获得点击,深入宣传旅游商品特性,建立企业重要宣传渠道;也可以通过与百度合作,在回答专属问题页面上插入大量的旅游商品图片硬广告。旅游商品经营者凭借"百度知道"营销推广,能够覆盖百度知识系流量,锁定目标消费人群,贯穿消费者购买决策过程,抢占行业通用流量,树立品牌。

案例介绍

臻木品公司沉香产品的"百度知道"营销

　　在"百度知道"栏目下搜索"沉香有什么功效与作用",将会在搜索结果中出现一系列不同回答者的答案,如图 6-6 所示,其中莆田市臻木品文化传播有限公司的回答也在搜索结果页面中。点击进入结果页,如图 6-7 所示,在顶部会有企业的横幅广告,答案底部有企业的标志、名字和企业的产品,右侧是企业简介,当点击简介下方的"加微信咨询"和"电话咨询"或者企业的产品图片,就会弹出企业广告界面,如图 6-8 所示。企业还可以通过专属问题页面上大量的图片广告位增加品牌曝光率,从而锁定目标消费群体,最终促成转化。

图 6-6　"百度知道"营销的显示格式

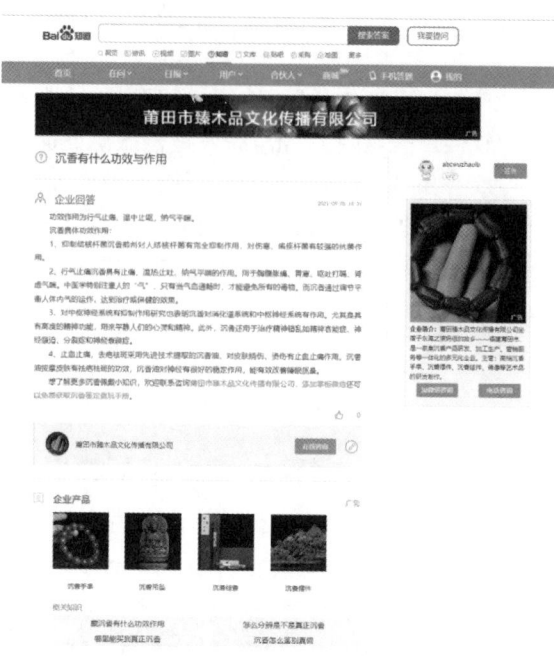

图 6-7 "百度知道"营销企业回答界面

图 6-8 "百度知道"营销的企业广告弹出界面

解析:

知识营销作为比较小众的渠道,广告预算不高,覆盖的范围广泛,通过用户和搜索引擎的相互作用,实现知识营销与搜索引擎营销的完美结合。知识营销可以将商品信息高效融入知识内容,达到内容分发和营销的效果,这并不仅仅是内容的输送,更是品牌与用户需求的长期协同效应,无形中在用户心中建立认知,值得旅游商品经营者深入开拓。

(二)电子商务平台营销

淘宝作为综合性的电商平台,为旅游商品商家创造了有效的电商推广渠道和商业机会,入驻门槛低,通过实名认证,缴纳一定的保证金就可以随时入驻,但由于淘宝竞品较多,入驻商家需要对店铺进行营销推广,经过时间和运营的积累,才会有一定的销售突破。

淘宝平台提供的营销工具有20余种之多,按营销时长及稳定性程度,主要可以分为长期稳定的推广工具和短期的活动推广工具。长期稳定的推广,主要是指淘宝网站一些衍生的专业营销及需要支付一定费用的推广,其方式比较稳定,变换性、间隔性也相对较稳定。主要营销工具有淘宝直通车、钻石展位、淘宝客、超级卖霸、淘代码、阿里妈妈推广等。短期的活动推广主要是指参加淘宝网站一系列有时间限制的特惠等活动,这种推广能短时期内带来较大的流量,其关键是怎样提高转化率、吸引顾客再次购买。主要方式有满就送、搭配套餐、店铺优惠券、店铺VIP、店铺包邮卡、收藏有礼、参加淘宝各类主题活动(如中秋、国庆等)、特价秒杀、聚划算团购等。

> **知识活页**
>
> ### 几款好用的淘宝营销工具
>
> **1.淘宝直通车**
>
> 直通车是淘宝为淘宝卖家量身定制的一款按点击付费的营销工具,可以实现商品的精准推广。直通车可以帮助淘宝卖家增加店铺流量、预测商品市场潜力、配合店铺打款。淘宝直通车目前的排名规则是根据关键词的质量得分和关键词的出价综合得出商品排名。如果卖家想推广某款商品,就需要为该商品设置关键词和标题;当买家输入关键词或者进行某个分类时,与此分类相关的商品就会进行排名,而排名靠前的就会出现在展示位;此时如果买家点击了卖家的推广信息,系统就会根据卖家设置的关键词出价或类目出价进行扣费。通过淘宝直通车,商家可以完善店铺流量结构,挖掘出来有上升趋势的流量,避开竞争力比较大的词汇,改善货品的结构;在通过进入店铺的流量的成交和转化数据的分析之后,商家可以确定哪一类商品比较符合目标人群的需求;丰富了消费者的人群画像;可以通过热点的趋势,去找到合适的产品,增加店铺的覆盖人群。

2.钻石展位

这是一种专注于淘宝首页广告位和淘宝站外广告位展现广告的一种广告营销模式,适合产品和品牌曝光,获取更多人群流量。定位致力于消费者运营全链路解决方案,帮助商家实现对目标消费者的深度有效触达,提升消费者在 AIPL 模型上的流转效率。钻石展位具备非常强的拉动潜在客户人群的能力,实现非店铺人群到潜在客户人群的转化,快速帮助店铺获取更多增量流量,提升店铺在自然流量及行业流量下的表现。

3.淘宝客

淘宝客推广属于效果类营销推广,采用按成交计费的模式。淘宝客从推广专区获取商品代码,任何买家经淘宝客推广的链接进入卖家店铺完成购买后,淘宝客就可得到由卖家支付的佣金。淘宝客是将实际的交易完成(买家确认收货后)情况作为计费依据的。淘宝客支持单个商品和店铺的推广形式,可以针对某个商品或者店铺设定推广佣金。佣金可以在一定范围内调整,较高的佣金会带来更多推广者。每个交易结束后,阿里巴巴会根据相应的佣金设置从交易额中扣除佣金并支付给淘宝客。淘宝客的优势体现在成交付费无风险,低成本投入,佣金设置灵活;可具体到流量来源,针对性强,投资回报率可控;全民推广,渗透互联网各个领域之中,卖家可获得更多流量;可以对商品的图片、标题等进行自定义,实现个性化推广。

TOURISM

(三)社交平台营销

根据腾讯平台 2021 年 8 月发布的第二季度财务报告显示,微信及 WeChat 的合并月活跃用户数为 12.51 亿,QQ 的移动端月活跃用户数为 5.9 亿,社交广告占总广告营收的比重超 85%。腾讯平台在拥有海量用户数据的同时,多元化支持搜索、娱乐、资讯、购物、出行及社交功能,用户可根据需要切换功能,满足多种应用场景需求,已然成为多功能一站式复合型平台,是旅游商品经营者开展电子商务不可忽视的重要领域。

腾讯微信营销作为一种旅游营销工具,商家通过微信公众号发布当地旅游信息,通过评论页面和聊天页面与用户进行沟通,从而实现当地旅游资源、旅游产品的营销。游客可以通过日常信息交流、朋友圈分享等方式,间接地为旅游目的地进行宣传推广,从而实现营销的目的。腾讯微信营销传播具有自发性和扩张性,形成了没有中心扩散点的"多对多"的低成本"病毒式"传播模式。因此,微信营销不论在营销成本、人群覆盖面还是在信息传播速度上,其优势都是显而易见的。微信营销支持 PC 端、移动端,多端触达,其微信功能如即时通信、公众号、朋友圈、小程序、视频号、扫一扫等都可以运用到旅游商品营销中,覆盖旅游商品企业建立知名度、内容及互动、流量转化到交易等营销环节全过程。

知识活页

三亚旅游纪念品的微信营销策略[①]

三亚地区的旅游资源在我国来说位于前列,纪念品的种类较多,它汇聚了三亚少数民族黎族和海南苗族的文化,以及海南北纬18°独特的地理位置,形成了三亚独具特色的旅游资源,创造了独具三亚少数民族黎族和海南苗族的文化旅游纪念品,吸引着大量的旅游者前来进行游玩,但相比较中国其他内陆省份而言,其进入性并不强,旅游者购买旅游纪念品带出较为不方便,这成为三亚旅游纪念品的销售障碍。

相对于传统的网络营销,微信营销具有成本低、亲民而不扰民、高到达率、高转介绍率、互动性强等优势。微信营销是网络经济时代一种新的营销创新。随着移动手机的普及,微信成为人们必备的交流工具,通过多样化的微信展示进行旅游纪念品的营销,既可以增加旅游者的选择,方便旅游者购买,又降低了旅游纪念品的物流费用,起到积极宣传旅游目的地的作用。

目前,系统化的旅游产品微商营销几乎是没有的,较多的只是碎片化的个人朋友圈宣传销售,其市场竞争环境较为薄弱,发展空间大。在现今线上营销畅行的时代,粉丝量与关注度是微信公众号的需求支撑。它区别于淘宝、天猫等线上直销网店,可以天天更新产品信息和群发内容,买过产品的客户还可以继续定时了解产品更新信息,大大提高多次消费的可能性,广告也更具灵活性与多样性,实现从满足需求到创造需求的跨越。微信营销可提供二维码扫码关注,不用通过传统引擎搜索,有效杜绝网络垃圾,减少移动端流量损耗,可谓走在时代前沿。

三亚旅游纪念品微信营销的具体策略有如下几种。

1. 建立微信公众销售平台,宣传售后双重保障

通过建立微信公众平台,定期发送有关具有三亚特色的旅游纪念品,既减少了游客经过一段时间对微信公众号的屏蔽,更加具体地宣传了旅游纪念品。游客可以在微信上进行沟通,具体采用"外导(导游人员)+内导(景区内导游人员)"的方式帮助游客进行购买,利用导游实名认证的方式,增加公众平台的信誉度。公众号作为销售平台的同时,也兼具售后服务,设置专门人员进行售后信息的反馈,让游客买得放心和安心。

2. 与景区、旅行社等旅游企业联合,打造链式反映销售链条

微信公众号兼备微店,实物性产品方面,用户可自行在网店内浏览,交易过程方便快捷。主题特色旅游方面,公众号后期会联合景区、旅行社,实行游客自主订购拼接串联,是新时代旅游发展的主体趋势。通过自媒体宣传与分享,更能激发潜在游客的旅游动机,从而将三亚的旅游产品

① 杨璨,于淑艳,叶翔,等.三亚旅游纪念品的微信营销研究[J].风景名胜,2019(3):279,281.

更好地宣传给各地的游客，让三亚的旅游信息进入消费者的手机中，做更好的营销，做出三亚的品牌。同时，通过与游客互动反馈，更好地去改善和提升三亚国际旅游环境，更好地利用微信营销做好三亚旅游的推广，那么将会很好地促进三亚旅游市场的发展，积极拉动经济的发展，更好地促进三亚国际性热带滨海旅游城市的建设。

3.推出特色主题文化旅游纪念品，增强购买吸引力

大三亚旅游圈乃至整个海南，是不缺乏旅游资源的，主要可以划分为四个大类：热带生态旅游、滨海沙滩旅游、少数民族文化旅游、贬官文化追古旅游。根据游客旅游群体，可以制定一些主题明显的旅游线路。比如游客是运动型年轻人，旅游线路就可以主打丛林探险，可以为其设计五指山漂流、鹦哥岭攀越和国家地质公园探险游；如果是文艺青年，以理解少数民族文化为主，就可以将呀诺达雨林、槟榔谷、千古情和崖州古越结合一起；如果是退休老人组团，以感受海南人文为主，就可以将五公祠、东坡书院、海瑞纪念园、天涯海角结合在一起。针对不同团体制定路线是一种更时髦、更人性化、主题性更强的营销方式，也能更准确地满足游客最迫切的旅游需求。因此，可以针对不同旅游线路的细分市场，推出特色主题文化旅游纪念品，以提升消费者的购买意愿。

TOURISM

二、自媒体营销

(一)自媒体营销的概念

所谓自媒体，指的是一种信息传递平台。自媒体中的"自"可以分为两个维度来理解。一是自发性，信息传递的要素有信息来源、传播途径和传播终端。自媒体的信息源自普通大众。在现代社会，所有的社会公众都可以是信息的传播者和信息的发布者。现阶段，政府、企业及社会组织越来越多地开始创造自己的自媒体形式。二是自由性，自媒体的传播方式具备更强的独立性和自由性。

自媒体营销，是指以媒体开放平台为基础展开的营销活动。通常情况下，自媒体营销所采用的工具是与网络社交有直接关联性的，用户通过自媒体平台，将视频、图片及文字等信息进行发布，并实现网络上的传播。自媒体营销中传播的内容是多样的、丰富的，不仅数量较大，同时也较为多样化，信息可以在短时间内实现大范围的传播，同时也可以实现信息的实时更新，并且体现出了较强的用户互动性。在计算机和互联网的帮助下，自媒体营销中传播的内容，可以实现实时监测、分析和总结受众情况、信息数量、信息内容及传播情况，能够结合消费者的反馈和市场需求来有针对性地调整营销活动。此外，自媒体的应用为社会公众提供了一个自我展示的平台，在很大程度上改变了网络之间信息发布者和信息受众之间的关系。

现阶段,我国自媒体用户数量非常大,所有网民都是自媒体的用户,企业发展和行业进步不能脱离自媒体平台。自媒体营销也凭借着速度快、范围广、性价比高的优势在所有新媒体平台中占有越来越重要的地位。凭借着移动互联网和传统互联网的不断渗透交织,在开发用户方面,自媒体能够实现最大的效果和程度,并且能够实现精准的营销。网络用户可以按照自己的喜好和兴趣筛选信息,企业用户可以按照自身发展条件和市场情况制定和调整相关计划来吸引特定人群。自媒体营销是一种节省成本的营销渠道,为资金成本有限的小规模企业提供了新的渠道,使实现大规模营销具有可操作性和可能性。自媒体营销方式的出现有效地满足了现代消费者的差异化需求和获取信息的习惯,从而能产生很好的营销效果。

(二)自媒体时代旅游商品营销的方式

自媒体的出现和快速发展对于旅游商品经营者而言,不仅是良好的契机,同时也是一种挑战。自媒体视域下,旅游商品营销方式除了上文提及的微信营销以外,主要还有以下几种。

1.微博营销

微博虽然也是一种社交工具,但是与微信公众号有一定的区别,具备更强的及时性,内容也更为简短,人们接受信息较为方便。现阶段,微博营销发展旺盛要归功于"微博热搜",它常常是各个领域中特殊事件舆论的发酵地,同时,"微博故事""超话"等也成为用户关注度、使用度较高的功能,用户可以进行相关信息分享和沟通交流。根据微博平台发布的《2020微博用户发展报告》显示,到2020年为止,微博活跃用户量为9.23亿。据相关统计,2020年10月,微博平台上有超过1亿人发布了旅游相关信息,关于旅游的微博超过5亿篇,针对旅游目的地的微博搜索超过8亿次。微博凭借庞大的用户群体和强大的传播力,吸引了众多旅游目的地及各种旅游组织的入驻。在开展微博营销的相关工作过程中,营销主体需要与粉丝之间始终保持较为密切的交流和互动,才能有效地整合碎片化的信息,充分并全面地掌握粉丝的需求。然而,多数旅游企业微博营销仅仅实现了信息发布,对旅游商品进行发布和传播,没有深层次地考虑点赞量、评论量、转发量、粉丝量等数据的提升,不能与粉丝形成紧密的联系,互动性不足,因此难以充分发挥出微博营销的推广效果。

2.社交短视频营销

社交短视频发展的时间较短,但已经成为社会群体生活中的重要部分。社交短视频主要有两种:一种是西瓜、快手、抖音视频等专业App平台;另一种属于各种自媒体平台中的短视频功能,如优酷的"发现"频道、腾讯新闻的短视频新闻、微博中的"微博故事"等,这些短视频都属于不同的类型。由于各个平台的发展策略和定位有一定的差距,视频风格和视频内容也会呈现出不同的特点。例如,西瓜视频的内容较为全面和丰富、快手的定位是记录每一种生活,更为倾向的是普通群体、抖音主张的是时尚潮流,多种视频平台吸引的用户群体也有所差距。

从社交短视频在旅游商品营销方面的应用现状来看,社交短视频主要来自两个方面:一是游客在游玩的过程中拍摄的短视频,上传到各种社交短视频平台上,观看者在看到游客的视频之后,如果产生较高的兴趣,会通过其他方式或者渠道继续深入了解,从而实现营销的目的;二是旅游目的地及各种旅游组织拍摄相关宣传短片,投放到各个

短视频平台，吸引消费者的关注，从而实现旅游营销。

　　3. 直播平台营销

　　近几年，网络直播平台实现了飞跃式的发展，逐渐成为各行各业营销推广的重要方式，直播以年轻群体为主，并且对于直播者的要求和限制比较低，受众群体广泛。因此，直播平台营销正逐渐成为旅游业发展的重要营销方式。现有旅游直播平台包括：旅游目的地及各种旅游组织主导运行的网络直播频道、官方网站直播入口、第三方平台合作、旅游网站自身直播平台、直播 App 等。这种刨除了中间媒介的沟通和营销方式，能够更直观、更真实地展现旅游产品，提高受众群体的认可度和信任度。旅游直播注重直播的品质，可以更好地吸引受众群体的关注，并且不断提升用户黏性，逐渐构成巨大的用户流量，正逐渐成为旅游营销的重要方式。

 案例介绍

土特产拉动旅游新消费①

　　土特产是一个地方的品牌和名片，也是重要的旅游吸引物和旅游商品。"321 旅游好货节"文旅机构推出了土特产销售直播，帮助地方打通销路，拉动消费，如"雪中送炭"，助力当地复工复产和振兴发展。

　　1. 特产直播热卖

　　香格里拉松茸酱 105 克、昭平黄姚豆豉 5 瓶、北海合浦海虾酥 4 瓶、贵州黎平腊肠 500 克、潜江楚虾王蒜蓉虾 1650 克、桦川星火稻花香大米 5 公斤……前几天，上海的顾老先生看了 12 小时的直播，还认真做了笔记，一口气买了来自全国各地的数十件土特产，直呼"买到停不下来"！

　　顾先上参加的是由景域驴妈妈联合数十家文旅集团及地方政府共同主办的"全国百位县长爱心义卖直播大会"。近年来，像这样的土特产直播纷纷上线，许多地方官员化身网络主播，介绍当地旅游风光、人文风情，并现场销售当地土特产，如图 6-9 所示。

图 6-9　云南省丘北县副县长贺志春(中)在普者黑景区参与特产直播

　　① 人民网.土特产拉动旅游新消费[EB/OL].(2020-03-27)[2021-10-02].https://baijiahao.baidu.com/s? id＝16622885625046925 16&wfr＝spider&for＝pc.

2020年受新冠肺炎疫情影响,云南省泸西县的鲜花销售不畅,这愁坏了鲜花企业和花农。直播售卖让鲜花找到了出路。"高原至美,花荟泸西!大家好!我是云南省泸西县副县长邵志宏,现在我们来到了汇鑫花卉种植基地为大家现场直播……"邵志宏变身主播与花农们成为"带货网红"。直播当天,鲜花实现销售20万支。

山西省平顺县的不少农户注册淘宝直播,并邀请县长秦军担任主播,推介平顺的潞党参、辣酱等农产品,3小时的直播共销售3万多份,销售额达100多万元。

2020年新冠肺炎疫情来袭,让很多偏远贫困地区雪上加霜,文旅机构推出的直播土特产活动,帮助地方打通销路,带动旅游土特产销售。

2. 代表地方特色

新疆洛浦和田骏枣、安徽宁国山核桃仁、安徽黟县的"五黑特产"、云南香格里拉野生松茸、安徽砀山酥梨、四川丹棱"不知火"桔橙、广西合浦县海鸭蛋、山东商河县皇家扒鸡、云南丘北雪莲果、广西昭平红薯干和陕西山阳手工空心挂面等地方特产成为直播中的"爆款",受到网友的热情追捧,如图6-10所示。

图6-10 安徽省黟县美女副县长刘菁兰直播售卖黟县的"五黑特产"

这些热门的特产几乎是清一色的美食。美食是旅游的主要要素。人们去异地看风景,赏文化,更要品尝美食。很多特色美食不仅是文化遗产,也成为当地的品牌和名片。同时,这些特产也是旅游购物的主要内容。

"各位老铁!今天我要向大家推荐的产品是《舌尖上的中国》中提到的松茸,它是农户从海拔3000多米的山上采摘下来的,被誉为'菌中之王'……"香格里拉副市长张剑锋向网友介绍松茸,并和藏族姑娘卓玛一起现场炖松茸鸡汤。当天,共有25万多名网友进入平台观看直播,直观地了解松茸之乡的美味。有网友留言说:"等疫情结束,我就去香格里拉看天堂般的美景,品尝松茸的美味。"

3. 特产拉动消费

不少旅游目的地拥有众多质量好、性价比高的优质特产,但很多却是"藏在深闺无人识"。游客喜欢购买旅游特产,很多时候会遇到不知道是否值得买、怎样可以买到货真价实的特产等问题。同时,旅游特产也缺乏专注服务游客的购物平台。

2020年抗疫期间的线上直播为特产销售探索出一条好出路。据了解,自2020年3月开始,景域驴妈妈将每月举办一次大型线上"旅游好货节",让更多拥有特产的旅游目的地能推出产品,打造品牌,也为游客带来质优价美的特产。

中国旅游研究院院长戴斌在"文旅振兴公益同行"线上巅峰大会上表示:"商品销

售不是淘宝、京东等电商平台的专利，旅游平台企业同样可以做。以前，旅游电商平台和旅行社销售体系的主导作用被忽视。部分进入旅游消费场景的土特产品，基本上是本色销售，缺乏文化创意、场景营造、情感投射和品牌附加的增值过程。传统旅行社和线上旅行代理平台更加了解异地的消费需求，可以高效地对接资源。未来，要培养一大批购物旅游的能人，帮助农户了解游客的消费需求，了解资源转化成产品的路径与方法，切实地帮助乡村经营户实现商品销售。"

解析：

互联网技术的发展和"直播＋电商"模式的出现，突破了电商行业的瓶颈，为电商行业赋予了新的发展动能，是电商行业与视频方式的深度融合。2019 年，中国直播电商行业的规模达 4338 亿，同比增长 2938 亿。智通财经 App 获悉，艾瑞咨询发布研究报告称，2020 年中国直播电商市场规模达 1.2 万亿元，年增长率为 177.7％。直播间里屡屡上演销售奇迹，单场销售额记录不断被刷新，KOL 带货、明星入局，这一切现象昭示着直播电商的快速崛起，已成为直播和电商平台增长的新动力，旅游商品经营者应加强对直播平台营销策略的研究。

4. 论坛营销

论坛是通过网络的方式来实现多方面意见和想法的表达，也被称之为"电子公告板"。用户可以根据自己的关注点和兴趣来搜索相关的帖子，可以看到别人的意见，也可以发表自己的观点，从一定意义上来说这些帖子就是"圈子"，相同兴趣的人通过网络和平台聚集到一起。帖子的内容表达形式类似于社交媒体，可以是视频、图片、文字等多种形式。目前，比较热门的旅游论文网站有"百度贴吧"的"旅游论坛吧""驴友论坛"等，同时，乐途旅游网、途牛旅游网、同程旅行网等也开设了旅游论坛板块，为游客提供了交流和沟通感受的平台。而论坛营销方式，不仅仅局限于单纯的营销推广，对比微博、微信等渠道，其充分展现出了讨论性。由于人们普遍更为关注的是带有争议或者疑问的内容，因此通过这种方式来进行旅游商品营销，能够更容易激发出游客的需求。

（三）自媒体时代旅游商品营销存在的问题

1. 营销模式创新不足

目前，我国很多旅游目的地及各种旅游组织已经开始自媒体营销，并探索多种自媒体营销传播新模式，事件营销、体验营销、活动策划、精准传播等多种方式促进旅游发展，希望吸引更多的游客购买旅游商品并到旅游目的地进行旅游。然而，从实际情况来看，多数旅游目的地及各种旅游组织的自媒体营销模式较为单一，以相关活动和广告为中心，对于 IP 营销、借势营销、名人营销等模式的运用不充分，热门话题创造能力不强，对于各种自媒体平台的功能挖掘和创新应用不足，自媒体旅游商品营销效果差强人意。

2. 各种自媒体之间没有形成系统性运营

旅游业发展的参与主体是多样的、多层次的，构成因素较多，并且体现出较强的脆弱性和复杂性。因此，在自媒体时代，旅游目的地及各种旅游组织如何充分地融合和整合这些资源，同时有效利用各种自媒体资源来推广出去，是旅游商品营销的重要环节。

从旅游目的地及各种旅游组织的内部来看,自媒体营销系统建设并不完善,多数只采用了两种或者三种自媒体营销平台;有的旅游企业只采用了社交短视频营销方式和微信公众号营销方式,自媒体营销模式使用过于局限,不够丰富;有的旅游企业信息更新速度非常缓慢,数月不进行信息更新的情况非常常见;有的账号甚至已经停止运营,现存账号基本上不能用于旅游营销。从横向地区目的地合作的情况来看,很多省份在使用自媒体平台进行旅游商品营销的过程中,各种自媒体营销方式中任何一种都不能全面覆盖这个省域所有的旅游目的地。虽然有的自媒体平台发布了具有吸引力的旅游营销内容,但却不能起到全面覆盖的作用,最终呈现的旅游商品营销效果也是有限的,各个旅游目的地及各种旅游组织的自媒体营销依然呈现孤立的状态。

3. 营销过程互动性不充分

通过分析各种自媒体营销平台的传播特点可以看出,旅游目的地及各种旅游组织通过自媒体平台进行营销,与游客的互动性尚不充分。目前,游客对旅游商品的需求逐渐向个性化方向发展。在自媒体背景下,游客会通过自媒体平台发表与旅游目的地及旅游商品相关的信息,这种情况下需要商家做出及时的反馈和回应,反馈不及时、回应不充分,潜在旅游消费者从旅游商品需求到旅游商品决策这一过程就会相应的产生阻碍。自媒体时代,旅游营销的互动性不足,不能有效掌握游客的需求变化,对于旅游目的地及各种旅游组织发展十分不利。

4. 缺少健全的管理与效果评价机制

自媒体营销缺少完善的管理机制,很多企业只是按部就班地将信息发布出去,对旅游商品的特色挖掘不足,对旅游商品与旅游目的地关联度文章做得不够,对旅游商品的文化性剖析深度不足,没有充分体现出营销的目的。很多旅游目的地及各种旅游组织自媒体营销缺少完善的管理机制,没有针对自媒体营销建立专门的职能部门或没有安排专门的工作人员负责设计和实施自媒体营销,营销缺少规划性和针对性。同时,自媒体效果评价机制尚未健全,多数旅游目的地及各种旅游组织在实施了自媒体营销模式之后,对实施效果进行调查和分析工作做得不够充分,不能有针对性地进行修正,因此不利于网络营销的优化和营销效果的提高。

三、O2O 营销

(一)O2O 营销的概念

O2O 营销是 O2O 电子商务模式开展过程产生的营销方式,是一种线上和线下的融合、互动模式。根据系统理论,线上和线下两个系统只有形成一个完整的闭环时,O2O 模式才是有效的模式。

O2O 营销的优势在于能够完美地打通线上和线下各环节,实现线上、线下多场景互动。2010 年团购网站商业模式引入中国,自此 PC 互联网时代开始的团购 O2O 在互联网线上推广,用户流量引导方面所具备的先天优势使商家在短时间内迅速集结大量用户,以低价吸引流量的商业模式,并通过短信、验证码等方式将线上客流引导到线下实体店中,O2O 营销开始了其发展历程。O2O 营销在移动互联网时代发展迅速,LBS 提供的产品和服务的选择多样性、移动支付的便捷性都进一步推动 O2O 模式的创新。

知识活页

玩转 O2O 的三大基础营销策略①

1. 触点策略

消费者触点指的是基于企业与消费者之间形成信息流或业务流而产生的交互应用场景。O2O 的触点策略可解读成五个维度：用 LBS（Location Based Services，基于位置的服务）引导消费者；用图片故事吸引消费者眼球；使用动态可视化的数据呈现；合理地将社交机制在触点应用布局；部分支付与利益让渡。

首先，优先选择 LBS 与导航功能的触点。将 LBS 当作移动互联领域的入口级应用，其核心内涵是为用户提供方便快捷的服务的同时达到引流的目的。

其次，用图片故事吸引消费者眼球。移动时代的 O2O 营销，将商品信息在线植入图片故事中，能够提升用户的操作体验，为用户提供更好的对接方式和应用接触点。

然后，使用动态可视化的数据呈现。动态产能的用户触点能够为用户实时（或者以极高的频次定期）传递当前的商品数量、商家运营情况，为用户消费、体验行程的制定、商品购买的可行性分析提供数据上的支撑。

再次，合理地将社交机制在触点应用布局。移动社交让用户以智能手机、平板电脑等移动终端为载体，以在线识别、移动通信及信息交换技术为依托，在在线购物、在线问答、在线交友等方面影响改变人们的移动生活。

最后，部分支付与利益让渡。用户在进行移动支付时给予用户部分价格优惠、允许用户支付少量订金，培养用户黏性，订金式支付降低消费者触点消费决策门槛，利益让渡可促成 O2O 转化率的提升。

2. 定位策略

定位策略的核心内涵是根据客户与企业关系的紧密与否，完整构建 O2O 营销的客户定位模型。定位策略的核心是将客户群分类，根据不同的客户类型采取差异化的对话和互动。首先是采取差异化的对话地点，针对既有顾客可以通过微信和 App 应用对话，社交可影响的顾客通过社交平台对话，自寻找客户可以通过地图导航或者平台级应用对话，对完全陌生的客户则需要通过 HTML5 或移动 WAP 站点进行对话。其次是针对不同的客户实施差异化的内容营销。为既有客户提供更具有针对性的广告内容，对可社交影响客户提供较有针对性的需求内容，自寻找客户提供便捷的路线内优质内容，对完全陌生的客户提供具有消费决策导向的内容。

3. 品类策略

品类策略的核心内涵是分清 PC 互联网与移动互联网应用场景的用户

① 映盛中国：玩转 O2O 的三大基础策略[EB/OL].（2015-12-11）[2021-10-04]. https://www.sohu.com/47979918_344292.

行为有何区别。首先,顾客维度是品类策略的基础维度,企业需要思考"客户在不同的O2O应用触点分别喜欢什么""客户在应用触点通常需要什么样的产品与服务",企业会定期采取一定样本量进行调研,即时了解O2O营销活动的优势与不足。其次,货架维度是提升客户到店欲望的关键。企业需要思考不同产品、服务品类在虚拟货架上的陈列模式,O2O营销活动设计的产品或服务组合需要平衡线上购买客单价和线下购买客单价,从客户在线购买角度考虑,越是高价格的产品、服务组合越容易获取客单价提升。但是线下实际操作中,高价格的产品、服务组合会降低客户到店消费欲望。再次,支付维度需要解决何种产品品类或产品组合从支付角度来衡量是合理且有利的,匹配用户移动支付金额的产品会被优先考虑,企业需要关注目标人群习惯的支付工具。最后,产能与利润维度有助于企业提炼出最适合O2O营销的产品品类,为企业赢得更多的利润空间,适时梳理出适合打折的商品。

(二)"景区体验+线上购买"的营销模式

虽然旅游商品市场不能完全在线化,因为游玩和购物的氛围和感觉能激发游客的购买欲望,但是游客也可以通过网络对比和查询旅游商品的质量。线上购物的兴起促进了景区的发展,景区的线下体验能够起到与广告媒体一样的消费触达作用。"景区体验+线上购买"的线上线下依存式发展,构建了景区场景是有限的、消费却是无限的新型商业形式。

旅游目的地可以突出地方特色,建立多个体验化消费场景,如微信照片打印、地方戏曲欣赏、文化历史渊源的介绍、观看特色产品的加工流程等穿插在旅游过程中,让游客在紧张的旅程中体验地方人文文化和历史文化,同时提供与之关联的可消费产品。游客产生消费欲望后,便可以通过快捷有效的方式,如网络购物平台或手机终端完成购买操作过程,使景区能够将线下购买欲望激发与线上购买体验完美结合起来,带来景区O2O消费新模式,促进景区向"超越门票经济"的方向发展。

城市游礼,将城市传奇故事用旅游商品讲给你听![1][2]

"城市游礼"文旅商品O2O连锁展销平台是江苏省旅游创新发展优秀项目、江苏十佳旅游购物连锁品牌、《江苏省"十三五"旅游业发展规划》《南京市"十三五"旅游业

① 江苏商品旅游网"城市游礼"文化创意 & 旅游商品O2O连锁展销平台[EB/OL]. (2017-11-14)[2021-10-05]. http://www.jstw.org/news detail-133-775. aspx.

② 江苏旅游网. "城市游礼"水木秦淮文创集合店惊喜上线[EB/OL]. (2020-06-23)[2021-10-05]. http://www.kejishenbao.com/display. asp? id=26197.

发展规划》、南京全域旅游发展重点建设项目、2019 南京市首批特色文旅商店。目前,"城市游礼"拥有线下体验店 12 家,分别是水木秦淮文创集合店、"城市游礼"江苏旗舰店—常州茅山东方盐湖城店、南京汤山温泉国家级旅游度假区店、徐州贾汪店、苏州吴江旗舰店、苏州北寺塔店、淮安店、南京城市客厅店等,并在上海成立了全国品牌连锁加盟中心,携手广交会共同成立了"城市游礼＆PDC"设计孵化平台,致力于打造完整的"设计孵化＋制造生产＋销售采购"O2O 连锁展销运作模式。

1. 平台经营模式

平台以整体的产品规划、强大的品牌做支撑,统一的用户体验和线上线下、多终端互动的商业模式,在文创产品营销创新、模式创新方面进行了崭新的实践和探索,以更好地促进文创产业消费和服务产业转型升级。平台以市场建设为重点,展销结合为核心,着力构建"创新设计平台、供应链平台与连锁展销平台"三大功能平台,实现文旅商品品牌、产品、终端、运营一体化发展。

2. 创新设计平台:构建以协同创新为核心的研发体系

针对旅游商品结构单一、缺乏具有本土特色、地域文化元素内涵和创新力的问题,创新设计平台将整合全国行业协会、研发基地、设计中心、专业院校、创客空间等多方力量,集聚海内外资深设计师、行业精英、业内专家等创新设计资源,通过平台的资源集聚效应,促进产品设计研究、设计研发、产品孵化与设计创新。包括在平台的规范引领下,组织举办旅游商品创意设计大赛、组织对外考察学习与交流、开展研发设计专题培训,助力旅游商品研发主体树立整体观念和全局思路,推出具有市场洞察力和可持续发展远景的创新设计产品,不断丰富旅游商品体系,提高自主创新能力。

3. 生产供应链平台:创建跨区域供应链服务体系

在研产销体系构建中,促进创新设计成果转化是关键环节,需要资金、设备、人才、技术、信息、货源、环境等多方面的要素支持。生产供应链平台着眼于旅游商品生产环节渠道窄、资金占用大及回笼慢、工艺技术力量薄弱等突出问题,通过与国内外生产供应商、采购商的直接接洽,建立起多方信息互通的生产供应链平台,推动上下游及国内外不同地区设计企业、供应商信息交流、项目对接,逐步提升产品技术水平,改善产品工艺水平,实现真正意义上的生产产业化、产品特色差异化,有力确保设计研发的旅游创意商品顺利进入市场"不卡壳"。

4. 连锁展销平台:构建线上线下多终端互动的连锁展销体系

连锁展销平台以"优化旅游购物环境,推动旅游商品市场销售"为宗旨,将通过"线上电商＋线下连锁"的互联网与实体经济相结合的发展模式,围绕高铁站、机场、高速公路服务区、重点景区、城市旅游休闲街区、旅游咨询中心合理布局,打造规范标准、优质高效的旅游购物连锁平台,为旅游目的地、旅游产品生产经营企业培育品牌、扩大消费、拓展市场提供支持。线上平台则依托于第三方渠道推行网上和手机端微店建设,为消费者提供全面、丰富、人性化的产品购买服务体验,如图 6-11、图 6-12、图 6-13 所示。

解析:

"城市游礼"实现了设计共享、产品共享、收益共享,推动了文化旅游供给侧改革,加快了文化旅游业转型升级,并通过创新设计平台、生产供应链平台、连锁展销平台建设,实现了文旅商品品牌、产品、终端、运营的一体化发展。

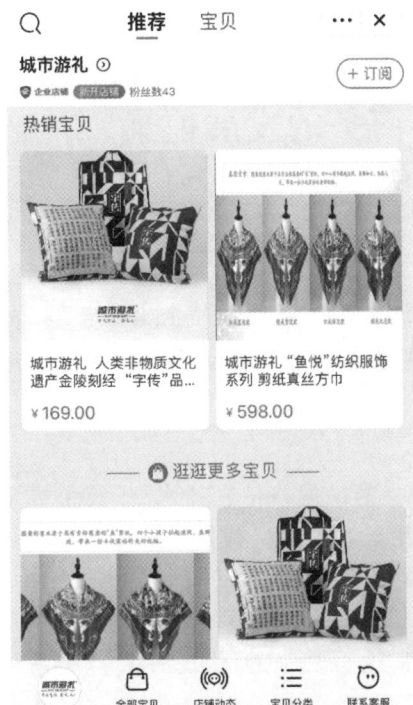

图 6-11　"城市游礼"淘宝店

图 6-12　"城市游礼"官方微店

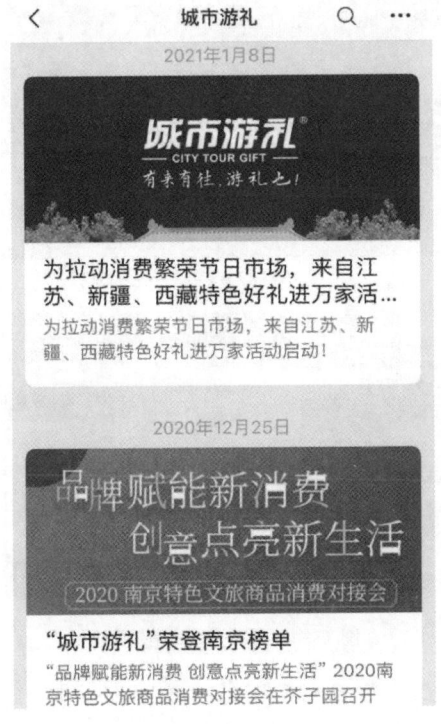

图 6-13　"城市游礼"微信公众号

第三节　旅游商品电子商务的发展前景

中国旅游业发展迅猛，旅游商品作为旅游业中一项重要的收益来源，存在着巨大的产业化缺口。科技的进步，使得旅游商品的内容和形式将更丰富、更全面和更人性化，并且可以为旅游消费者提供更好的体验，以及为旅游景区、旅游商品企业带来良好的经济效益与社会效益。同时，还可以发展旅游目的地旅游、提升旅游形象。

一、AR 技术增强旅游购物虚拟体验

增强现实（Augmented Reality，AR）技术，是指借助网络信息技术、计算机视觉识别技术和传感技术等，将人类真实感知到的现实场景和计算机扫描生成的文字、图形、超链接、视频、三维视图等通过叠加的方式呈现在大众面前，使用户通过便携的终端就可以观看到虚拟和现实环境组合而成的拟真体。AR 技术具有实时交互、3D 定位和虚实融合的三大特征，并且具有现场感强、娱乐性高、交互性强的优点。AR 点餐系统界面如图 6-14 所示。

图 6-14　AR 点餐系统界面

AR 技术在满足游客在旅游过程中的各种需求的同时，也可以将虚拟空间和现实空间结合在一起，将 AR 技术与景区文化相融合设计出丰富多彩的 AR 旅游商品。AR 旅游商品是由 unity3D 与安卓或苹果系统相结合，在 unity3D 中设计场景模型或导入

三维立体模型以及选择相应的识别图，通过编写代码控制识别物体的出现、消失、移动等一系列操作，完成设计文创 unity 编写后则需要导出 apk 安装包。以安卓系统为例，在 android studio 中编写安卓应用程序的设计控制代码，然后将从 unity 程序中得到的 apk 安装包与安卓应用程序结合起来，使用按钮控制进入 AR 识别。此时，相机将被打开，想要的效果将呈现在手机屏幕上。

　　AR 旅游商品可以通过模型、视频等手段将静态的纪念品变成动态的，以增强纪念的文化、地域属性。比如，佛山非物质文化遗产保护中心制作的 AR 明信片，创造性地将佛山剪纸、年画、陶艺、木刻和戏曲等非物质文化遗产放入明信片中，游客只需要拿出手机轻轻一扫，静态的明信片就会瞬间动起来。AR 技术实现了游客与旅游商品的实时交互，它赋予了旅游商品全新的含义，传统的旅游商品实现其单一模式到富有科技感的文创产品的华丽转变，既传承了景区文化，又在无形之中架起了文化实体传播和线上传播的桥梁，使其有着较高的纪念意义和收藏价值。全息投影购物如图 6-15 所示。

图 6-15　全息投影购物

　　随着 AR 技术的研发力度的加强，深入挖掘其潜在旅游功能及优势并结合旅游业不同的发展需要，有针对性地将其引入智能化旅游、旅游商品开发及旅游营销中，必定能够带动旅游业的快速发展。AR 旅游地图"穿越购买＋线下购买"如图 6-16 所示。

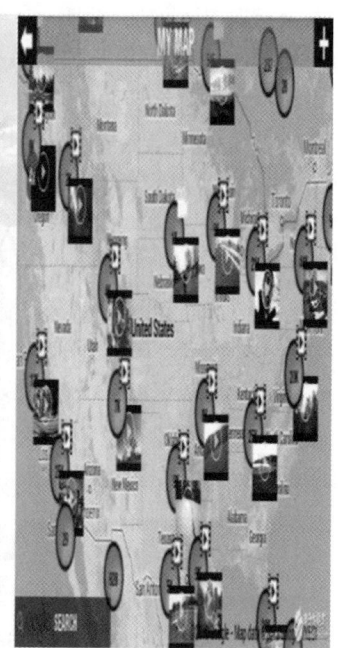

图 6-16　AR 旅游地图"穿越购买＋线下购买"

二、AI 为旅游商品赋能

人工智能（Artificial Intelligence，AI）在满足游客碎片化需求、改善游客个性化体验、提升企业服务效率等方面不断取得进展，在辅助旅游商品和业态创新方面及人工智能的应用方面也有着巨大的发展潜力。

（一）智能设计与智慧筛选

从设计的角度出发，人工智能以旅游者为受众群体，基于大数据对传统元素、文化符号、地域特色形象进行储存和整合，并深度学习专业的美学设计知识，独立实现旅游纪念品的创新和特色设计。人工智能凭借万亿量级的数据在设计效率、外形美化方面更胜一筹。

从改进、筛选方面来看，人工智能可以通过分析游客异地购买特产、纪念品偏好的数据，定位游客的消费关键点，对现有的旅游纪念品设计进行改进和筛选。另外，人工智能的语言识别、图像识别都有利于市场关键点的把控；人工智能还可以设计定制化的纪念品，为游客打造心仪的、专属的旅程回忆。

（二）降低成本，提高质量

在生产环节，人工智能通过精准的原料分析，可以掌控产品品质，显著提高产出良品率，使旅游商品的粗制滥造问题得到改善。另外，人工智能节省了依靠人力和经验运作的精力成本及数据处理的时间成本，间接降低了生产成本，更有利于旅游商品向物美价廉的属性靠拢。

(三)AI营销使信息通达,风险降低

在旅游商品的销售环节,一方面,在营销数据上,AI营销可以让旅游者的消费信息直接通达厂商或经销商,实时关注消费者消费需求和痛点;另一方面,AI营销可以自动反馈消费者信息,及时处理消费者在旅游消费中的投诉问题,降低旅游消费欺诈、不可靠的风险。

旅游企业可以运用AI结合大数据等技术对游客的行为特征、性格特点、消费偏好等进行细致分析,通过人工智能和机器学习来重新构建商业平台和服务体系,形成新的产品和业态、新业态流程及供应链条、新的商业模式。在中国人口红利逐步弱化的情况下,人工智能技术有望在旅游商业平台智能化、服务精准化,以及提升游客体验等方面发挥关键作用。中国大量的在线数据更为人工智能发展带来了新的机遇,人工智能在旅游商品领域的应用前景值得期待。

三、产业融合拓展新路径

中国的旅游商品在很长一段时期发展缓慢,其主要原因是人们对旅游商品的范围存在误区,即把纪念品、工艺品、农副产品理解为全部旅游商品,而人们生活所需的生活类工业品没有被纳入旅游商品中,以至各地开设的旅游商店主要是旅游纪念品店、工艺品店和农副产品店。近年来,在国内的旅游商品销售中,生活类工业品在快速增加,在旅游购物中所占的比重也在逐年上升。在一些经济发达地区旅游时,游客购买的生活类工业品在旅游购物中的比重已高达80%。为了满足游客的需求,向全品类的大旅游商品发展成为旅游商品发展的必然趋势。

旅游商品的发展涉及第一、二、三产业多个行业,旅游商品产业链条向上下游延伸发展必然刺激农业、食品工业、轻纺工业、手工业、包装工业和电子商务等商业相关产业发展,这也为我国产业结构调整与融合开辟出了一条新的路径。

本章小结

旅游商品是指旅游者在旅游活动中排除商业目的而购买的,以当地旅游资源为基础而开发的具有独特吸引力的有形商品。按照不同的标准,旅游商品分类不同,本书所研究的旅游商品是指广义的旅游商品,即全品类的大旅游商品。

旅游商品电子商务具有购物的便利性、方便快捷的信息服务、销售成本较低等优势。传统营销向网络营销发展具有可能性和必然性。

旅游商品网上平台营销主要有搜索引擎营销、电子商务平台营销和社交平台营销。

自媒体时代旅游商品营销的营销方式主要有微信营销、微博营销、社交短视频营销、直播平台营销、论坛营销。

旅游商品O2O营销主要是"景区体验+线上购买"的营销模式。

我国旅游商品电子商务的发展前景:AR技术增强旅游购物虚拟体验;AI为旅游商品赋能;产业融合拓展新路径。

在线答题

讨论与思考

1. 与传统旅游商品市场相比，旅游商品电子商务的销售模式有哪些优势？

2. 自媒体时代，旅游商品如何运用营销新模式？

3. 旅游商品未来发展趋势主要有哪些？根据自己的认知，设计一款符合未来发展趋势的旅游商品。

4. 试举例说明旅游商品电子商务的实践应用。

5. 针对自己家乡的一款旅游商品，策划一个网络营销方案。

案例分析

旅全球·购好物①

2020年，新冠肺炎疫情之下，万马齐喑，免税零售却一枝独秀。前有国家扩大海南离岛免税政策，行业老大中国中免股价飙升；后有王府井百货拿下行业第8张牌照，免税江湖"波涛汹涌"。一时间，行业皆以"免税"贵。

就在巨头们谋篇布局之时，一家初创公司却成为免税江湖创业黑马。B端，为免税龙头中国中免提供线上预订机场提货的渠道；C端，付费会员半年暴涨15倍，成为主流线上免税预订平台。公众号发力、小程序爆发，这家名为旅购（上海）信息科技有限公司（简称"旅购"）的初创企业是如何成长为免税零售江湖的创业黑马？

旅购创始人丛刊说："当我第一次出国旅行的时候，我可以在各种网站和应用程序上找到旅行信息，但是我找不到一个地方可以找到购物信息。你可以在网上搜索，但是没有一个地方告诉中国人去哪里买或者他们可以买什么。"

"这让我产生了创建旅游购物资源的想法，甚至在我听说旅游零售这一行业之前。"

"然后，我们开始写关于旅行购物、分享经验、提供产品和购物促销优惠的建议文章。我们开始在微信账户上聚集'粉丝'，可以说，它已发展成为中国旅游购物者的关键意见领袖。"

旅游者可以获得产品信息，推荐购物清单和分享他们的经验，而商店可以通过官方的微信账户宣传他们的活动。在最初的两年里，这个账号获得了15万名关注者，现在已经超过35万名。玩转全球免税Globuy每年有超过1000万人次的浏览量，目前覆盖22家免税商店和240个品牌的信息。

该公司于2018年年中在微信官方账户的基础上，开发了据称是首个针对各销售渠道、机场和零售商的中国出境游客的微信小程序。该小程序提供价格和货币兑换比较，商店和品牌促销活动及购物清单。对于零售商合作伙伴而言，它提供了与特定目的地和商店相关的折扣优惠券。截至2020年8月，这一小程序已经拥有了800万

Note

---

① 环网壹点.旅购CEO丛刊专访：一家初创公司在免税零售江湖的崛起［EB/OL］.（2020-09-28）［2021-10-15］.https://baijiahao.baidu.com/s? id=1679062008527335743&wfr=spider&for=pc.

用户。迄今为止,它已在 10 个国家展示了 20 家零售商旗下的 15 万余种产品。

它迅速受到欢迎的一个关键原因——使用了微信平台。

旅购创始人丛刊说道:"使用微信小程序,你不需要下载应用。微信在中国拥有超过 10 亿用户,被旅游者广泛阅读和使用。它让我们能够与旅游者建立起直接联系。"

运营方面,旅购大部分精力放在私域流量——社群管理上,将忠实用户全部拉入自有社群,并通过多种方式做好产品推销、售后维护等工作。"运用好用户忠诚度+私域流量社群维护"成为重中之重,也成为旅购强化用户黏性与加速付费会员转化的核心理念。伴随着中国免税经济和消费力从境外向境内进一步转移,以及国内免税政策持续放开,中国消费者免税购买力将全面释放。

旅购有别于其他电商平台的不同特点——高客单价。设想一个场景,在机场免税店,几乎每一个出入境的游客,大概率都会背负诸多来自亲朋好友的免税购物清单,让其花钱花到免税限额为止。旅购正在尝试和更多经营出境游业务的旅行社、免税店所在目的地的旅游机构、"导游+领队群体"等专业机构或人士合作,通过影响游客在旅行前、旅行中和旅行后的旅游决策,帮助出境游客更好地了解免税购物信息,让这部分免税消费刚需群体的潜力全面释放。通过和产业链上游、下游的紧密合作,旅购能够覆盖的消费群体和释放的影响力更为广泛,能够产生良好共赢效果。

中国免税对国家经济发展的贡献很大,在这个领域必然出现产业链内的"黑马"或"独角兽",丛刊希望自己能在所热爱的行业中做出影响。据悉,旅购的 App 版本也会在 2020 年的第四季度登录 App store,丛刊透露,届时除了免税零售商外,还将会有更多国际品牌加入这个平台。"带着'旅全球'的用户'购好物'"旅购创始人丛刊最后笑言。

思考题:

1. 旅购在旅游商品网络营销方面采用了哪些新方法?
2. 目前,旅游商品市场上此领域的竞争有哪些类型?
3. 旅购在旅游商品电子商务应用方面还可以有哪些改进措施?

实验六　电子商务安全

微课视频

一、实验目标

了解杀毒软件的安装、使用、升级;
了解防火墙的安装、使用、升级。

二、实验内容

360 杀毒软件的安装、使用、升级;
Windows 防火墙的使用。

Note

三、知识准备

(一)电子商务安全的要求

互联网所具有的开放性是电子商务方便快捷、广泛传播的基础,而开放性本身又会使网上交易面临种种危险。一个真正的电子商务系统并非单纯是一个商家和用户之间展开交易的界面,而是利用 Web 技术使 Web 站点与公司的后端数据库系统相连接,向客户提供有关产品的库存、发货情况及账款状况的实时信息,从而实现在电子时空完成现实生活中的交易活动。安全性始终是电子商务的核心和关键问题。

由于电子商务是在开放的网上进行的贸易,大量的商务信息在计算机上存放、传输,从而形成信息传输风险、交易信用风险、管理方面的风险及法律方面的风险等各种风险,为了对付这种风险,从而形成了电子商务安全体系。

1.数据传输的安全性

对数据传输的安全性需求,即保证在公网上传送的数据不被第三方窃取。对数据的安全性保护是通过采用数据加密(包括秘密密钥加密和公开密钥加密)来实现的,数字信封技术是结合秘密密钥加密和公开密钥加密技术实现的保证数据安全性的技术。

2.数据的完整性

对数据的完整性需求,是指数据在传输过程中不被篡改。数据的完整性是通过采用安全的散列函数和数字签名技术来实现的。双重数字签名可以用于保证多方通信时数据的完整性。

3.身份验证

由于网上的通信双方互不见面,必须在交易时(特别是交换敏感信息时)确认对方等真实身份;在涉及支付时,还需要确认对方的账户信息是否真实有效。身份认证是采用口令字技术、公开密钥技术或数字签名技术和数字证书技术来实现的。

4.交易的不可抵赖

网上交易的各方在进行数据传输时,必须带有自身特有的、无法被别人复制的信息,以保证交易发生纠纷时有所对证。这是通过数字签名技术和数字证书技术来实现的。

(二)电子商务安全的威胁来源

1."黑客"攻击问题

黑客,泛指计算机信息系统的非法入侵者。"黑客"在世界各地四处伏击,寻找机会袭击网络,几乎到了无孔不入的地步。"黑客"攻击目前已成为计算机网络所面临的最大威胁。如今,无论是个人、企业还是政府机构,只要进入计算机网络,就会感受到来自"黑客"带来的网络安全问题。

2.计算机病毒的危害

长期以来,计算机病毒一直是计算机系统、通信网络和电子商务系统的非常严重的不安全因素。在网络环境下,计算机病毒更具有不可估量的威胁性和破坏力,因此,计算机病毒的监控、防控和安全管理工作是电子商务系统安全性建设的重要一环。

计算机网络系统的建立使多台计算机(移动终端)能够共享资源,然而,这也给计算机病毒带来了更为有利的生存和传播环境。在网络环境下,病毒可以按指数增长模式进行传播。病毒一旦入侵网络,并与正常运行的程序争夺计算机资源,将导致计算机(移动终端)效率急剧下降、冲毁存储器中的数据、系统资源遭到严重破坏,并在短时间内造成网络系统的瘫痪与失灵。因此,网络环境下的病毒防治是反病毒领域的研究重点。

(三)系统及网络传输安全问题

主机操作系统安全问题包括系统目录设置、账号口令设置、安全管理设置等安全问题,具体如下。

1.防止未授权存取

这是计算机安全环节当中最重要的问题。违背允许使用系统的用户进入系统可能造成严重的不良后果。关键要考虑的问题包括良好的用户意识、良好的口令管理(系统管理员、用户)、登录活动的记录报告、用户和网络活动的周期检查等。

2.防止越权使用账号

据权威机构统计,互联网中的攻击事件70%来自内部攻击,在系统安全中,要防止有效账号的越权使用,如普通用户越权获取 Root 权限、非法越权破坏系统等。

3.防止涉密

防止已授权或未授权用户存取重要信息,关键要考虑的问题包括文件系统查找、记录和报告、用户意识、加密等。

4.防止使用旅游资源的用户拒绝系统的管理

这方面的安全应由操作系统来保证。一个好的系统不应被一个有意想要使用过多资源的用户损坏。

5.防止丢失系统的完整性

良好的操作系统应保证真实的信息从真实的信源无失真地到达真实的信宿,不被修改、不被破坏、不延迟,以及不乱序和不丢失。

(四)网络安全问题

网络安全问题是指网络层面的安全,具体如下。

1.非授权访问

非授权访问是指通过巧妙地避开系统访问控制机制,攻击者或用户对网络设备及资源进行非正常访问,访问无权访问的信息。

2.假冒主机或用户

假冒主机或用户是指网上"黑客"使用假冒主机来欺骗合法用户和主机,使用网络控制程序(如特洛伊木马)套取或修改权限、密钥和口令等信息。也有攻击者在发现某个合法用户与某个远程主机或网络建立连接后,通过非法端口或网络协议上的漏洞,接管该合法用户,从而达到欺骗新系统、占用合法用户资源的目的。

3.对信息完整性的攻击

对信息完整性的攻击是指改变信息的次序或流向,删除、修改或重发某些重要信

息,以便对方做出对攻击者有益的响应,或恶意增添大量无用的信息,干扰系统的正常使用。

4. 对服务的干扰

对服务的干扰是指不断地对网上的服务实体进行干扰,使系统无法正常使用甚至瘫痪。这个安全环节与系统管理员的实际工作关系密切。系统管理员要定期备份文件系统,以便系统崩溃后能进行检查、维修;要检测新用户是否具有可能使系统崩溃的软件,以保持系统的可靠性,防止用户造成的系统崩溃。

(五)应用安全问题

应用安全问题主要是指应用软件的安全问题,包括 WWW 服务安全、FTP 服务安全等某些具体的安全问题,具体如下。

(1)"黑客"利用服务器软件和 CGI 程序中的 Bug(漏洞)获得对系统中其他程序的非授权访问,甚至控制整个计算机系统。

(2)服务器上的保密信息被散发到未经授权的用户手中。

(3)服务器与浏览器之间的传输的保密信息被截取。

(4)浏览器中的 Bug 使得客户机上的保密信息被远程服务器获取。

(5)由于标准技术和专利技术的原因,许多组织需要购买商业版软件,这些商业版软件又具有各自的安全漏洞。

(六)电子商务安全的维度

电子商务安全有六个安全维度:完整性、不可否认性、真实性、机密性、隐私性和可用性。

1. 完整性

完整性(Integrity)是指确保网站发布的信息或者通过互联网传输和接收的信息不会被未授权方以任何形式修改的能力。例如,如果一个未授权的人拦截并改变某条银行的转账信息,将钱汇入其他账号,那么这条信息就不能够反映原始发送者的意图,信息的完整性就被破坏了。

2. 不可否认性

不可否认性(Nonrepudiation)是指确保电子商务参与者无法抵赖(即拒绝)其在线行为的能力。例如,利用匿名的免费电子邮件账号,用户能够在发布评论或发送信息后轻易否认自己的操作行为。即使他们使用真实的姓名和电子邮件地址,仍然可以在订购网上商品后轻易否认自己的购买行为。在大多数情况下,商家往往无法获得具有用户签名的实际订单副本,因此没有合法可信的证据证明用户订购了商品,于是信用卡发行商就会站在用户这边。

3. 真实性

真实性(Authenticity)是指确认与自己进行网上交易的个人或者实体身份的能力。用户如何能知道网站运营商就是其所声称的呢? 商家如何确保用户就是他自己描述的那个人? 有些用户和商家将完全不同于自己的人描述成自己,这是一种欺骗或者歪曲行为。

4.机密性

机密性(Confidentiality)是指确保信息和数据仅对授权人可见的能力。机密性有的时候容易和隐私性(Privacy)相混淆。

5.隐私性

隐私性(Privacy)指的是控制电子商务商家使用用户提供的个人信息能力。电子商务商家主要关注两个与隐私性相关的问题,即它们必须建立内部政策来约束自己对用户信息的使用,并且必须保护用户信息不被非法使用或未授权使用。例如,如果"黑客"入侵了某个电子商务网站并获得信用卡或其他信息,这不仅破坏了数据的机密性,而且还破坏了提供信息的用户的隐私。

6.可用性

可用性(Availability)是指确保电子商务网站按预期继续发挥功能的能力。

(七)防火墙

1.概述

防火墙技术是通过有机结合各类用于安全管理与筛选的软件和硬件设备,帮助计算机网络于其内、外网之间构建一道相对隔绝的保护屏障,以保护用户资料与信息安全性的一种技术,如图 6-17 所示。

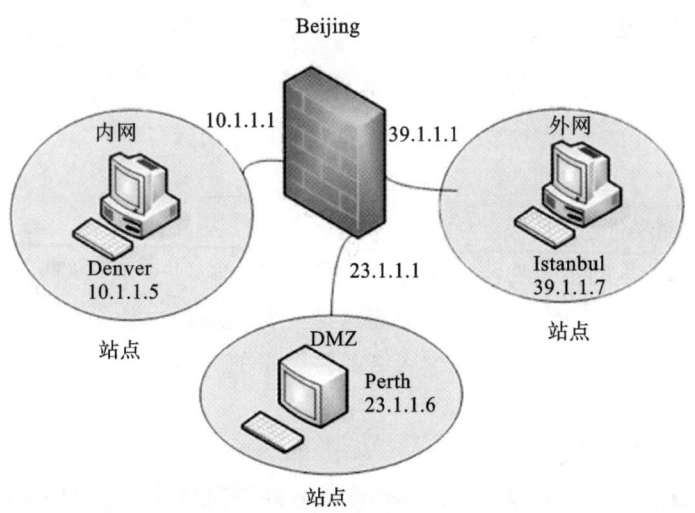

图 6-17 防火墙示意图

防火墙技术的功能主要在于及时发现并处理计算机网络运行时可能存在的安全风险、数据传输等问题,其中处理措施包括隔离与保护,同时可对计算机网络安全当中的各项操作实施记录与检测,以确保计算机网络运行的安全性,保障用户资料与信息的完整性,为用户提供更好、更安全的计算机网络使用体验。

网络的发展给政府机构、企事业单位带来了革命性的变化,它们正努力通过利用互联网来提高办事效率和市场反应速度,以便更具竞争力。通过网络,企业可以从异地取回重要数据,同时又要面对网络开放所带来的数据安全的新挑战和新危险,即普通客户、销售商、移动客户、异地员工和内部员工的安全访问,以及保护企业的机密信息不被

"黑客"和工业间谍的入侵。因此，企业必须加筑安全的"战壕"，而这个"战壕"就是防火墙。防火墙是建立在现代通信网络技术和信息安全技术基础上的应用性安全技术，越来越多地应用于专用网络与公用网络的互联环境之中，尤其以接入网络为主。部分防火墙售价如图 6-18 所示。

图 6-18　部分防火墙售价

（图片来源：中关村在线网站）

2. 功能

（1）入侵检测功能。

网络防火墙技术的主要功能之一就是入侵检测功能，主要有反端口扫描、检测拒绝服务工具、检测 CGI/IIS 服务器入侵、检测木马或者网络蠕虫攻击、检测缓冲区溢出攻击等功能。它可以在极大程度上减少网络威胁因素的入侵，有效阻挡大多数网络安全攻击。

（2）网络地址转换功能。

利用防火墙技术可以有效实现内部网络或者外部网络的 IP 地址转换，可以分为源地址转换和目的地址转换，即 SNAT 和 NAT。SNAT 主要用于隐藏内部网络结构，避免受到来自外部网络的非法访问和恶意攻击，有效缓解地址空间的短缺问题，而 DNAT 主要用于外网主机访问内网主机，以此避免内部网络被攻击。

（3）网络操作的审计监控功能。

通过此功能可以有效对系统管理的所有操作及安全信息进行记录，提供有关网络使用情况的统计数据，方便计算机网络管理进行信息追踪。

（4）强化网络安全服务。

实现集中化的安全管理，将安全系统装配在防火墙上，在信息访问的途径中就可以实现对网络信息安全的监管。

除了安全作用,防火墙还支持具有网络服务特性的企业内部网络技术体系 VPN。通过 VPN,将企业在地域上分布在全世界各地的 LAN 或专用子网,有机地联成一个整体,不仅省去专用通信路线,而且为信息共享提供了技术保障。

3.防火墙的种类

防火墙技术可根据防范的方式和侧重点的不同分为很多类型,但总体来讲可分为两大类:分组过滤和应用代理。

(1)分组过滤。

分组过滤(Packet Filtering),作用在网络层和传输层,它根据分组包头源地址、目的地址和端口号、协议类型等标志确定是否允许数据包通过。只有满足过滤逻辑的数据包才被转发到相应的目的地出口段,其余数据包则被从数据流中丢弃。

(2)应用代理。

应用代理(Application Proxy),也叫应用网关(Application Gateway),它作用在应用层,其特点是完全阻隔了网络通信流,通过对每种应用服务编制专门的代理程序,实现监视和控制应用层通信流的作用。实际中的应用网关通常由专用工作站实现。

四、实验步骤

(一)360 杀毒软件的使用

(1)软件的下载,打开浏览器,在地址栏里输入 https://www.360.cn/。

(2)找到 360 电脑软件,选择"360 杀毒",点击"下载",如图 6-19 所示。

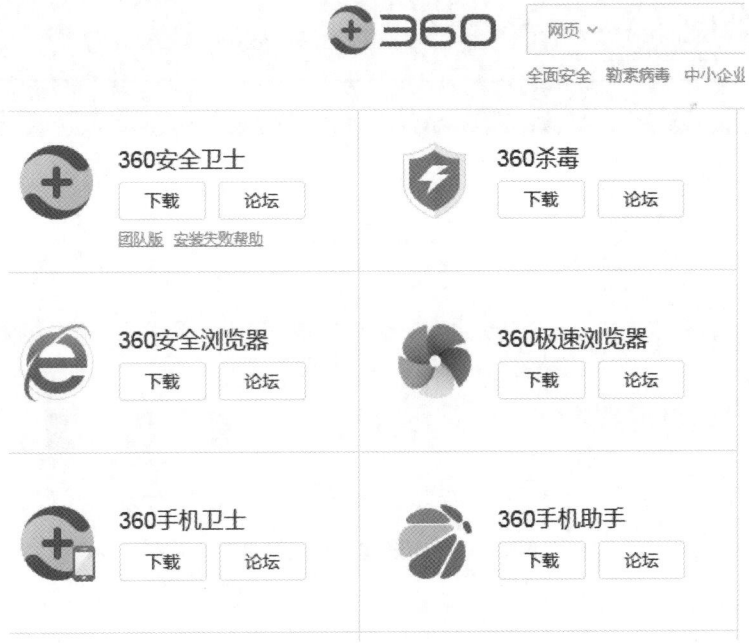

图 6-19　360 杀毒软件下载

（3）安装下载后的软件，如图 6-20 所示，安装完成的运行界面如图 6-21 所示。

图 6-20　360 杀毒软件安装

图 6-21　360 杀毒软件运行界面

(4)安装完成进入如下界面,可根据需要选择快速扫描或者全盘扫描,如图 6-22 所示。

图 6-22　360 杀毒快速扫描

(5)若存在问题,会出现如图 6-23 所示提示。

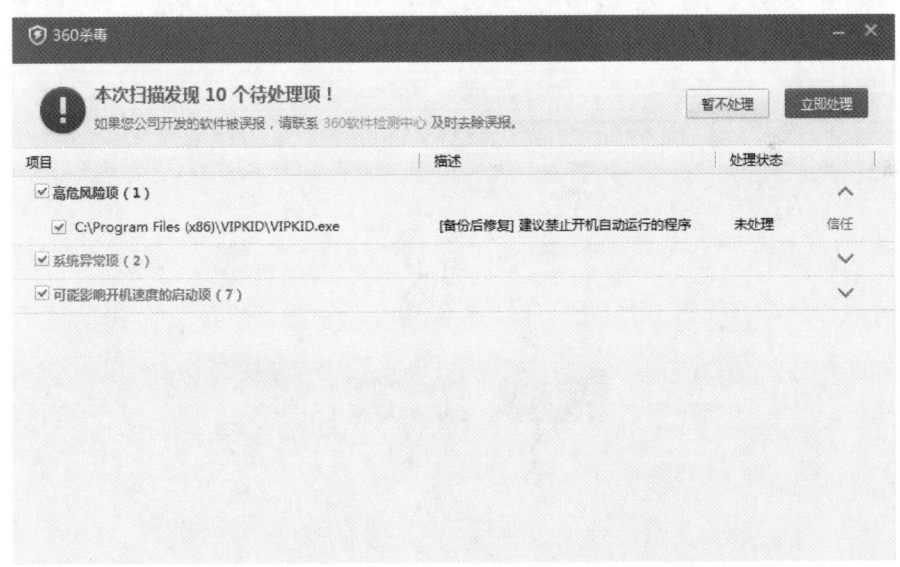

图 6-23　360 杀毒扫描结果

（6）选择"立即处理"，处理结果如下，点击"确认"即可，如图 6-24 所示。

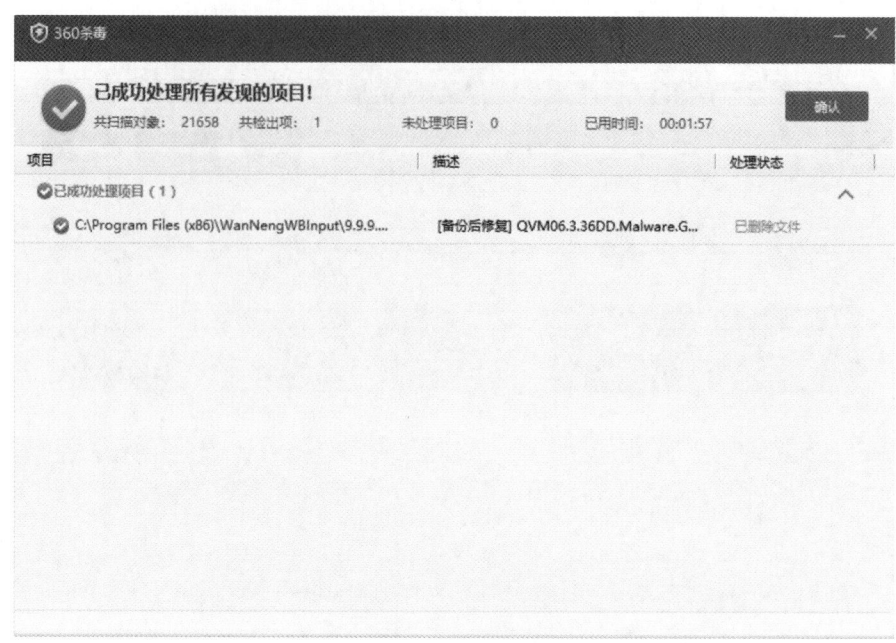

图 6-24　360 杀毒处理结果 1

（7）最后，需要重启计算机完成操作，如图 6-25 所示。

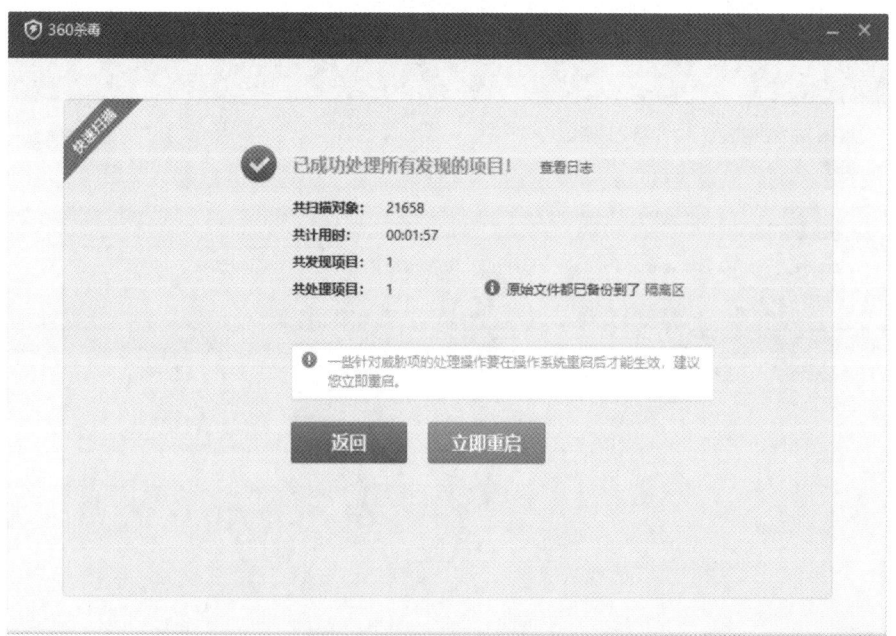

图 6-25　360 杀毒处理结果 2

可自行完成全盘扫描，按步骤操作，并截图。

（二）Windows 防火墙的设置

（1）从开始菜单打开"控制面板"，选择"系统和安全"，如图 6-26 所示。

图 6-26　Windows 操作系统控制面板

（2）选择"Windows Defender 防火墙"，进入信息界面，如图 6-27 所示。

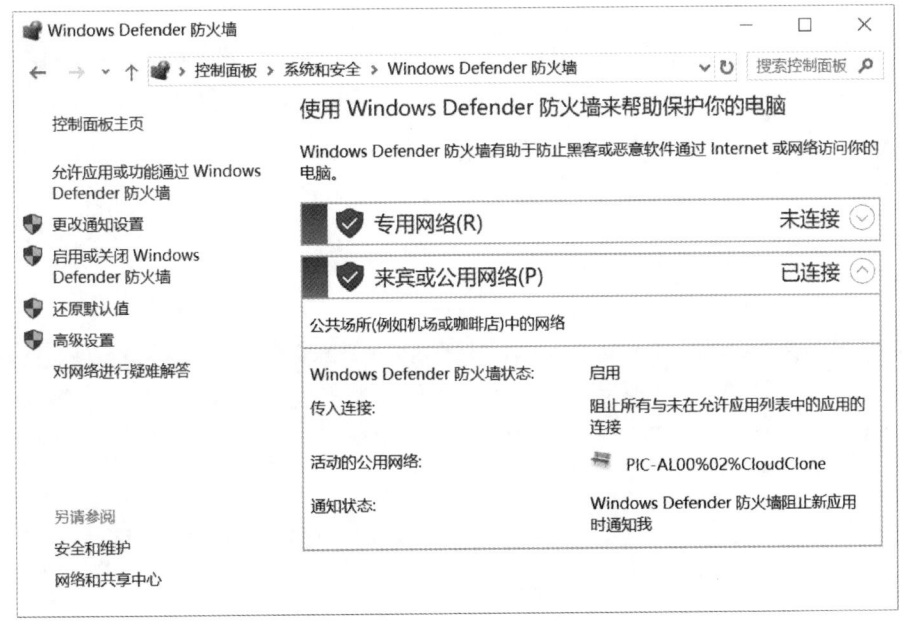

图 6-27　Windows 系列操作系统防火墙设置

（3）选择"启用或关闭 Windows Defender 防火墙"，进入防火墙设置界面，可以选择打开或关闭防火墙，如图 6-28 所示。

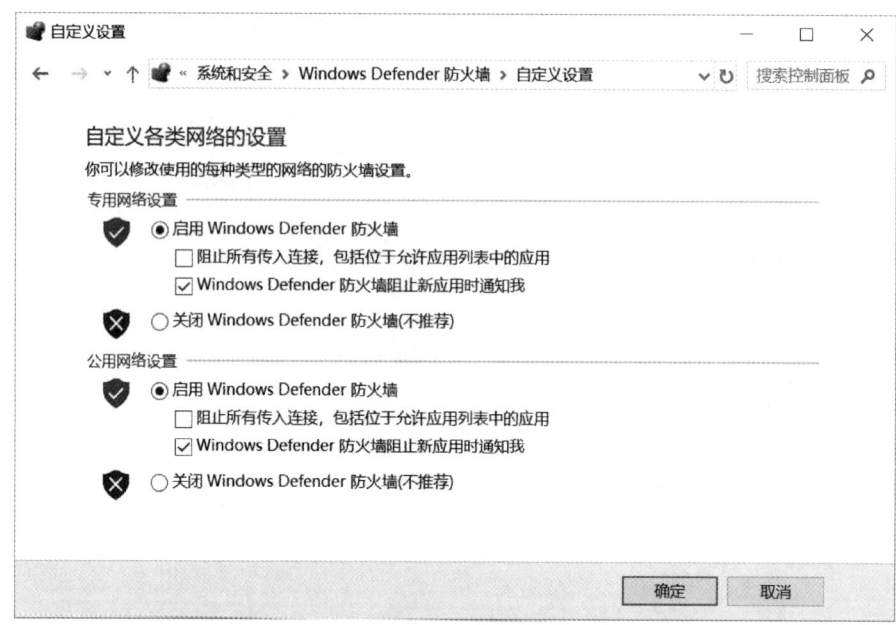

图 6-28　Windows 操作系统启用防火墙

请按以上步骤对防火墙进行操作，并截图。

推 荐 阅 读

1. http：//www. stourweb. cn/

2. http：//media. people. com. cn/n1/2019/0727/c40606-31259181. html

3. https：//www. traveldaily. cn/article/9701

4. https：//www. huxiu. com/article/407872. html

5. http：//www. hinews. cn/news/system/2015/12/18/018009944. shtml

6. https：//www. sohu. com/a/249760869_822716

7. http：//www. sxsm. com. cn/travel/lydt/201411/t20141124_87714. html

8. https：//new. qq. com/omn/20201019/20201019A05VB300. html

9. https：//www. doc88. com/p-4045257829531. html? s＝rel&id＝1

10. http：//www. zgxxb. com. cn/xwzx/202102030007. shtml

11. https：//blog. csdn. net/lianshijie/article/details/80281992

12. https：//www. huxiu. com/article/407872. html

参考文献

References

[1] 中国互联网络信息中心(CNNIC).中国互联网络发展状况统计报告2021[N/OL].2021-02-03(1)[2021-09-05].http://www.199it.com/archives/1200776.html.

[2] 王惠敏.大数据背景下电子商务的价值创造与模式创新[J].商业经济研究,2015(7):76-77.

[3] 王松波,张中华.大数据背景下非结构化信息在电子商务领域的应用研究[J].信息与电脑(理论版),2020,32(4):3-5.

[4] 郭英."互联网+"背景下旅游电子商务发展策略探析[J].中国市场,2019(30):182-183.

[5] 杨静.中国旅游电子商务发展现状、存在问题及升级途径[J].对外经贸实务,2016(1):84-87.

[6] 曲永栋,邢金山,朱付长.网店运营理论与实操[M].北京:中国农业出版社,2016.

[7] 章牧.旅游电子商务[M].北京:中国旅游出版社,2016.

[8] 蔡舒.大数据时代我国旅游电子商务的发展对策研究[J].海峡科技与产业,2019(4):33-35.

[9] 王新越,时高磊,朱文亮.旅游产业发展动力演化研究[J].世界地理研究,2021,30(2):378-388.

[10] 安淑芝,赵乃真,詹青龙.电子商务应用基础与实训[M].2版.北京:清华大学版社,2010.

[11] 朱顺泉,赵文昕,陈一鸣.电子商务系统及其设计[M].西安:西安电子科技大学出版社,2003.

[12] 上海艾瑞市场咨询有限公司.艾瑞咨询系列研究报告:中国在线旅游度假行业研究报告[R].上海:上海艾瑞市场咨询有限公司,2019:32.

[13] 上海艾瑞市场咨询有限公司.艾瑞咨询系列研究报告:中国在线旅游度假行业研究报告[R].上海:上海艾瑞市场咨询有限公司,2018:35.

[14] 陆钧良,沈华玉,朱照君.旅游电子商务[M].2版.北京:清华大学出版社,2017.

[15] 中信建投证券研究发展部.OTA系列之一:产业空间广阔,模式百花齐放[EB/

OL].(2019-05-21)[2016-06-03].https://www.sohu.com/a/321591747120046640.

[16] 李宏.中国在线旅游报告 2016[M].北京:旅游教育出版社,2017.

[17] 李宏.中国在线旅游报告 2017[M].北京:旅游教育出版社,2018.

[18] 李宏.中国在线旅游报告 2018[M].北京:旅游教育出版社,2019.

[19] 李宏.中国在线旅游报告 2019[M].北京:旅游教育出版社,2020.

[20] 李宏.中国在线旅游报告 2020[M].北京:旅游教育出版社,2021.

[21] 李云鹏.旅游电子商务[M].重庆:重庆大学出版社,2019.

[22] 鸥海鹰,刘永胜.旅游电子商务企业案例分析[M].2 版.北京:旅游教育出版社,
2018.

[23] 顾武雄.Windows Server 2012 R2 IIS 实战高级管理[J].网络安全和信息化,
2020(3):95-104.

[24] 朱松节.旅游电子商务[M].2 版.南京:南京大学出版社,2018.

[25] 陈樱.旅游电子商务[M].厦门:厦门大学出版社,2015.

[26] 田永.电子商务环境下的旅行社业务研究[D].武汉:中国地质大学,2011.

[27] 张华.智慧旅游管理与实务[M].北京:北京理工大学出版社,2017.

[28] 杜文才,常颖.旅游电子商务[M].2 版.北京:清华大学出版社,2015.

[29] 柳爱霞.C2C 电子商务市场现状及发展趋势探讨[J].福建电脑,2021,37(2):
81-82.

[30] 刘斐.我国 C2C 电子商务市场现状分析[J].科技情报开发与经济,2011(19):
174-175,183.

[31] 柴寿升,鲍华,赵娟.旅游景区电子商务典型发展模式研究[J].山东社会科学,
2010(9):131-134.

[32] 赵娟.基于电子商务的旅游景区营销模式研究[D].青岛:中国海洋大学,2010.

[33] 张敏.旅游电子商务[M].郑州:大象出版社,2016.

[34] 陆钧良,宋夫华.智慧旅游新业态的探索与实践[M].杭州:浙江大学出版社,
2017.

[35] 钟栎娜.智慧旅游:理论与实践[M].上海:华东师范大学出版社,2017.

[36] 何旭东,郑俊,赵文滟.基于旅游电子商务的智慧景区服务系统的研究[J].计算
机时代,2019(5):94-96.

[37] 梁焱.智慧景区旅游云电子商务平台体系构建研究[J].科技与企业,2016(8):
98-99.

[38] 张铁红,邵波.浅谈 HTML 语言的网页制作方法与技巧[J].通讯世界,2016
(1):189.

[39] 李新荣.网页设计与制作实践[M].西安:西安电子科技大学出版社,2016.

[40] 邱凡凡.新疆旅游酒店电子商务应用价值分析——以乌鲁木齐为例[D].乌鲁木
齐:新疆师范大学,2012.

[41] 李浩铭,曾国军,张家旭,等.酒店如何在制度环境变迁中构建动态能力——以东
莞美思威尔顿酒店为例[J].旅游学刊,2021(2):104-116.

[42] 孙坚.站在精度和温度之上——探索中国酒店业的未来发展之路[J].旅游学刊,

2018(1):9-11.

[43]　干冀春,王子建.电子商务理论与实务[M].3 版.北京:北京理工大学出版社,
2019.

[44]　叶秀敏.中国电子商务发展史[M].太原:山西经济出版社,2017.

[45]　陈钰婷,卢芳荷,李力,等.桂林旅游商品电子商务营销策略研究[J].河北企业,
2021(4):115-116.

[46]　孟悦.电子商务背景下凉山旅游商品销售策略分析[J].四川省干部函授学院学
报,2020(1):36-39.

[47]　张军全,何昭丽,孙怡君,等.江苏旅游商品网络关注度研究[J].合作经济与科
技,2021(4):80-84.

[48]　石美玉.旅游者购物行为研究[J].旅游学刊,2005(5):70-75.

[49]　苗学玲.旅游商品概念性定义与旅游纪念品的地方特色[J].旅游学刊,2004(1):
27-31.

[50]　李江敏,李志飞,袁俊.文化旅游开发[M].北京:科学出版社,2000.

[51]　王祺.基于 3D 打印和 AR 技术开发旅游文创产品的研究[J].科技资讯,2019
(12):183,185.

[52]　远方.AR 技术发展对旅游产业的影响[J].电子技术与软件工程,2019(3):
57,102.

[53]　张婷,袁秋岳."线下体验＋线上结算":步行街消费新场景[N].经济参考报,
2020-09-03(005).

[54]　张圣科.AR 技术在数字旅游中的运用[J].信息与电脑(理论版),2019(19):
32-33.

[55]　王兴斌.旅游产业规划指南[M].北京:中国旅游出版社,2000.

[56]　钟志平.中国旅游商品市场变动分析[J].湖南商学院学报,2004(6):53-55.

[57]　张亚晶.微信营销在旅游营销中的应用[J].旅游纵览(下半月),2018(4):32.

[58]　汪永太.中部地区旅游商品开发与中部城市发展研究[J].城市发展研究,2010
(3):139-142.

[59]　周瑞雪,杨含,王露瑶,等.E 时代旅游商品网络营销探究[J].现代商贸工业,
2014(7):160-162.

[60]　董林峰.旅游电子商务[M].2 版.天津:南开大学出版社,2009.

[61]　马丁·克里斯托弗.物流竞争:后勤与供应链管理[M].马越,马月才,译.北京:
北京出版社,2001.

[62]　姚洪珊.直播电商行业现状、问题与未来发展策略探讨[J].现代营销(信息版),
2020(5):63-65.

[63]　马军,杨晶宇.广播媒体"网红＋扶贫直播带货"模式探析[J].中国广播,2020
(10):76-78.

[64]　卢凯翔,保继刚.旅游商品的概念辨析与研究框架[J].旅游学刊,2017(5):
116-126.

[65]　郭鲁芳,吴儒练.旅游商品:概念·范畴·特征[J].江苏商论,2008(10):94-96.

[66] 邹树梅.现代旅游经济学[M].青岛:青岛出版社,1998.

[67] 肯尼斯·C.劳顿,卡罗尔·圭尔乔·特拉弗.电子商务:商务·技术·社会[M].11版.袁勤俭,张涵,李之昊,等,译.北京:清华大学出版社,2018.

[68] 陆均良,沈华玉,朱照军.旅游电子商务[M].2版.北京:清华大学出版社,2017.

[69] 孙坚.站在精度和温度之上——探索中国酒店业的未来发展之路[J].旅游学刊,2018(1):9-11.

[70] 叶秀敏.中国电子商务发展史[M].太原:山西经济出版社,2017.

教学支持说明

为了改善教学效果，提高教材的使用效率，满足高校授课教师的教学需求，本套教材备有与纸质教材配套的教学课件（PPT 电子教案）和拓展资源（案例库、习题库、视频等）。

为保证本教学课件及相关教学资料仅为教材使用者所得，我们将向使用本套教材的高校授课教师免费赠送教学课件或者相关教学资料，烦请授课教师通过电话、邮件或加入旅游专家俱乐部 QQ 群等方式与我们联系，获取"教学课件资源申请表"文档并认真准确填写后反馈给我们，我们的联系方式如下：

地址：湖北省武汉市东湖新技术开发区华工科技园华工园六路

邮编：430223

电话：027-81321911

传真：027-81321917

E-mail：lyzjjlb@163.com

旅游专家俱乐部 QQ 群号：306110199

旅游专家俱乐部 QQ 群二维码：

群名称：旅游专家俱乐部
群　号：306110199

華中科技大學出版社
http://www.hustp.com

教学资源申请表

填表时间：_____年___月___日

1. 以下内容请教师按实际情况填写，★为必填项。

2. 学生根据个人情况如实填写，可以酌情调整相关内容提交。

★姓名		★性别	□男 □女	出生年月		★职务	
						★职称	□教授 □副教授 □讲师 □助教
★学校				★院/系			
★教研室				★专业			
★办公电话			家庭电话			★移动电话	
★E-mail						★QQ号/微信号	
★联系地址						★邮编	

★现在主授课程情况		学生人数	教材所属出版社	教材满意度
课程一				□满意 □一般 □不满意
课程二				□满意 □一般 □不满意
课程三				□满意 □一般 □不满意
其 他				□满意 □一般 □不满意

教 材 出 版 信 息		
方向一		□准备写 □写作中 □已成稿 □已出版待修订 □有讲义
方向二		□准备写 □写作中 □已成稿 □已出版待修订 □有讲义
方向三		□准备写 □写作中 □已成稿 □已出版待修订 □有讲义

请教师认真填写下列表格内容，提供申请教材配套课件的相关信息，我社根据每位教师/学生填表信息的完整性、授课情况与申请课件的相关性，以及教材使用的情况赠送教材的配套课件及相关教学资源。

ISBN(书号)	书名	作者	申请课件简要说明	学生人数（如选作教材）
			□教学 □参考	
			□教学 □参考	

★您对与课件配套的纸质教材的意见和建议有哪些，希望我们提供哪些配套教学资源：